新时代大学生网络行为失范问题研究

耿连娜 著

中国商业出版社

图书在版编目（CIP）数据

新时代大学生网络行为失范问题研究/耿连娜著.
——北京：中国商业出版社，2020.9
ISBN 978-7-5208-1296-2

Ⅰ.①新… Ⅱ.①耿… Ⅲ.①大学生—互联网络—道德规范—研究—中国 Ⅳ.①G641

中国版本图书馆 CIP 数据核字（2020）第 199742 号

责任编辑：管明林

※

中国商业出版社出版发行
（100053 北京广安门内报国寺1号）
010-63180647 www.c-cbook.com
新华书店经销
北京虎彩文化传播有限公司

*

710毫米×1000毫米 16开 11.5印张 239千字
2020年9月第1版 2020年9月第1次印刷
定价 68.00元

*****

（如有印装质量问题可更换）

前言

这是一个伟大的新时代,中华民族从来没有像今天这样接近世界舞台的中央,也从来没有像今天距离民族复兴这么近过,更没有在艰难困苦面前退缩、屈服和沉沦过。当代中国大学生朝气蓬勃,是可爱、可信、可为、同新时代共同奋进的一代,既有广阔发展空间,也承载着伟大历史使命,是民族复兴的希望和国家建设的栋梁,是世界舞台上中华旋律的真正主唱。大学阶段是世界观、人生观、价值观形成的关键时期,是人一生最美好的时光——长身体、长知识、长才干,每天都有新收获,每天都有新期待。2019年7月16日,习近平总书记在考察内蒙古大学时勉励大学生:"少年强则中国强。未来的竞争是年青人的竞争,今天的年青人是实现第二个百年奋斗目标的骨干和栋梁。同学们要志存高远、脚踏实地,学好知识,打好基础,增长才干,将来为中华民族伟大复兴贡献自己的智慧和力量。"大学生正值人生发展的青年时期,青年是国家的未来和民族的希望,谁赢得了互联网,谁就赢得了青年。

据2020年4月28日中国互联网络信息中心发布的《第45次中国互联网络发展状况统计报告》数据显示:"目前,我国网民规模为9.04亿,普及率达64.5%,其中受过大学专科及以上教育的网民群体占比为19.5%。在我国网民群体中,学生最多,占比26.9%。截至2020年3月,我国在线教育用户规模达4.23亿,较2018年年底增长2.22亿,占网民整体的46.8%。"我国大学生网民群体规模庞大,网络在大学生生活、学习、娱乐等各方面发挥着越来越重要的作用。尤其值得注意的是,2020年第一季度,受新冠肺炎疫情影响,全国高等院校普遍推迟开学,全面转向线上课程,进一步增加了大学生的网络使用率。同时,伴随互联网高普及率和大学生网络行为参与度的提升,大学生网络失范行为也屡见不鲜,轻者违反伦理道德或纪律规定,重者违法犯罪。从近年来媒体报道的相关热点事件和政法部门侦办的部分大学生涉网违法犯罪案件看,网络行为失范大学生的学历高低不一,既有普通本、专科学生,也有名校硕、博士研究生;行为所犯法益复杂,有侵犯他人知识产权、人身名誉权的学术剽窃、网络暴力,也有严重践踏民族感情的网络精日和威胁国家政权、主权的颠覆活动;情节轻重不等,有的仅无意泄露他人隐私,也有的蓄意从事网络色情、赌博、黑客、间谍、恐怖、分裂等活动。当前,大学生网络行为失范部分事件已超出高校可自行监管的范围,给自身、家庭、学校、社会、建设以及人民群众生命财产安全造成严重威胁和负面影响。

但是,当代大学生的网络行为失范不过是个别现象。"沉舟侧畔千帆过,病树前头万木春。"对大学生网络行为失范的研究,只要立足新时代,以社会主义核心价值为引领,严格以马克思主义基本原理和中国化马克思主义理论为指导,传承创新民族优秀传统文化,扬弃性使用西方与外来理论成果,就定能有效把握当代大学生思想和行为特点,不断探索出能满足民族复兴和中国特色社会主义建设需要、符合高校思政工作实际,又适应新时代大学生身心需求的解决路径。因此,在新时代加强对大学生网络失范行为的研究,持续净化校园网络环境,有利于帮助大学生正确识别各种腐化堕落的错误思潮,防范频发的"因网失范""失范上网"问题,促进大学生身心健康发展;也有利于树立大学生健康向上的互联网文化观、价值观和规则意识,引导当代大学生用青春书写无愧于时代、无愧于历史的华彩篇章。

研究中,笔者也深切体会到大学生网络行为失范问题,对当前高校思想政治理论研究和政法工作实践创新提出了新的更高要求,大学生网络行为失范揭示的不仅是大学生自身成长过程面临的普遍性倾向,而且暴露出当前我们在互联网主权、意识形态话语权与文化软实力方面的深层次困境与冲突,是需要尽快解决的问题。当前,以高校和思政教师视角,围绕学生管理、教育引导、心理疏导、安全防范来研究的模式亟须得到以政法和行政部门角度,围绕群防群治、情报研判、管控惩处及系统建设的研究模式的补充;既照顾大学生发展阶段的特殊性和高等教育的半社会性,又充分考量国家发展的历史进程和网络社会发展的合理逻辑,运用个体心理与思政教育、制度与文化冲突、意识与规范建构、意识形态与主权博弈等多理论综合剖析,力争取得新的突破和新的进展。

在本书撰写过程中,始终坚持把社会主义核心价值观贯穿于研究全过程,以问卷调查结果为依据,努力把握大学生网络行为失范的世情、国情、社情、网情和舆情背景,结合众多学者在社会学、心理学与传播学等技术性领域形成的特色鲜明的研究,参考了具有一定影响力的研究成果,积累了一定经验。当然,大学生网络行为失范相关问题是比较多的,不同研究者在不同专题的理解和视角选择上也不尽相同。本书仅结合高校辅导员思政工作经验选择了部分问题进行研究论述,以期加强和相同研究领域同行的交流,推动当代大学生网络行为失范相关问题研究的深入开展,助力中华民族伟大复兴中国梦的实现,这是我们开展研究的初心和坚持不懈的动力。囿于作者工作经验和研究水平的限制,书稿中不妥之处,敬请读者批评指正。

目 录

第一章 人与方向——当代大学生问题研究的引导 … 1

第一节 大学生问题研究与高校思想政治教育工作的本源 … 1
一、大学生问题研究必须坚持和发展马克思主义 … 1
二、高校思想政治教育工作的根本是坚持党对一切工作的领导 … 4

第二节 大学生网络行为失范问题的相关研究思维与意识 … 6
一、直面问题意识是研究的基本态度 … 6
二、辩证思维和历史意识是研究的重要方法 … 8
三、全局思维是研究的有力保证 … 9
四、实践思维既是研究的有效途径也是应用目的 … 11
五、底线思维是研究的坚实基础 … 12

第三节 失范论与大学生行为失范的概念界定 … 12
一、西方传统理论中的失范论 … 12
二、失范论理论中的西方传统 … 15
三、失范不应用来描述我国社会矛盾 … 16
四、大学生网络行为与失范概念的选择应用 … 17

第二章 人与时代——当代大学生所处的时间维度 … 20

第一节 新时代标示中国特色社会主义的未来 … 20
一、新时代的新变化 … 20
二、新时代的新内涵 … 22
三、新时代的新意义 … 24
四、新时代的新要求 … 25

第二节 新时代青年承载中华民族复兴的伟大梦想 … 26
一、青年一代牢记鸦片战争以来的民族屈辱历史 … 27
二、一代青年创造伟大的五四爱国主义精神 … 28
三、当代青年肩负五四运动以来的民族自强进程 … 30

四、党引领新时代青年实现中华民族复兴梦想 …………… 31
　第三节　新时代青年的培育 …………………………………… 32
　　一、新时代高校思想政治教育的新要求 ………………… 33
　　二、时代新人的培育目标——立德树人 ………………… 36
　　三、时代新人的培育路径——三全育人 ………………… 38

第三章　人与网络——当代大学生所处的空间维度 …………… 40
　第一节　新时代的网络社会形态 ……………………………… 40
　第二节　虚拟社会对现实社会的影响 ………………………… 43
　　一、对现实社会的技术结构控制 ………………………… 43
　　二、对现实社会的渗透和反作用 ………………………… 44
　　三、逐渐拉平现实社会人际结构 ………………………… 45
　　四、分裂现实社会伦理规范 ……………………………… 46
　第三节　网络社会形态与异化问题 …………………………… 47
　　一、人与技术和本质的异化 ……………………………… 47
　　二、人与躯体和他人的异化 ……………………………… 48
　　三、人与意义和价值的异化 ……………………………… 49
　　四、人与规范和权威的异化 ……………………………… 49
　　五、人与物质和劳动的异化 ……………………………… 50
　第四节　网络行为及失范 ……………………………………… 51
　　一、网络行为的综合属性 ………………………………… 51
　　二、网络行为的正面属性 ………………………………… 53
　　三、网络行为的负面属性 ………………………………… 55

第四章　人与失范——大学生网络行为的实证维度 …………… 59
　第一节　大学生网络失范行为问卷分析 ……………………… 59
　第二节　常见大学生网络失范行为类型及案例 ……………… 66
　　一、网游成瘾 ……………………………………………… 67
　　二、学术剽窃 ……………………………………………… 68
　　三、传播谣言 ……………………………………………… 69
　　四、网络暴力 ……………………………………………… 70
　　五、黑客活动 ……………………………………………… 71
　　六、网站色情 ……………………………………………… 72
　　七、网络赌博 ……………………………………………… 72
　　八、校园网贷 ……………………………………………… 73

九、网络涉毒 74
　　十、网络诈骗 74
　　十一、网络涉稳 76
　第三节　大学生网络行为失范带来的问题 77
　　一、传统思想政治教育面临挑战 77
　　二、网络思想政治教育的困境 79

第五章　人与自身——大学生网络行为失范的主体因素 82
　第一节　大学生身体健康与行为健康交互影响 82
　第二节　心理健康直接影响和塑造大学生行为 86
　第三节　大学生欠缺规范意识 92
　第四节　大学生不当消费习惯 97

第六章　人与社会——大学生网络行为失范的环境因素 103
　第一节　大学生的社交环境 103
　第二节　大学生的情感环境 107
　第三节　大学生的家庭环境 112
　第四节　大学生的教导环境 115
　第五节　大学生所处的社会环境 118

第七章　人与文化——大学生网络行为失范的精神因素 122
　第一节　文化与网络 122
　　一、文化概念在语言本源上的分歧 122
　　二、网络文化作为新兴文化形态本身会带来冲击 124
　　三、不良网络亚文化的影响 126
　第二节　中华文化体系 128
　　一、大学生对于中华优秀传统文化传承的模糊 128
　　二、发挥好中国特色社会主义文化对大学生的关键引领作用 131
　第三节　一体两面：虚无主义与西方中心主义 133
　　一、虚无主义解构大学生文化认知 133
　　二、西方中心主义让大学生盲目迷信西方 134
　第四节　文化多元与文明互鉴 136
　　一、多元视野给大学生带来文化的丰富与混乱 136
　　二、文化自信是文明互鉴的真正底气 137
　　三、文化软实力是国际话语权的背书 138

第八章 人与斗争——大学生网络行为失范的主观因素 …… 140

第一节 网络空间安全保卫 …… 141
一、互联网安全的严峻形势 …… 141
二、网络主权面临威胁 …… 143
三、网络霸权主义当道 …… 144

第二节 意识形态领域的斗争 …… 145
一、对大学生意识形态的争夺 …… 145
二、高校是意识形态斗争的重要阵地 …… 147
三、网络是意识形态斗争的主战场 …… 149

第三节 构建网络空间命运共同体 …… 153
一、牢牢把握高校意识形态话语权 …… 153
二、坚决维护网络空间安全 …… 155
三、构建网络空间命运共同体 …… 157

第九章 人与未来——总体安全与构建人类命运共同体 …… 159

第一节 总体国家安全与生物安全 …… 159
第二节 人类命运共同体 …… 161

参考文献 …… 165

第一章
人与方向——当代大学生问题研究的引导

第一节 大学生问题研究与高校思想政治教育工作的本源

在新时代语境下,把大学生网络行为失范再次作为一项研究课题,所需面对的重点已不仅是网络场域、高校环境和师生群体的简单混合,更需要直接面对境内外不良思想文化渗透的复杂局面,在研究中更要坚持和把握马克思主义的理论指导,用这一精神武器有力回应现实问题;更要坚持党对一切工作的领导,努力掌握马克思主义的思想方法和工作方法;更要在运用马克思主义科学思维能力解决问题的同时发展马克思主义,在中国特色社会主义道路上昂首阔步、自信前行。

一、大学生问题研究必须坚持和发展马克思主义

大学生网络行为失范问题,既是大学生自身的问题,也是高校思想政治教育工作必须面对的问题;从更广泛的角度看,还是马克思主义、中国特色社会主义面临的问题,是党和国家以及民族复兴事业面临的问题。问题的分析解决必须有科学理论指导,马克思在《〈黑格尔法哲学批判〉导言》中强调:"哲学把无产阶级当作自己的物质武器,同样,无产阶级把哲学当作自己的精神武器。"马克思主义是科学的理论,是我们认识和改造客观世界的有力武器,它照亮了人类探索历史规律和寻求自身解放的道路,在人类思想史上没有任何一种理论能达到马克思主义的高度,也没有任何一种思想能像马克思主义这样,对人类文明进步产生了如此广泛而深刻的影响。从《共产党宣言》发表到今天,无论时代如何变迁、科学如何进步,马克思主义依然显示出科学思想的力量,依然占据着人类真理和道义的制高点。

"理论在一个国家实现的程度,总是决定于理论满足这个国家需要的程度。"[1]任何科学理论和思想必须本土化才能真正起到作用。近百年来,中国共产党带领勤劳勇敢的中国人民,始终坚持把马克思主义基本原理同中国具体实际相结合,坚持用马克思主义中国化成果指导革命建设改革,取得了举世瞩目的伟大成就,马克思主义的命运早已同中国共产党的命运、中国人民的命运、中华民族的命运紧紧连在一起,它的科学性和真理性在中国得到了充分检验,它的人民性和实践性在中国得到了充分贯彻,它的开放性和时代性在中国得到了充分彰显,实践证明,历史和人民选择马克思主义是完全正确的,中国共产党把马克思主义写在自己的旗帜上是完全正确的,坚持不懈推进马克思主义中国化、时代化、大众化是完全正确的。

马克思主义虽然诞生在一个多世纪之前,但历史和实践都证明了它是科学的、严密的理论体系,在新时代依然有着强大的生命力。马克思主义不仅深刻揭示了自然界、人类社会和人类思维发展的普遍规律,为人类社会发展进步指明了方向;马克思主义还始终坚持实现人民解放、维护人民利益的立场,以实现人的自由而全面的发展和全人类解放为己任,反映了人类对理想社会的美好憧憬。马克思主义不仅揭示了事物的本质、内在联系及发展规律,是人类认识世界、认识自身伟大工具,是人们观察世界、分析问题的有力思想武器;马克思主义还具有鲜明的实践品格,在致力于科学解释世界的同时,也致力于积极改变世界。但是,对待马克思主义既不能采取教条主义的态度,也不能采取实用主义的态度;既不代表什么都用马克思主义经典作家的语录来说话,也不代表马克思主义经典作家没有说过的就不能说,这些都不是马克思主义的态度。同样,在实际工作尤其是问题研究中,根据需要找一大堆语录,把什么事都说成是马克思、恩格斯当年说过的,生硬裁减鲜活的实践发展和创新,这也不是马克思主义的态度。马克思就曾强调过,那种"无所不包的最终完成的认识体系是同辩证思维的基本规律相矛盾的。"[2]马克思主义本身是"对包含着一连串互相衔接的阶段的发展过程的阐明。"[3]与时代同步伐、与人民共命运,回答时代与实践提出的重大课题才是马克思主义永葆生机活力的奥妙所在。因此,我们必须以科学的态度对待科学,以真理的精神追求真理,不断赋予马克思主义以新时代内涵。

马克思主义不仅是我们党和国家的指导思想,是我们认识世界、把握规律、追求真理、改造世界的强大思想武器,也是我国高校工作的最根本的指导思想和

---

[1] 《马克思恩格斯选集》第1卷,人民出版社1995年版,第11页。
[2] 《马克思恩格斯选集》第3卷,人民出版社1995年版,第363页。
[3] 《马克思恩格斯选集》第3卷,人民出版社1995年版,第480页。

哲学社会科学最牢固的理论基石。因此,我国哲学社会科学工作必须坚持以马克思主义为指导,哲学社会科学工作者必须自觉把中国特色社会主义理论体系贯穿理论研究和实践教学全过程,转化为清醒的理论自觉、坚定的政治信念和科学的思维方法。

历史前进到新时代,时代呼唤理论也孕育理论。习近平新时代中国特色社会主义思想,是中国特色社会主义进入新时代、科学社会主义迈向新阶段、当今世界经历新变局、我们党面临执政新考验的历史条件下形成和发展起来的,是党和人民实践经验和集体智慧的结晶。习近平总书记是这一思想的主要创立者,在领导全党全国各族人民推进党和国家事业的实践中,习近平总书记以马克思主义政治家、思想家、战略家的深刻洞察力、敏锐判断力、理论创造力和战略定力,提出了一系列具有开创性意义的新理念、新思想和新战略,为习近平新时代中国特色社会主义思想的创立发挥了决定性作用、作出了决定性贡献。习近平新时代中国特色社会主义思想,是对马克思列宁主义、毛泽东思想、邓小平理论、"三个代表"重要思想、科学发展观的继承和发展,是马克思主义中国化最新成果,是党和人民实践经验和集体智慧的结晶,是中国特色社会主义理论体系的重要组成部分,是全党全国人民为实现中华民族伟大复兴而奋斗的行动指南。

中国共产党第十九次全国代表大会,把习近平新时代中国特色社会主义思想确立为党必须长期坚持的指导思想并庄严地写入党章,实现了党的指导思想的与时俱进。第十三届全国人民代表大会第一次会议通过的宪法修正案,郑重地把习近平新时代中国特色社会主义思想载入宪法,实现了国家指导思想的与时俱进,反映了全国各族人民共同意志和全社会共同意愿。因此,习近平新时代中国特色社会主义思想是社科理论研究的根本指导思想,必须长期坚持并不断发展。习近平新时代中国特色社会主义思想,是新时代中国共产党的思想旗帜,是国家政治生活和社会生活的根本指针,是当代中国的马克思主义、21世纪马克思主义。因此,在当代中国,坚持和发展习近平新时代中国特色社会主义思想,就是真正坚持和发展马克思主义,就是真正坚持和发展科学社会主义。哲学社会科学工作者必须高举马克思主义、中国特色社会主义伟大旗帜不动摇,必须坚持习近平新时代中国特色社会主义思想指导地位不动摇。

强调理论研究的指导思想,是因为只有依靠马克思主义,才能在理论的对敌斗争中最终取胜,一旦丢掉这一强大武器、偏离党的思想路线,理论研究本身都会成为问题。习近平总书记指出:"在对待坚持以马克思主义为指导问题上,绝大部分同志认识是清醒的、态度是坚定的。同时,也有一些同志对马克思主义理解不深、理解不透,在运用马克思主义立场、观点、方法上功力不足、高水平成果不多,在建设以马克思主义为指导的学科体系、学术体系、话语体系上功力不足、高水平成果不多。社会上也存在一些模糊甚至错误的认识。有的认为马克思主义已经过时,中国现在搞的不是马克思主义;有的说马克思主义只是一种意识形态说教,没有学术上的学理性和系统性。实际工作中,在有的领域中马克思主义被边缘化、空泛化、标签化,在一些学科中'失语'、教材中'失踪'、论坛上'失声'。这种状况必须引起我们高度重视。"

同时,强调理论研究的指导思想,也是发展马克思主义理论的需要。马克思主义是随着时代发展、实践探索和科学进步而不断发展的开放的理论体系,它不是结束真理的体系,而是开辟通向真理道路的科学方法。"马克思主义的全部精神,它的整个体系,要求人们对每一个原理只是(α)历史地,(β)只是同其他原理联系起来,(γ)只是从具体的历史经验联系起来加以考察。"[①]当代中国发生了深刻变革,置身于这一历史巨变之中的中国人民更有资格、更有能力揭示其中所蕴含的历史经验和发展规律,为发展马克思主义作出中国的原创性贡献。

因此,问题研究的过程,既是解决当前所面临的问题的实践过程,也是坚持和发展中国特色社会主义、发展马克思主义理论体系的过程。必须坚持用马克思主义观察时代,解读时代,引领时代,用宽广视野吸收人类创造的一切优秀文明成果,用鲜活丰富的当代中国实践来推动马克思主义发展。同时,也必须增强马克思主义理论自信和战略定力,坚定不移地坚持那些经过反复实践和比较得出的正确理论,并根据时代变化和实践发展,在实现理论创新和实践创新良性互动中,不断丰富和发展21世纪中国的马克思主义,让21世纪中国的马克思主义展现出更强大更有说服力的真理力量。

二、高校思想政治教育工作的根本是坚持党对一切工作的领导

中国共产党是执政党,党的领导是做好党和国家各项工作的根本保证,是我国政治稳定、经济发展、民族团结、社会稳定的根本点,绝对不能有丝毫动摇。新时代,大学生网络行为失范问题研究不仅是高校思想政治教育领域的一项理论课题,更是一项政治实践,更需要在研究中坚持党对一切工作的领导。

党的领导地位不是自封的,而是历史和人民选择的,是由我国国家性质和宪法规定决定的,是中国特色社会主义最本质的特征。今天,中华民族比历史上任何时期都更接近、更有信心和能力实现伟大复兴目标,也同时面临比历史上任何时期都复杂多变的局面,要战胜前进路上的风险挑战,完成艰巨光荣的历史使命,从根本上要靠党的全面领导,靠党把好方向盘。

[①]《列宁选集》第47卷,人民出版社1995年版,第464页。

同时,确立和维护无产阶级的领导核心,始终是马克思主义建党学说的基本观点。马克思强调:"一个单独的提琴手是自己指挥自己,一个乐队就需要一个乐队指挥。没有指挥,就没有乐队。"恩格斯指出:"没有权威,就不可能有任何一致的行动。"对于一个国家、一个政党来说,领导核心至关重要。船重千钧,掌舵一人。因此,坚决维护习近平总书记党中央的核心、全党的核心地位,坚决维护党中央权威和集中统一领导,把"两个维护"贯穿于研究全过程、各方面,对党绝对忠诚、坚守初心使命的立场不能变。这是党和国家事业前途命运所系,是全国各族人民根本利益所在,是民族复兴最可靠的保证,也是社科理论学者从事研究工作的最根本立场,偏离了这一立场方向就会在研究中误入价值观歧途、掉进意识形态陷阱。

必须强调党领导一切工作的研究立场,一方面是因为理论研究中的"无意识":一些国外学术理论尤其是研究我国社会问题的观点借传播知识之名,行散播西方"普世价值"之实,有的研究者甚至高校领导干部在工作中无意识地被西方价值观操控,脱开政治立场,把实践问题化约为纯粹理论探讨,不自觉地走进自相矛盾的意识形态误区,既忽略本应发现和解决的各类问题,又不自觉地破坏社会主义核心价值观。所以,强调研究立场并非要刻意行不言自明的赘述,坚持研究立场也并非水到渠成般容易,这要求在研究工作中必须始终紧绷同党中央保持一致的弦。同党中央保持高度一致必须是全面的,在思想上政治上行动上全方位向党中央看齐,做到表里如一、知行合一;必须是具体的,不能光口头讲讲,要落实在各个方面、各项工作上。社科理论工作者必须做到党中央提倡的坚决响应,党中央决定的坚决照办,党中央禁止的坚决杜绝,任何时候任何情况下都做到政治立场不移、政治方向不偏。

另一方面是由于理论研究中的"有意识":部分学者甚至知名学者把学术任性当学术自由、用抹黑代替批判,甘愿为境内外敌对势力充当理论代言,站在历史虚无主义和自由主义的立场上否定一切现实,只愿看社会问题,不对比历史进步,只盼望党政方针出纰漏,不希望治理体系出成就,有意识地利用意见领袖身份和言论大牛地位无病呻吟、鸡蛋里挑骨头,把西方政治陷阱美化成中国学术语言,把马克思主义丑化成集权统治工具,他们忘记、抹杀和歪曲这个学说的革命灵魂。"他们把资产阶级可以接受或者觉得资产阶级可以接受的东西放在第一位来加以颂扬,"[①]以此行其个人偏执的情绪发泄,故意为中国特色社会主义道路挖坑设障,唯恐天下不乱,以期更多不明真相者跳入陷阱,其行可鄙、其心可诛!

研究立场上的"无意识"和"有意识"会给党的事业造成不少困难,但基本可

---

① 《列宁选集》第3卷,人民出版社1995年版,第112页。

辨、可导、可控,最容易带来损失是表面立场坚定的"两面人",这些"两面人"思想左右逢源、立场摇摆不定、身处监察盲区,他们在政治上装得很正、藏得很深,有很强的隐蔽性和迷惑性,是带来一系列问题和负能量的祸根。2018年11月26日,习近平总书记在十九届中央政治局第十次集体学习的讲话上指出:"要高度警惕那些人前会上信誓旦旦讲'四个意识'、高调表态,而私下里却妄议中央、不贯彻党中央路线方针政策的人;口口声声坚定'四个自信'、信仰马克思主义,而背后在大是大非问题上态度暧昧、立场不稳的人;高谈阔论国家前途命运,而背地里却一遇到个人名誉地位就牢骚满腹、怨恨组织的人;领导面前卑躬屈膝、阿谀奉承、溜须拍马,而在下属和群众面前却趾高气扬、盛气凌人、不可一世的人。"必须高度警惕的是,这些"两面人"同样隐匿于高校党员队伍中,存在于学术理论研究群体里。高校的领导干部是党员队伍中知识水平和文化素养比较高的群体,他们大多是相关学科的杰出人才,然而其中也有"两面人"存在。有的表面上治学严谨,背地里却存在着严重的学术不端行为;有的表面上为人师表,背地里却丧失道德底线。中国历来具有崇尚知识、尊师重教的传统,人们对那些具有高学历、高职称的高校"两面人"往往尊重有加、疏于防范,加之他们极富表演天赋,欺骗性更强、隐蔽性更深。①

第二节 大学生网络行为失范问题的相关研究思维与意识

一、直面问题意识是研究的基本态度

"问题是时代的声音。问题无处不在、无时不有,关键在善不善于发现问题。原则问题要旗帜鲜明,发展问题要方向清晰,难点问题要明确回答,实际问题要重点解决。"问题意识是在科学问题的研究中积极主动地发现有价值的现实问题,并自觉运用各学科前沿成果以科学方法加以解决的主体性意识。人类认识和改造世界的过程本身是一个发现问题、解决问题的过程,只有树立强烈的问题意识,才能实事求是地对待问题,才能找到引领时代进步的目标,理论研究也从来都是为了解决现实问题,只有始终树立问题意识,坚持问题导向,科学分析问题,深入研究问题,弄清问题性质,找到症结所在,才能不断有效破解前进中的各种难题。

首先,要敢于正视问题,实事求是。面对纷繁复杂的国内外形势,问题研究要坚持在国际国内相联系中发现问题,形成既符合世界发展潮流,又符合我国国

---

① 俞伟,陶孤:《警惕和防止"两面人"现象》,载《红旗文稿》,2017年第17期,第38页。

情和发展阶段性特征的应对策略;在我国改革发展的实践中发现问题,结合实际开拓创造性的问题解决思路;在总结历史经验教训中发现问题,深入思考并及时发现新情况、新苗头,把握矛盾并掌握解决问题的主动。实事求是是马克思主义中国化理论成果的精髓和灵魂,是马克思主义的根本观点,是我们认识世界、改造世界的根本要求。实事求是的基础在于搞清楚事实,通过深入了解问题实际、把握实情,真正掌握全面真实、丰富生动的第一手资料,真正掌握问题产生的客观实际情况,这是进行一切问题研究所必需的也是唯一可靠的前提和基础。

坚持实事求是,方法在于不断解放思想。解放思想与实事求是辩证统一的,要求思想认识符合客观实际,冲破落后的传统观念和主观偏见的束缚,改变因循守旧、不接受新事物的精神状态,与时俱进地把党的事业和思想政治工作不断推向前进。客观实际是不断发展变化的,对客观事物及其规律的认识是不断深化的,实事求是永无止境,解放思想也永无止境。只有解放思想,才能真正做到实事求是;只有实事求是,才是真正解放思想。新时代新征程要求进一步解放思想,坚持真理、修正错误,勇于变革、勇于创新,永不僵化、永不停滞,在深入研究新情况、不断解决新问题的实践中增强本领、提高能力。

其次,要科学分析问题、深入研究问题。发现问题是前提,能不能正确分析问题更见理论功底。理论研究必须要敢于触及矛盾,长于解决问题,增强问题意识,既要见思想,又要见行动,必须以解决问题为研究导向,瞄着问题去、追着问题走,把化解矛盾和破解难题作为社科理论研究的第一要务和最终归宿,对照新时代形势发展的新要求,抓紧解决涉及本学科领域,尤其是涉及大学生长远发展的相关重大问题,从大学生习以为常的行为现象中发现亟须解决的倾向性、苗头性、潜在性问题,防患于未然。同时,必须善于具体问题具体分析,弄清楚哪些问题是落后的体制机制弊端造成的,哪些问题是条件不具备一时难以解决的,善于透过现象看本质,从繁杂表象中把握问题的规律性,从苗头问题中发现事物的倾向性,从偶然问题中揭示事物的必然性;同时,善于抓住问题主要矛盾和矛盾的主要方面,明确有效破解问题的主攻方向,带动问题研究的全局工作,推进问题最终解决。

大学生网络行为失范研究是一个老课题,大学生行为在新时代网络环境下出现了新问题,新问题的研究需要紧跟时代发展变化脉络并不断深入,"科学作为一个精神世界的王冠,也绝不是一开始就完成了的。"[①]这是问题意识的时代需求。同时,网络作为推动人类社会发展的旧工具,在新时代完成了向人类社会和日常生活渗透的新转变。"一个时代所提出的问题,和任何在内容上是正当

---

① 黑格尔:《精神现象学》上卷,商务印书馆1979年第2版,第7页。

的因而也是合理的问题,有着共同的命运:主要的困难不是答案,而是问题。因此,真正的批判要分析的不是答案,而是问题……问题就是时代的口号,是它表现自己精神状态的最实际的呼声。"①这是问题意识的场域要求。大学生网络行为在新时代暴露出的前所未见的问题,必须在研究中坚持问题导向,积极主动地发现并解决相关现实问题,坚守住立德树人的初心使命,这既是马克思主义的宝贵理论品质,又是当代马克思主义对实践的有力呼应。坚持问题导向是马克思主义的鲜明特点,问题是创新的起点,也是创新的动力源。习近平总书记指出:"只有聆听时代的声音,回应时代的呼唤,认真研究解决重大而紧迫的问题,才能真正把握住历史脉络、找到发展规律,推动理论创新。"

二、辩证思维和历史意识是研究的重要方法

学习哲学、使用哲学解答和解决现实问题,是哲学社会科学的必然路径。马克思主义哲学深刻揭示了自然与人类社会发展的一般规律,是有着强大生命力的思想武器。只有坚持辩证唯物主义和历史唯物主义,才能赢得理论研究优势、赢得话语权主动、赢得哲学社会科学理论的未来。

辩证唯物主义是马克思主义哲学的重要组成部分,是哲学社会科学研究的世界观和方法论。学习和运用辩证唯物主义,必须掌握世界统一于物质、物质决定意识的原理,坚持从客观实际出发;掌握事物矛盾运动的基本原理,不断强化问题意识,积极面对和化解研究中遇到的矛盾;掌握唯物辩证法的根本方法、不断增强辩证思维能力,提高分析和处理复杂问题的本领;掌握认识和实践的辩证关系原理,坚持实践第一,不断推进实践基础上的理论创新。辩证思维是辩证唯物主义的客观要求。要求我们在研究工作中承认矛盾、分析矛盾、解决矛盾,善于抓住关键、找准重点、洞察事物发展规律。客观地而不是主观地,发展地而不是静止地观察事物、分析问题、解决问题。同时,要求我们正确地分析矛盾,在对立中把握统一、在统一中把握对立,克服极端化、片面化、善于运用辩证思维谋划学科理论的发展方向。

具体来看,在对待事物发展过程所展现的相关问题矛盾时,既辩证地看待问题,又辩证地看待问题产生的时空条件,同时辩证地对待看待事物的角度本身。辩证意识的基本要求是运用好唯物辩证法,"辩证法被看作关于一切运动的各个最普遍的规律的科学。这就是说,辩证法的规律无论对自然界中和人类历史中的运动,或者对思维的运动,都必定是同样适用的。"②既看到矛盾两极的对立和依存,又兼顾矛盾两极的中间的灰色地带,中国古人早已有相似的智慧:从儒

---

① 《马克思恩格斯全集》第40卷,人民出版社1982年版,第289~290页。
② 《马克思恩格斯选集》第4卷,人民出版社1995年版,第365页。

家"好问而好察迩言,隐恶而扬善,执其两端,用其中于民"到道家"道生一,一生二,二生三,三生万物。万物负阴而抱阳,冲气以为和"。因为众多常态问题往往并不显见于阴阳二分的"二",而隐匿于阴阳合和的"三","道曰规,始于一,一而不生,故分而为阴阳,阴阳合和而万物生"。既看到表象的、静态的矛盾,又看到变化的和运动的矛盾,因为"三"才是实践中的常态。"两个相互矛盾方面的共存、斗争以及融合成一个新范畴,就是辩证运动。"①除了辩证地看待矛盾运动过程还要辩证地对待矛盾运动的结果,因为:"矛盾存在于一切事物的发展过程中……每一事物的发展过程中存在着自始至终的矛盾运动。"②

历史唯物主义是马克思主义哲学的另一个重要的组成部分,是关于人类社会发展一般规律的科学。学习和运用历史唯物主义,必须掌握社会基本矛盾分析法,把生产力和生产关系的矛盾运动同经济基础和上层建筑的矛盾运动结合起来观察,把社会基本矛盾作为一个整体来观察,全面把握整个社会的基本面貌和发展方向;掌握物质生产是社会生活的基础和人民群众是历史的创造者这一基本观点,推动人的全面发展和坚持以人民为中心,做到理论研究依靠人民、为了人民的根本宗旨。同时,历史唯物主义还要求具备鉴古知今的历史思维能力,善于运用历史眼光认识问题的发生发展规律,把握问题演进和变化方向,指导解决问题的现实工作。历史是最好的教科书,中国革命和改革的历史是最好的营养剂。学习和总结历史最重要的是借鉴和运用历史经验,加强对历史的学习,深刻把握历史规律,认清历史趋势,总结历史经验,牢记历史教训,在对历史的深入思考中做好理论研究工作,更好发展未来。历史思维的一个重要品格就是思接千载、视通万里,坚持把历史、现实、未来贯通起来,对重大问题、战略问题作出深刻的历史比较和分析,联系 5000 多年中华文明史来思考中华民族的前途命运,联系 500 年世界社会主义发展史来认识社会主义运动的前进方向,联系中国近代以来 180 年奋斗史来阐明中国的复兴道路,联系建党近百年、新中国成立 70 年、改革开放 40 多年的革命建设改革历程来把握党的历史方位和历史使命,联系"两个一百年"奋斗目标来思考和分析问题。

三、全局思维是研究的有力保证

全局思维要求理论研究中具备全面协调意识,坚持大局意识和全局观念,善于观大势、谋大事,既能以小见大、见微知著,又能高瞻远瞩、统揽全局,自觉在大局下想问题、做研究,从战略全局思考问题,统筹分析问题,善于把握事物发展总

---

① 《马克思恩格斯选集》第 1 卷,人民出版社 1995 年版,第 144 页。
② 《毛泽东选集》第 1 卷,人民出版社 1991 年版,第 305 页。

体趋势和方向。新时代中国特色社会主义是全面发展、全面进步的事业,理论研究者必须站在时代前沿和战略全局的高度观察、思考和处理问题,从全局认识和判断形势,透过纷繁复杂的表面现象把握事物的本质和发展的内在规律,在解决突出问题中实现战略突破,在把握战略全局中推进研究工作。

同时,真理是全体。但全体只是通过自身发展而达于完满的那种本质。① 马克思主义作为科学理论本身,也要求我们全面地而不是片面地、系统地而不是零散地、普遍联系地而不是孤立地看待问题,除了问题本身在时空范围上的运动和变化,研究过程也应注重统筹分析、兼顾整体,既统筹各学科、领域成果进行分析,又调动各部门、层级力量加以关注。新时代大学生网络行为失范问题相关研究既涵盖高校领域又涉及政法工作,不仅是我国高等教育领域的独立问题,也不仅限于高校思想政治教育理论研究的单一课题,而是一个涉及众多学科的综合领域,需要在研究中突破高等教育范围和学科理论思维的局限性,把相关问题置于大学生个体发展、家庭学校环境、网络社会问题、意识形态斗争、文明复兴进程和全人类发展的视角进行具体、全面的分析。

这里必须一提的是关于学科边界的争论。有的学者认为:思想政治教育作为一个年轻的学科,与其他学科交叉是难免的,但是也是一个不断走向成熟的学科,有着自身独特的研究对象和问题。一些思想政治教育研究者长期研究属于其他学科的问题,种了别人的地却荒了自己的田,导致思想政治教育研究中出现杂、乱、散等不良现象,严重影响了该学科的正常发展。② 因此,反对学科理论研究中存在的盲目论域扩张、理论依附、简单移植导致的学科研究边界模糊不良倾向。应当说,这种在特殊历史阶段面对学科乱象,从学科发展角度保持理论边界的谨慎态度,对于防止其他学科向本领域无边界渗透形成理论研究空巢式虚假繁荣现象、确保学者研究属于自己学科范围的真问题上有着积极的警示意义,有利于本学科在高度和深度上探索和挖掘出更多层次。

但是,新时代的思想政治教育作为党的前沿理论和大学生工作实践学科之一,其出发点和落脚点仍都是马克思主义理论和中国特色社会主义实践,而马克思主义理论作为开放和发展的立体学科体系,不仅有理论高度和深度,还有理论广度和实践效度。马克思主义理论完备而严密,给人们提供了绝不同任何迷信,任何反动势力,任何为资产阶级压迫所做的辩护相妥协的完整世界观。③ 因此,封闭学科边界和盲目论域扩张都过犹不及。

理论研究既要考虑自身学科发展,也要考虑马克思主义理论对于其他学

---

① 黑格尔:《精神现象学》上卷,商务印书馆1979年第2版,第12页。
② 于学伟:《现代思想政治教育研究的问题意识》,人民出版社2008年版,第2页。
③ 《列宁选集》第2卷,人民出版社1995年版,第309页。

科领域的影响力;既要压缩其他学科的无边界渗透空间,又要以开放式边界进一步完善自身体系;既充分利用学科优势创新发展,又及时发现自身不足和问题。这既是马克思主义理论的学科需求,又是中国特色社会主义的时代要求。

四、实践思维既是研究的有效途径也是应用目的

"纸上得来终觉浅,绝知此事要躬行。"要深入探求和掌握事物发展的规律,必须勇于实践、善于实践,在实践中积累经验、进行理论升华,在用以指导实践、推动实践,在实践中使认识得到检验、修正、丰富和发展,这是认识客观规律的根本途径。不仅因为全部社会生活在本质上的是实践的①,而且因为实践高于(理论)认识,因为它不仅普遍性的品格,而且还有直接现实性的品格②。调查研究是实践意识要求的第一步,重视调查研究、经常开展调查研究,有益于思政工作者正确认识客观世界,改造客观世界和主观世界,转变工作作风,增进同大学生群体的感情,有益于深切了解大学生的需求、愿望和创造精神、实践经验。坚持调查研究,必须找准问题、有的放矢。开展调查研究的目的是把事情的真相和全貌调查清楚,把问题的本质和规律把握准确,把解决问题的思路和对策研究透彻。调研工作中,必须紧紧围绕党的高校工作方针政策和中央重大决策部署的贯彻执行,深入研究事关大学生群体的热点难点问题,使调查研究工作同中心工作和决策需要紧密结合起来,更好地为党的决策和大学生成长发展服务。坚持调查研究,需要多层次、多方位、多渠道地调查了解情况,既要解剖典型又要了解全局,既要总结经验又要吸取教训,既深入问题实际、又深入学生群体,大学生网络失范行为中最典型和最严重的地方,应成为调研重点,要花更多时间去了解和研究,主动调研、抓住不放,真正察到实情、获得真知、收到实效,这是获得正确认识的源泉,也是检验和深化认识的根本所在。调查研究成果的质量如何,形成的意见正确与否,最终都要由思想政治教育实践来检验。

网络行为失范问题研究的出发点和落脚点是解决思政工作实践中存在的问题,同时坚持和发展马克思主义理论,是理论与实践的逻辑统一。同时,能不能科学解决实践中存在的问题,是检验理论研究有效性的唯一标准。真理的标准只能是社会的实践,实践的观点是辩证唯物主义的认识论之第一的和基本的观点。③

大学生的人生目标同党的事业和民族复兴伟业在历史方位上高度统一,网

---

① 《马克思恩格斯选集》第1卷,人民出版社1995年版,第56页。
② 《列宁全集》第55卷,人民出版社1990年版,第183页。
③ 《毛泽东选集》第1卷,人民出版社1991年版,第284页。

络行为失范反映出的远不仅仅是大学生自身的问题,大学生虽然是问题产生的行为和责任主体,但问题的解决归宿却不应只落在大学生群体,实践中应发现研究主体以外的问题根源和解决途径,实现研究视角的兼顾和转向。这并非忽视由外而内的研究范式,而是在新形势下强调由内而外的问题指向,既注意发现个体发展角度遇到的相关问题,又高度关注国家发展角度面临的实际困难,并尽全力压缩隐匿于两种视角中间的常态性问题空间。党的宣传、高校、政法等工作的目的除了引导主体自身形成良好行为习惯,更重要的是筑牢和拱卫意识形态长城,为行为主体提供良好的学习成长环境,服务于中国特色社会主义和中华民族伟大复兴的实践。

五、底线思维是研究的坚实基础

"人无远虑,必有近忧。"底线意识是做好大学生思想政治教育的一个重要战略,也是一个最基本的工作策略。只有凡事从最坏处准备,努力争取最好的结果,才能有备无患、遇事不慌,牢牢把握主动权。大学生问题研究必须具备底线意识,居安思危、未雨绸缪,宁可把形势想得更复杂一点,把挑战看得更严峻一些,做好应付最坏局面的思想准备。在政治底线问题上,绝对不能犯颠覆性错误,既不走封闭僵化的老路,也不走改旗易帜的邪路;在法律底线问题上,必须牢固树立法律红线不能触碰、法律底线不能逾越的观念,使大学生守住做人、处事、交友的底线,坚决维护法律尊严和权威。因此,对待大学生网络失范行为,决不能触碰、践踏和逾越那些事关党和国家事业兴衰成败、中国特色社会主义前途命运、中华民族伟大复兴和中国人民根本利益的原则界限。大学生问题研究是高校思想政治教育领域一项长期而艰巨的任务,时代越是前进和发展,新情况新问题就会越多,越是取得成绩的时候,越是要有如履薄冰的谨慎,越是要有居安思危的忧患。必须把底线意识贯穿学生工作始终,增强忧患意识,把困难和挑战估计得充分一些,把应对各种复杂局面、意外情况的预案做得周密一些,积极寻求规避群体性风险、化解复杂矛盾、谋求工作创新的路径和方法,千方百计"托底""守底""保底",确保在风险可控范围内,实现大学生健康发展的目标。

第三节　失范论与大学生行为失范的概念界定

一、西方传统理论中的失范论

"失范"一词源于希腊文神学著作,近代西方社会学大量引用的主要目的是在研究中描述19、20世纪之交垄断资本主义急剧发展带来的社会危机,是对西方社会封建时代上层建筑逐渐解构、资本主义快速发展这一特殊历史背景的哲学社会科学领域之经验概括。

1893年,涂尔干在博士论文中首次引入居约在宗教研究时所用的失范概念,从唯实论立场进行社会分工研究,用以分析其所谓"机械团结"向"有机团结"转型过程中,近现代社会工业化分工破坏传统社会团结基础、社会规范机制落后于社会行动发展所引发的调整缺失或无序状态。"失范的分工是指,一个赞美鼓励个性的社会缺少调控又不告诉人们什么是他们应该做的。涂尔干又进一步在他研究自杀的著作中发展了失范概念。在《社会分工论》和《社会学方法的准则》这两本书中,涂尔干使用这一概念指称人们缺少充分道德约束的社会状况。对涂尔干来说,现代社会总是容易失范的,而在社会与经济危机发生时,失范最容易出现。……虽然劳动分工在现代社会中是凝聚力的源泉,但它无法完全弥补共同道德的弱化。个体可能彼此疏远并在高度专业化的活动中失去联系,他们更容易对与周围工作和生活的人们的共同纽带丧失感知,这导致失范的产生。"①

社会分工失范状态导致了道德是那样的含混不清,反复无常,根本形成不了任何纪律。因此,集体生活的整个领域绝大部分都超出了任何规范的调节作用之外……这就是我们所要揭示的失范状态,它造成了经济世界中极端悲惨的景象,各种各样的冲突和混乱频繁的产生出来……如果说失范是一种罪恶的话,那是因为它使社会遭尽了磨难,社会没有凝聚力和调节力,就无法生存下去。② 实际上,经济功能的划分暂时超出了相适应的道德规律的发展,从而导致了上述结果。由于社会分工处在一种失范的状态之下,所以它不能处处生凝聚。③ 涂尔干还把失范归为自杀的社会原因,在《自杀论》中,他指出,在社会的整合和管理中出现了问题,存在着利己主义和社会的失范;正是这些情况导致了某些人走向了自杀的极端。④

随后,众多学者沿不同路径、视角继续探索,不断扩大着失范理论的立体边界。吉登斯从唯名论角度看待社会失范,并以失范来批判现代性。"现代世界的变革过程如此迅猛剧烈,以至于引起许多重要问题。由于社会的变迁,生活方式、道德、信仰和已经接受的行为模式也发生变迁。但是当变迁迅速和持续时,

---

① [英]乔治·瑞泽尔:《古典社会学理论》第6版,王建民译,世界图书出版公司2014年版,第197~198页。

② [法]埃米尔·涂尔干:《社会分工论》第2版序言,渠敬东译,上海三联书店2017年版,第14~17页。

③ [英]安东尼·吉登斯:《资本主义与现代社会——对马克思、涂尔干和韦伯著作的分析》,郭忠华、潘华凌译,上海译文出版社2013年版,第105页。

④ [英]戴维·米勒(英文版主编)、邓正来(中译本主编):《布莱克威尔政治思想百科全书》,中国政法大学出版社2011年版,第147页。

旧的价值观失去了对人们的掌控，新的价值观却并未建立起来。涂尔干称这些令人困扰不安的情况为失范——这是一种因为许多人察觉到他们的生活缺乏意义和结构而引起的深深的盲目感、恐惧感和绝望感。"①吉登斯强调："'失范'是现代性所隐含的问题之所在，这是因为，在从传统社会向现代工业社会转型的过程中，社会分工的发展和个人主义的强化日益消解了传统社会的宗教、道德、习惯等整合纽带，但在社会转型时期，新的社会整合纽带还处于形成过程中，从而造成公民道德信仰匮乏、行为失去外在约束和欲望变得毫无节制等后果。"②

达伦多夫在综合了雷蒙·阿隆和T. H.马歇尔的理论后，用失范论丰富现代社会冲突理论："公民社会所遭遇的危险之一是失范的危险。人们失去支撑、而只有深刻的、文化的结合关系才能帮助他们获得支撑，最后无论什么都再也不灵了，一切都变得什么都行，因此也就变成什么都无所谓了。③美国越轨社会学学者J. D. Douglas同样把失范限定于社会层面，认为失范是一种准规范缺乏、含混或者社会规范变化多端，以致不能为社会成员提供指导的社会情境④。

当美国学者帕森斯的研究视角从结构功能主义的宏观转向微观时，失范论也开始了从社会到个体的延伸，其著作虽不使用"失范"一词，但其研究社会行动与问题时却绕不开这一主题，如德国社会学家格哈特所说:失范，是塔尔克特·帕森斯《社会行动的结构》这本书的核心主题之一。⑤ 帕森斯的学生——默顿通过糅合结构功能主义与涂尔干的失范论提出了越轨行为理论，最终把社会规范缺失和个体行为越轨二分，在《社会结构与失范》和《社会结构与失范理论的连续性》两篇论著中集中阐述:当社会成员愿意追求社会为其规定的目标并能获得社会为其规定的手段时，正统的目的和手段处于一种平衡状态;当社会成员不愿追求社会为其规定的目标，或被排斥在正统手段之外，或对正统目标和手段不感兴趣时，目标与手段之间即出现的不平衡状态。默顿强调不同社会类型中文化目标和制度化手段之间矛盾产生了失范:由于对目标和制度化程序如此不同的强调，对于目标的强调使后者遭到严重削弱。以至于许多个体的行为仅因为考虑技术上便利性才受到了限制。在这一语境下，最重要的问题变为在编织文化上赞赏的价值网时，哪一种适用的程序效率最高？在技术上最为有效的程序，不管文化上合

---

① [英]安东尼·吉登斯、菲利普·萨顿:《社会学》第七版，赵旭东等译，北京大学出版社2015年版，第11页。
② 郭忠华:《群像与融通:吉登斯现代性思想溯源》，本文为上海译文出版社《资本主义与现代社会——对马克思、涂尔干和韦伯著作的分析》2013年版译者序，第3页。
③ [德]拉尔夫·达伦多夫:《现代社会冲突论》，林荣远译，中国社会科学出版社2000年版，第4页。
④ [美]J. D. 道格拉斯、弗兰西斯·C. 瓦克斯勒:《越轨社会学概论》，张宁、朱欣民译，河北人民出版社1987年版，第37页。
⑤ [德]马丁·格哈特:《帕森斯学术思想评传》，李康译，北京大学出版社2009年版序言。

不合法,都成为典型的偏好制度性规定的行为。随着这一减退过程的继续,社会变得不稳定起来,便产生了涂尔干所谓失范(或无规范状态)。①

二、失范论理论中的西方传统

一个世纪以来,西方社会学各主要思想流派几乎都从自身理论角度对"失范"问题有过重要研究或评述,有效开拓了中国学者在市场经济充分发展、社会不断转型升级背景下研究当代中国社会问题和突出现象的视野,对发展中国特色社会主义和促进人的自由全面发展有一定积极意义,有利于对特定主体网络行为的研究。

但需要指出的是,万物虽一理,殊途后却不一定能同归。马克思在《关于费尔巴哈的提纲》中指出:哲学家们只是用不同的方式解释世界,而问题在于改变世界。② 不同理论在解释世界时在一定程度上可以会通,不代表它们在改造世界时能比肩马克思主义的实践高度,众多西方理论不仅不能解决中国问题,甚至解释不了中国的问题,中国改革开放 40 多年所取得巨大成就充分证明了这一点。面对中国式的经济奇迹,诺贝尔经济学奖得主罗纳德·哈里·科斯指出:中国的改革开放是第二次世界大战以后人类历史上最为成功的经济改革,其结果完全出人意料,无法以现有的理论解释。③ 英国著名经济学家彼得·诺兰也承认:按照西方经济学的理论逻辑,中国不可能获得目前的成就,但中国却在各种缺损的条件下获得了持续的经济增长。④

西方失范论无论在原初的神学领域还是在后来的社会学领域,都过于强调批判主义视角下宏观层面的道德与社会失范,始终站在各类资产阶级实证主义、自由主义与改良主义思想的立场上,人为制造人与伦的对立,以现象研究对象、用表象总结假象,对社会失范的批判止于现象本身,不触及生产力与生产关系之间矛盾这一历史发展过程的本质;同时,绝口不提被种种改良表象掩盖与缓和的阶级矛盾和利益关系,理论上直接否定马克思主义、实践中公开反对共产主义。以社会学失范论的创始代表涂尔干为例,他鼓吹个人价值观,所以他又是个自由主义者。涂尔干的主要缺陷在于他没有认识到社会分层的存在以及政治冲突的现实;涂尔干过于关注社会团结的基础,以至于他的社会印象中排除了所有非整合的特征……他自己的理论就能驳倒他。⑤ 这是根植于失范论的西方资本主

---

① [美]罗伯特·K. 默顿:《社会理论和社会结构》,唐少杰、齐心译,译林出版社 2008 年版,第 227 页。
② 《马克思恩格斯选集》第 1 卷,人民出版社 1995 年版,第 57 页。
③ 中共中央宣传部理论局:《新中国发展面对面》,学习出版社、人民出版社 2019 年版,第 29 页。
④ 同上。
⑤ [美]兰德尔·柯林斯、迈克尔·马科夫斯基:《发现社会——西方社会学思想述评》,李霞译,商务印书馆 2014 年版,第 184 页。

传统,在意识形态上与马克思主义的发展进程截然对立。

此外,失范论毕竟是源于西方的社科理论,在中国自然会面临水土不服的窘境。西方社会科学研究中贯穿始终的西方中心主义视角,把失范论所总结出的对资本主义社会种种问题现象的结论作为放之四海皆准的原则,生拉硬扯到当代中国社会问题研究中,并不符合我国国情,不应拿来就用。这要求我们在运用失范概念来指称某些行为现象时,不能无差别地直接套用西方社会学"失范",特别是"社会失范""道德失范"的概念,需要有选择地借鉴。

在理论研究中,对于国外学者发现和研究的先进知识成果,我们自然要积极学习掌握并在研究中拿来借鉴参考、为我所用,但学习先进知识绝不等于直接吸取西方价值观,不等于把手段当目的、为工具所控制。我们不排斥西方理论中一切有用的成分,而且还必须有条件地吸收和借鉴它们。但是,现在有人以我国实行社会主义市场经济和体制改革为借口,把西方资产阶级的整个体系成龙配套地当作灵丹妙药向国内推销,那就是另一种性质的问题了。如果我们没有清醒的头脑,在这个问题上就会吃大亏、上大当。[①] 这是失范论深厚的西方中心主义传统,在实践中与中国革命与改革的历史方位相左。

一定的理论和意识形态本就发端于特定的生产力和生产方式,是特定经济基础的集中反映,强调失范论的西方传统并非要否认其理论价值,而是用发展的眼光看待西方理论的新时代要求。不少西方学者惯用有色眼镜看待我国改革和建设成就,社科理论即是其有色眼镜的一种,不能也不可能指望他人摘掉眼镜客观地看待我们。对于中国学者来说,马克思主义基本原理和中国化马克思主义这副"红色眼镜",不仅让中国看清了适合自身改革和发展的特色社会主义道路,也让西方敌对价值观和意识形态不能隐匿于学术语言中而影响我国发展和民族进步。

三、失范不应用来描述我国社会矛盾

自新中国成立以来,我国政治、经济、社会等方面在发展和转型过程中表现出了种种矛盾,但大多是人民内部矛盾,并不等同于西方社会学意义上的法律制度、伦理道德规范缺失,也远非社会主要矛盾。党的十九大报告指出:中国特色社会主义进入新时代,我国社会主要矛盾已经转化为人民日益增长的美好生活需要和不平衡不充分的发展之间的矛盾。党的十九大重新定位了我国社会主义所处的发展方位,也重新界定了我国社会的主要矛盾,这是依据马克思主义唯物史观与唯物辩证法的内在逻辑,并在把握时代发展变迁的基础上作出的科学论断,蕴含着深刻的现实与理论的必然逻辑。

[①] 顾海良、梅荣政:《马克思主义与现时代》,武汉大学出版社2006年版,第304页。

从1956年党的八大算起,关于我国社会主要矛盾的提法已60多年,前后历经九次修改,从社会主义工业国家目标同落后农业国现状之间的矛盾,到人民日益增长的物质文化需要同落后社会生产之间的矛盾,再到人民日益增长的美好生活需要与不平衡不充分的发展之间的矛盾,这是我们党建党近百年来对中国社会发展阶段与演变规律的深刻认识,其中从未出现也不可能出现法律、道德规范缺失的提法。但是,在众多网络研究者现在使用的学术话语中,道德失范以及网络道德失范等概念出现的频率还是相当高的,或许这已经成为某种习惯用语或基本共识,然而在本文看来,道德失范也好,网络道德失范也罢,从学术概念的规范使用来看都有失严谨,值得进一步在讨论中予以厘清。[①]

建党至今的经验表明,中国共产党始终保持了良好的自我调试性,这种良好的调试性与马克思主义政党自我革命的特质息息相关。[②] 新时代我国社会主要矛盾的转化论断是党对现实国情的充分认识,党的十八大以来,坚持稳中求进工作总基调,在改革和发展等一系列重大事项上取得了举世瞩目的成就,在此基础上,为更好适应历史发展规律与民族复兴需求,因势利导提出新时代我国社会主要矛盾已经发生根本改变,这是党对新时代的重新定位和对自身历史使命的全新表达。

新时代,国内仍有部分学者在社会现象研究中存在惯性思维,动辄以"社会失范""道德失范""伦理失范"为噱头,简单套用失范论来描述中国改革深水期各领域表现出的种种矛盾,易误导人产生我国当前社会环境混乱、伦理道德沦丧、缺乏规范引领等充斥负能量的解读。现在社会大众甚至学界似乎普遍有一种观点,就是市场经济的发展造成了人们物欲的极度膨胀,人们在极力追求物质利益的时候,忽视了法律甚至道德……我们在看到那些自己不想看到的事情的时候,总是用道德沦丧来暗示自己,久而久之,道德沦丧的观念就已经深入了我们的思维[③]。这种提法有意或无意地漠视中国特色社会主义核心价值和我国改革开放尤其是十八大以来取得的辉煌成就,违背中国特色社会主义道路、理论、制度和文化自信,不符合新时代主旋律,是极不合适的。

四、大学生网络行为与失范概念的选择应用

语言是思想的直接现实。维特根斯坦认为:一个词的意义就是它在语言中

[①] 李一:《主体性的缺位与建构:解析和应对青少年网络行为失范的关键》,《兰州大学学报(社会科学版)》,2010年第1期,第38页。

[②] 叶娟丽、范晨岩:《论中国共产党的政党调试性——以各时期党的根本任务变迁为视角》,《四川大学学报(哲学社会科学版)》,2020年第2期,第5页。

[③] 张大维:《浅析道德沦丧和规则冷漠》,《福建论坛(人文社会科学版)》,2012年专刊,第106页。

的使用。① 从字面含义和语言逻辑看,"失范"即缺失规范,可以被理解为缺失法律规范,也可以是缺失道德、伦理规范;从主体看,社会、组织可以失范,群体、个体也可以失范,但是法律、道德本就是一种规范,严格来说,"法律失范""道德失范""网络道德失范"的提法并不严格符合合理的语言用法,其分析逻辑并不明晰,内在意指也含混模糊。所谓道德失范和网络道德失范的概念,就存在明显的指称模糊和界定不明的问题,尽管这类概念意指的是人们的行为活动本身违背了相应道德规范的要求,但很显然道德本身无非是一种规范要求,其作用和意义要体现在对人的行为活动的指导约束和调控上面,作为一种规范的规则而存在的道德本身无所谓失范与否,失范的主体只能是那些做出了不符合规范要求的行为主体及其行为活动的人。在学术讨论的过程中,要使用行为失范和网络行为失范等严谨而规范的学术术语,以代替道德失范和网络道德失范等有失准确的习惯性用法,从而尽可能克服和消除使用后两者时必然要暴露出来的主体缺位的认知偏失和表述局限,回归到问题的本来面目。②

从历史唯物主义角度看,社会的物质生产力发展到一定阶段,便同他们一直在其中活动的现存生产关系或财产关系(这只是生产关系的法律用语)发生矛盾,于是这些关系便由生产力的发展形式变成生产力的桎梏,那时社会革命的时代就到来了。③ "失范"概念包含着传统与现代两种社会在上层建筑上的断裂,是生产关系新旧两个维度的冲突与青黄不接:传统社会建立起来的生活方式发生改变、伦理道德和宗教信仰逐渐失效、语言文字习惯和社会民众心理等各种规范都在消解,新社会的生产生活方式、普遍价值观念尚不成熟,人们只能机械地受流行文化支配,但又不完全认同这种规范,如同尼采哲学中"上帝已死"后造成的空档期,这种空档期"为那些没有陷入完全的犬儒主义却依然失去现代主义幻觉的家伙们提供了避难所"④。此形态应限于资本主义社会或特殊的历史时空背景使用,并不符合当前我国社会状态。

从辩证唯物主义角度看,"失范"本身就内含着社会整体与行为个体两种互相冲突的维度,类似默顿对社会失范与行为越轨的划分:社会失范作为规范本身的失范,而行为失范是标准对象和执行者个体的失范。失范包含社会规范的失范与个人行为的失范双重含义,而这两者之间有一个中介的精神纽带的联系,就

---

① 转引自蔡曙山《论符号学三分法对语言哲学和语言逻辑的影响》,《北京大学学报(哲学社会科学版)》2006年第3期,第50页。
② 李一:《主体性的缺位与建构:解析和应对青少年网络行为失范的大键》,《兰州大学学报(社会科学版)》,2010年第1期,第38页。
③ 《马克思恩格斯文集》第2卷,人民出版社2009年版,第394~392页。
④ [英]安东尼·吉登斯:《政治学、社会学与社会理论——经典理论与当代思潮的碰撞》,何雪松、赵方杜译,格致出版社2015年版,第201页。

是价值理念的失范,价值理念是规范与行动都无法回避的一个因素。相对于规范的失范和个人行为的失范,价值层面的失范也有双重的含义,即社会价值理念的失范与个人价值理念的失范,社会价值理念的失范即指由规范建设的价值理念的混乱而引起的规范的解组现象,个人价值理念的失范,即指因个人无法认同规范所蕴含的价值理念而引起的行为上与规范的背离现象。① 两种维度虽二分于一,但在不同时空范围、不同国情下有轻重主次之分,具体到新时代中国特色社会主义制度和全面改革的国情背景下,笔者认为,行为失范是主要问题,社会失范是次要问题。

因此,本书在界定大学生网络行为失范的含义时,"失范"一词仅作为主体越轨意义上的"行为失范"使用,无论是就内涵还是就外延来分析,要讨论、分析和界定失范与否的问题,必须要针对行为主体的行为及其过程加以展开。② 即"失范"仅是"大学生"这一主体"行为"的失范,并不指称"社会失范"或"道德失范"。因为,从根本上说,"失范"所反映出的,无非还是行为主体行为不当的问题。很自然的,人们对于"失范"问题的讨论就应当直接与行为的主体和主体的行为联系起来。在研究者的视域当中,尤其如此。③ 仅就网络行为失范而言,其不但在学术指称上是严谨而规范的,而且,使用这样的学术概念,还有助于人们更为准确地理解和讨论相关的问题。

同时,在定义大学生网络行为失范时,重点突出现实社会和互联网两个场域;除了把互联网空间作为特定场域,也把互联网的虚拟特性作为失范原因,因为虚拟场域本身就带有行为与后果的放大效应。因此,可以把大学生网络行为失范界定为:大学生因违背现实社会规范和行为准则,而在互联网空间出现行为偏差,以及因使用互联网与接触有害网络信息,而在网上或网下发生越轨行为。在这一界定当中,前一类情况属于"纯粹的"或称"狭义的"网络行为失范,即专门指发生在'虚拟电子网络空间'里的、违背与偏离法律规范、纪律章程、伦理道德规范、文明准则的行为。后一类情况则不限于此,是属于广义的和非纯粹的'网络行为失范',它的发生同电脑和互联网络的使用相关,但在"场域"上又不仅仅限于'网上的虚拟电子空间',而是会延伸和波及网下的社会生活。④

---

① 朱力:《失范的三维分析模型》,《江苏社会科学》,2006年第4期,第120页。
② 李一:《网络行为失范》,社会科学文献出版社2007年版,第94～95页。
③ 李一:《主体性的缺位与建构:解析和应对青少年网络行为失范的关键》,《兰州大学学报(社会科学版)》,2010年第1期,第38～39页。
④ 李一:《网络失范行为的形态表现、社会危害与治理措施》,《内蒙古社会科学(汉文版)》,2007年第6期,第121页。

第二章
人与时代——当代大学生所处的时间维度

国家振兴和民族复兴的目标,决定了我们必须在历史前进的逻辑中前进、在时代发展的潮流中发展,中国特色社会主义进入了新时代,成为我国发展新的历史方位。当代中国大学生朝气蓬勃,是可爱、可信、可为,同新时代共同奋进的一代,既有广阔发展空间,也承载着伟大历史使命,是民族复兴的希望和国家建设的栋梁,是世界舞台上中华旋律的真正主唱。新时代这一重大政治论断,既赋予了当代大学生新的历史使命、新的理论遵循和新的目标任务,也为高校思想政治教育研究中深刻把握国家发展变革的新特征和新的时代内涵,增强贯彻落实习近平新时代中国特色社会主义思想的自觉性和坚定性,提供了时代坐标和科学依据。

第一节 新时代标示中国特色社会主义的未来

中国特色社会主义进入新时代是对我国发展新的历史方位作出的重大政治论断,标示出了中国特色社会主义的未来。我们党之所以能够永葆旺盛生命力和坚强战斗力并领导中国人民不断从胜利走向胜利的一个重要原因,就是顺应时代潮流、把握时代特点、回答时代课题。新时代这一重大政治论断,是党中央在科学把握时代趋势和国际局势重大变化,科学把握世情、国情和党情深刻变化的基础上作出的,有着充分的现实依据、理论依据和实践依据,是对时代的有力呼应。

一、新时代的新变化

新时代是中国特色社会主义新的发展阶段。党的十八大以来,以习近平同志为核心的党中央科学把握国内外发展大势,顺应实践要求和人民愿望,推动党和国家事业发生历史性变革,领导人民取得了改革开放和社会主义现代化建设的历史性成就。在新中国成立以来特别是改革开放以来我国发展取得的重大成就基础上,我国发展站到了新的历史起点上,中国特色社会主义进入新的发展阶段。这个新的发展阶段,是改革开放40多年来发展历程的必然接续,又有很多与时俱进的新特征:马克思主义与中国化马克思主义理论创新实现了新的飞跃,党的执政方式和执政方略有了重大创新,社会发展理念和治理方式有了重大转变,国家发展的周边环境和国际条件有了重大变化,人民群众对发展水平和质量的要求比以往更高。因此,需要从新的历史方位和时代坐标来科学认识和全面把握中国特色社会主义新的发展阶段。

新时代我国社会主要矛盾发生了新变化。党的十九大提出,我国社会主要矛盾已经由人民日益增长的物质文化需要同落后的社会生产之间的矛盾,转化为人民日益增长的美好生活需要和不平衡不充分发展之间的矛盾。这个论断,反映了我国发展的实际状况,揭示了制约我国发展的症结所在,指明了解决当代中国发展主要问题的根本着力点。社会主要矛盾状况及其变化是社会发展阶段性划分的重要依据,经过改革开放40多年努力,我国稳定解决了十几亿人的温饱问题,总体上实现了小康,不久将全面建成小康社会,人民美好生活需要日益广泛,不仅对物质文化生活提出了更高要求,而且在民主、法治、公平、正义、安全、环境等方面的要求日益增长。同时,我国社会生产力水平显著提高,社会生产能力在很多方面进入世界前列,更加突出的问题是发展不平衡和不充分,这已经成为满足人民美好生活需要的主要制约因素。我国社会主要矛盾发生变化,对我国发展全局产生广泛而深刻的影响。因此,需要从新的历史方位和时代坐标来科学认识和全面把握我国社会主要矛盾的新变化。

新时代是"两个一百年"奋斗目标和"强起来"宏伟蓝图新的历史交汇期。从党的十九大到党的二十大,是"两个一百年"奋斗目标的历史交会期,我们既要全面建成小康社会、实现第一个百年奋斗目标,又要乘势而上开启全面建设社会主义现代化国家的新征程,向第二个百年奋斗目标进军。党的十九大综合分析了国际国内形势和我国发展条件,既对决胜全面建成小康社会提出明确要求,又将实现第二个百年奋斗目标分为两个阶段安排:从2020年到2035年,在全面建成小康社会基础上,再奋斗15年,基本实现社会主义现代化;在基本实现现代化的基础上再奋斗15年,到21世纪中叶把我国建成富强民主文明和谐美丽的社会主义现代化强国。这是新时代中国特色社会主义发展的战略安排,不仅使实现"两个一百年"奋斗目标的路线图、时间表更加清晰,而且意味着原定的我国基本实现现代化的目标将提前15年完成,第二个百年奋斗目标则充实提升为全面建成社会主义现代化强国。因此,需要从新的历史方位和时代坐标来科学认识和全面把握这一鼓舞人心又切实可行的新的奋斗目标。

新时代我国国际环境发生了新变化。当前,全球正处于大发展、大变革和大调整的时期,我国发展仍处于重要战略机遇期和历史机遇期。当代中国已不再是国际秩序的被动接受者,而是积极的参与者、建设者和引领者。中国日益走近世界舞台中央,世界对中国的关注,从未像今天这样广泛、深切、聚焦;中国对世界的影响,也从未像今天这样全面、深刻、长远。但是,也必须看到,前景十分光明的同时挑战也十分严峻。"木秀于林,风必摧之;堆出于岸,流必湍之;行高于人,众必非之。前鉴不远,覆车继轨。"我国正处在从大国走向强国的关键时期,外部环境更加复杂,一些势力对我国的阻遏、忧惧、施压不断增大。因此,需要从新的历史方位和时代坐标来科学认识和全面把握国际局势和周边环境的新变化。

作出中国特色社会主义进入了新时代的重大政治论断,彰显了中国共产党与时代共同进步的先进性本色,以及把握历史规律和历史趋势的高度自觉和高度自信。历史车轮滚滚向前,只有与历史同步伐、与时代共命运,才能赢得光明的未来。中国特色社会主义进入新时代的论断,符合中国特色社会主义实际,是党团结带领全国各族人民开创光明未来的必然要求,是改革开放以来我国社会发展进步、社会主要矛盾运动、"两个一百年"奋斗目标和国际大环境等一系列重要历史变化的必然结果。

二、新时代的新内涵

中国特色社会主义进入了新时代这一论断是我国经济社会发展到一定阶段发生的必然历史飞跃,具有丰富厚重的思想内涵、实践内涵和历史内涵,因此,不是凭空产生的,更不是一个简单的新概念表述。新时代是中国特色社会主义的新时代,而不是别的什么新时代,用新时代界定当前我国发展新的历史方位,有利于进一步统一思想、凝聚力量,在新的起点和高度上把中国特色社会主义事业推向前进。

新时代是继续发展中国特色社会主义的时代。中国特色社会主义是党和人民近百年来奋斗、创造、积累的根本成就。自改革开放以来、特别是党的十八大以来,党带领中国人民承前启后、继往开来,在新的历史条件下走适合中国的特色社会主义道路,极大激发了中国人民的创造力,极大解放和发展了社会生产力,极大增强了社会活力,极大地提升了我国国际地位,社会主义在中国展现出强大生命力。中国特色社会主义是不断发展、不断前进的,需要一代又一代中国共产党人带领人民持续奋斗。在中国特色社会主义新时代,党治国理政第一位的任务,就是紧紧围绕坚持和发展中国特色社会主义这个主题,团结带领人民奋力实现"两个一百年"奋斗目标,谱写中国特色社会主义新的伟大篇章,让社会主义在中国展现出更加强大的生命力。

新时代是国家由富到强的时代。党的十九大围绕实现"两个一百年"奋斗目标,对决胜全面建成小康社会,进而全面建设社会主义现代化强国在经济建设、政治建设、文化建设、社会建设、生态文明建设等作出战略部署,具有很强的战略性、前瞻性、针对性。到2020年如期全面建成小康社会,是我们党向人民、向历史作出的庄严承诺。实现这个目标,今后还有许多"雪山"和"草地"需要跨越,必须举全党全国之力不懈奋斗。全面建成社会主义现代化强国,是第二个百年奋斗目标,更有不少"娄山关"和"腊子口"需要征服。从世界发展史看,已经实现现代化的国家和地区其现代化大多经历了产业革命以来近300年时间才逐步完成,而我国要用100年时间走完发达国家几百年走过的现代化路程,这种转变不但速度、规模超乎寻常,变化的广度、深度和难度也超乎寻常。因此,坚韧不拔、锲而不舍地为全面建成小康社会、全面建成社会主义现代化强国而奋斗,是中国特色社会主义新时代的必然要求和历史任务。

新时代是以人民为中心的时代。人民对美好生活的向往,始终是党的奋斗目标。在中国特色社会主义新时代,党把全国各族人民团结奋斗、不断创造美好生活、逐步实现全体人民共同富裕作为发展的目标和归宿,体现了以人民为中心的发展思想,体现了我们党全心全意为人民服务的根本宗旨,体现了中国特色社会主义的本质要求。党的重大任务,就是更加关注人民对美好生活新的多样化需求,更加关注社会公平正义,更加注重多谋民生之利、多解民生之忧,着力使全体人民在共建共享发展中有更多获得感、幸福感和安全感,着力使全体人民享有更加幸福安康的生活,着力在实现全体人民共同富裕上不断取得实实在在的新进展。

新时代是实现中华民族伟大复兴中国梦的时代。实现中华民族伟大复兴,是近代以来中国人民最伟大的梦想,凝聚了几代中国人的夙愿。新中国的成立,为民族复兴奠定了坚实基础,实现了中华民族"站起来"。改革开放为民族复兴注入了强大生机活力,在中国共产党领导下,中国这个世界上最大的发展中国家创造了人类社会发展史上惊天动地的发展奇迹,实现了中华民族"富起来"。在中国特色社会主义新时代,中国比历史上任何时期都更接近、更有信心和能力实现中华民族伟大复兴的目标。凝聚起全体中华儿女勠力同心共铸中国梦的磅礴力量,接续奋斗、砥砺前行,就一定能够到达民族复兴的光辉彼岸,实现中华民族"强起来"。

新时代是影响世界惠及人类的时代。当今世界,中国人民的梦想同各国人民的梦想息息相关,实现中国梦离不开和平的国际环境和稳定的国际秩序。在中国特色社会主义新时代,面对国际格局和国际关系的深度调整,面对局部冲突和动荡频发、人类需要应对许多共同挑战的外部环境,我们必须统筹国内国际两个大局,始终高举和平发展、合作、共赢的旗帜,恪守维护世界和平、促进共同发展的外交政策宗旨,牢牢把握构建人类命运共同体的目标追求,始终不渝走和平发展道路、奉行互利共赢的开放战略,坚持正确义利观,谋求开放创新、包容互惠的发展前景,促进和而不同、兼收并蓄的文明交流,始终做世界和平的建设者、全球发展的贡献者、国际秩序的维护者。中国为人类文明作出过卓越贡献,在中国特色社会主义新时代,中国正日益走近世界舞台中央,一定能为世界的和平与发展、人类的繁荣与进步作出新的更大贡献。

三、新时代的新意义

中国特色社会主义进入新时代,不仅在中华人民共和国发展史上、中华民族发展史上具有重大意义,在世界社会主义发展史上、人类社会发展史上也具有重大意义。

新时代意味着近代以来久经磨难的中华民族迎来了从站起来、富起来到强起来的伟大飞跃,迎来了实现中华民族伟大复兴的光明前景。实现中华民族伟大复兴是近代以来中华民族团结奋斗的最大公约数,是中国共产党与生俱来的历史使命。鸦片战争后,中国陷入黑暗境地,中国人民经历深重苦难。无数仁人志士不屈不挠、前仆后继,矢志不渝探索复兴之路。中国共产党在民族蒙受苦难、探求光明的逆境中应运而生,带领人民历经28年浴血奋战,建立新中国,使占人类总数四分之一的中国人从此站立起来了。自新中国成立以来特别是改革开放以来,我们党团结带领人民成功走出一条中国特色社会主义道路,稳定解决了十几亿人的温饱问题,总体上实现小康,不久将全面建成小康社会,中国人民逐步富裕起来。历经苦难与辉煌、曲折与胜利、付出与收获,中国特色社会主义进入了新时代,中华民族正在实现从富起来到强起来的伟大飞跃。到21世纪中叶,我国将全面建成富强民主文明和谐美丽的社会主义现代化强国,物质文明、政治文明、精神文明、社会文明、生态文明将全面跃升,成为综合国力和国际影响力领先的国家,中华民族将以更加昂扬的姿态屹立于世界民族之林。

新时代意味着科学社会主义在21世纪的中国焕发出强大生机活力,在世界上高高举起了中国特色社会主义伟大旗帜。新中国成立70多年来,中国特色社会主义取得了巨大成功,创造出令人惊叹的中国奇迹,谱写了社会主义发展的辉煌篇章,为历经磨难的社会主义注入强大生命力,在世界上重振了人们对社会主义的信心。进入新时代,中国特色社会主义这面旗帜在当今世界更加鲜艳夺目、更加令人神往,成为引领21世纪科学社会主义发展的伟大旗帜,成为振兴世界社会主义的中流砥柱。

新时代意味着中国特色社会主义道路、理论、制度、文化高度自信和不断发展,拓展了发展中国家走向现代化的途径,给世界上那些既希望加快发展又希望保持自身独立性的国家和民族提供了全新选择,为解决人类问题贡献了中国智慧和中国方案。我国的实践向世界说明了一个道理,世界上没有一种普遍适用的发展模式,推动一个国家实现现代化并不是只有西方制度模式这一条道,各国完全可以走出自己的路。

四、新时代的新要求

新时代是奋斗的时代,青年和大学生是国家的未来和民族的希望,中国特色社会主义进入新时代,对大学生提出了许多新要求。当代大学生要有更高的境界、更强的本领、更优的作风、更好的精神状态,积极主动顺应、锐意开拓进取,创造无愧于新时代的新成就。同时,新时代也给党的高校工作尤其是高校思想政治教育工作提出了新的更高要求,不仅要实现立德树人的目标追求,也要不断把中国特色社会主义推向前进。

新时代必须以新思想为科学指引。伟大的时代孕育伟大的思想,伟大的思想引领伟大的时代。习近平新时代中国特色社会主义思想,是马克思主义中国化最新成果,是中国特色社会主义理论体系的重要组成部分,是全党全国各族人民为实现中华民族伟大复兴而奋斗的行动指南,是引领中国特色社会主义新时代的旗帜和灵魂。党的十九大提出用习近平新时代中国特色社会主义思想武装全党的战略任务,作出在全党开展"不忘初心、牢记使命"主题教育的战略部署,其政治意义、理论意义和实践意义十分重大。高校思想政治教育工作必须以高度的政治责任感和历史使命感,立足新时代中国特色社会主义伟大实践,深入学习贯彻习近平新时代中国特色社会主义思想,坚持不懈用习近平新时代中国特色社会主义思想武装头脑。同时,当代大学生要深入领会习近平新时代中国特色社会主义思想的科学体系、精神实质、实践要求,全面掌握这一思想贯穿的马克思主义立场观点方法,大力弘扬理论联系实际的优良学风,全面增强本领,切实把科学的理论转化为推动自身成长的强大物质力量。

新时代必须进行新的伟大实践。新时代统揽伟大斗争、伟大工程、伟大事业、伟大梦想。进行伟大斗争,高校思想政治教育工作者必须充分认识这场斗争的长期性、复杂性、艰巨性,发扬斗争精神,提高斗争本领,敢于斗争,善于斗争,不断夺取新胜利;推进伟大工程,必须按照新时代党的建设总要求,勇于自我革命,不断增强高校思想政治教育工作在大学生中的领导力、引领力、组织力和号召力,确保马克思主义理论在大学生意识形态中的主导地位;推进伟大事业,高校思想政治教育工作者必须更加自觉地增强"四个自信",一以贯之坚持和发展中国特色社会主义,把我们党领导人民进行的这场伟大社会革命继续推进下去,谱写中国特色社会主义新篇章;实现伟大梦想,必须使当代大学生看到我们比历史上任何时期都更接近、更有信心和能力实现这个伟大梦想,充分认识到伟大梦想绝不是轻轻松松、敲锣打鼓就能实现的,必须付出更加艰巨、更为艰苦的努力。

新时代必须有新的发展理念和举措。一方面,中国特色社会主义进入新时代,我国社会主要矛盾的变化并没有改变我们对社会主义所处历史阶段的判断,我国仍处于并将长期处于社会主义初级阶段的基本国情没有变,我国是世界最大发展中国家的国际地位没有变,发展仍然是我党执政兴国的第一要务。因此,高校思想政治教育工作者必须牢牢把握社会主义初级阶段这个基本国情,牢牢立足社会主义初级阶段这个最大实际,牢牢坚持党的基本路线这个高校工作的生命线、思想政治教育的根本线和大学生意识形态的安全底线。另一方面,在中国特色社会主义新时代,随着我国社会主要矛盾的变化,发展的内涵和重点、理念和方式、环境和条件、水平和要求与过去有很大不同。这就要求高校思想政治教育工作必须更好地贯彻落实新发展理念,针对高校和大学生发展中出现的不平衡不充分等问题提出新的思路、新的战略、新的举措,努力实现更高质量、更有效率、更加公平、更可持续的发展。最根本的是要全面坚持党在社会主义初级阶段的基本理论、基本路线、基本方略,不断增强工作的原则性、系统性、预见性、创造性,按照新时代要求在以新的理念举措不断推动发展的基础上,更好地解决高校思想政治教育工作中和大学生群体出现的各种问题,更好地推动党的高校事业全面发展,更好地坚持和发展中国特色社会主义。

新时代必须有新的精神风貌。在中国特色社会主义新时代,党面临的考验仍然是长期的、复杂的、尖锐的、严峻的,全面从严治党永远在路上。这就要求高校工作要深入贯彻落实党的十九大精神,坚持和加强党对高校工作的全面领导,以刀刃向内的自我革命精神,把党的高校阵地建设好、建设强。要把党的政治建设摆在高校工作的首位,突出政治建设在高校工作中的统领地位,把政治建设的要求落实到高校思想建设、组织建设、作风建设、纪律建设和反腐败斗争中,落实到严肃高校党的政治生活、完善民主集中制、发展积极健康的政治文化、营造风清气正的良好政治生态等具体实践中。高校的党组织必须进一步树立政治意识、大局意识、核心意识、看齐意识,在政治立场、政治方向、政治原则、政治道路上始终同以习近平同志为核心的党中央保持高度一致,不断增强忠诚核心、拥戴核心、维护核心的思想自觉和行动自觉,确保党中央权威和集中统一领导,为新时代坚持和发展中国特色社会主义、实现"两个一百年"奋斗目标提供坚强的政治和组织保证。

第二节　新时代青年承载中华民族复兴的伟大梦想

实现中华民族伟大复兴,凝聚着几代中国人的夙愿,是近代以来中华民族最伟大的梦想,是激励全体中华儿女团结奋进、开辟未来的精神旗帜。中国共产党人的初心和使命,就是为中国人民谋幸福,为中华民族谋复兴。实现中华民族伟大复兴的中国梦,这是以习近平同志为核心的党中央对全体中国人民的庄严承诺,是党和国家面向未来的政治宣言,充分体现了党高度的历史担当和使命追求,为新时代坚持和发展中国特色社会主义注入了崭新内涵。大学生正值人生发展的青年时期,在新时代党的事业与民族复兴伟业这一不能容错的历史节点上,当代青年的健康发展是确保奋斗目标和宏伟蓝图最终实现的重要保证。"展望未来,我国青年一代必将大有可为,也必将大有作为。这是长江后浪推前浪的历史规律,也是一代更比一代强的青春责任。广大青年要勇敢肩负起时代赋予的重任,志存高远,脚踏实地,努力在实现中华民族伟大复兴的中国梦的生动实践中放飞青春梦想。"

一、青年一代牢记鸦片战争以来的民族屈辱历史

中国是一个有着5000多年文明史的大国,在历史上曾长期走在世界前列,对人类社会的发展作出了巨大贡献。在世界四大文明古国中,唯有中华文明有国有史一直绵延传承到今天。在现代科学技术登场前十多个世纪,中国在科技和知识方面的积累远胜于西方,中国古代的四大发明造福全世界。16世纪以前,影响人类生活的重大科技发明约有300项,其中中国人的发明占175项。中国历史上先后出现的文景之治、贞观之治、康乾盛世等,彰显了中华大地经济文化发展的繁荣景象和中国历代社会治理的博大智慧。历史是最好的教科书,只有创造过辉煌的民族,才懂得复兴的意义;只有历经过苦难的民族,才对复兴有深切的渴望。

近代以来,由于西方列强的入侵和封建统治阶级的腐败,在鸦片战争中,西方国家依仗坚船利炮,迫使中国放弃领土和主权的完整,走上听凭外人欺凌和摆布的半殖民地半封建社会的道路。甲午中日战争后,列强在中国纷纷划分势力范围,八国联军武装占领中国北京达一年之久,北京家家户户被迫悬挂占领国的国旗,一系列严重丧权辱国的条约把国人压迫得透不过气来,国家走向濒临灭亡的边缘,山河破碎、生灵涂炭,中华民族遭受了前所未有的苦难。"四万万人齐下泪,天涯何处是神州。"历史的光辉和眼前的悲惨境遇形成如此强烈的反差,有良心的中国人无不感到极度悲愤和屈辱。孙中山先生写道:"方今强邻环列,虎视鹰瞵,久垂涎于中华五金之富、物产之饶。蚕食鲸吞,已效尤于接踵;瓜分豆剖,实堪虑于目前。有心人不禁大声疾呼,亟拯斯民于水火,切扶大厦之将倾。"国势危急和民族苦难使中国人民感到极大的痛苦,但在艰难困苦面前,中国人民从没有屈服过。苦难促使中国人民挺起脊梁、奋起抗争,下最大的决心奋起变革现状,进行了一场场气壮山河的伟大斗争,谱写了一篇篇可歌可泣的壮丽史诗。

辛亥革命虽然推翻了长达2000多年的封建帝制,但即使是这样全国规模的运动也并没有改变旧中国半殖民地半封建的社会性质,更没有改变劳动人民水

深火热的悲惨命运,资产阶级共和制度的建立也在逐渐消磨着人们的希望。从鸦片战争到五四运动,中国社会各阶级、各阶层和各种政治力量都曾登上历史舞台,力图挽救中国于危亡之中,但这苦苦向西方寻求救国真理的80年并没有换来预期的结果,无论是太平天国运动、义和团运动,还是戊戌变法、辛亥革命,都以失败而告终。它们失败的根本原因,就在于没有科学的理论作指导,没有先进的阶级作基础,没有提出正确的纲领,也没有发动人民群众以解决近代以来中国社会所面临的迫切问题,不可能得到广大人民群众的拥护和支持。所以,它们的失败就成了历史必然。

近代中国历史表明,旧式农民革命和软弱的资产阶级革命都不可能完成中华民族救亡图存和反帝反封建的历史任务,更不可能承担起实现民族复兴的历史使命。一次次抗争,一次次失败,中华民族追求梦想的道路艰难曲折。残酷的局面驱使国人不能不对中国的现实和未来重新思考,他们没有停止探索的脚步,没有停留在消极的苦闷中,而是苦苦地继续向前追求救国救民的真理。为了实现民族复兴,亿万人魂牵梦萦,几代人上下求索,奋勇不屈的中国人民在黑暗中艰难前行。

二、一代青年创造伟大的五四爱国主义精神

第一次世界大战前后的事实带给了国人从未有过的强烈认识。第一次大战后期,俄国在马克思主义的旗帜下爆发了十月革命,社会主义取得胜利,苏维埃政权从理想变为活生生的现实,引起了中国先进青年对马克思主义的关注。1918年,李大钊在《庶民的胜利》和《布尔什维主义的胜利》两篇文章中写道:"社会的结果,是资本主义失败,劳工主义战胜……一七八九年的法国革命,是十九世纪中各国革命的先声。一九一七年的俄国革命,是二十世纪中世界革命的先声……试看将来的寰球,必是赤旗的世界!"1919年,李大钊又在《新青年》杂志上分两期发表了《我的马克思主义观》,系统地介绍马克思主义唯物史观、资本论和社会主义的基本原理,许多报刊也纷纷发表宣传马克思主义、科学社会主义的文章,马克思主义开始成为中国先进思想界的主流。

同时,在第一次世界大战结束后召开的巴黎和会上,西方列强用霸权和欺骗的外交手段直接抹杀了中国人对它的极大期待,"十人会议"秘密商定将德国在山东强占的权益转交给日本,拒不归还中国,而且不容讨论。出席巴黎和会的中国代表顾维钧在回忆录中写道:"以前我们也曾想过最终方案可能不会太好,但却不曾料到结果竟是如此之惨。"1919年5月4日,北京大学等学校学生3000余人在天安门集合,高呼"外争主权、内除国贼、誓死力争、还我青岛、废除不平等条约"等口号,举行爱国抗议游行,游行队伍被军警阻挡在东交民巷使馆区外,愤怒的学生放火烧毁了此前签署丧权辱国对日"二十一条"的曹汝霖住宅,

痛打驻日公使张宗祥,随后32名学生被捕。随后,北京大专院校学生实行总罢课,湖南、天津、上海等地相继成立学生联合会,运动迅速推向全国,上海工人为响应学生开始大规模罢工,中国代表最终没有在和约上签字。

　　五四运动以全民族的力量高举起爱国主义的伟大旗帜,孕育了以爱国、进步、民主、科学为主要内容的伟大五四精神,其核心是爱国主义精神。爱国主义是我们民族精神的核心,是中华民族团结奋斗、自强不息的精神纽带。历史深刻表明,爱国主义自古以来就流淌在中华民族血脉之中,去不掉,打不破,灭不了,是中国人民和中华民族维护民族独立和民族尊严的强大精神动力,只要高举爱国主义的伟大旗帜,中国人民和中华民族就能在改造中国、改造世界的拼搏中迸发出排山倒海的历史伟力。五四运动以全民族的行动激发了追求真理、追求进步的伟大觉醒。经过五四运动洗礼,越来越多中国先进分子集合在马克思主义旗帜下。历史深刻表明,有了马克思主义,有了中国共产党领导,有了中国人民和中华民族的伟大觉醒,中国人民和中华民族追求真理、追求进步的潮流从此就是任何人都阻挡不了的。五四运动以全民族的搏击培育了永久奋斗的伟大传统,中国青年从中发现了自己的力量,中国人民和中华民族发现了自己的力量。中国人民和中华民族从斗争实践中懂得,中国社会发展,中华民族振兴,中国人民幸福,必须依靠自己的英勇奋斗来实现,没有人会恩赐给我们一个光明的中国。历史深刻表明,只要中国人民和中华民族勇于为改变自己的命运而奋斗牺牲,我们的国家就一定能够走向富强,我们的民族就一定能够实现伟大复兴。

　　五四运动爆发于民族危难之际,是一场以先进青年知识分子为先锋、广大人民群众参加的彻底反帝反封建的伟大爱国革命运动,是一场中国人民为拯救民族危亡、捍卫民族尊严、凝聚民族力量而掀起的伟大社会革命运动,是一场传播新思想新文化新知识的伟大思想启蒙运动和新文化运动,以磅礴之力鼓舞了中国人民和中华民族实现民族复兴的志向和信心。这场运动以彻底反帝反封建的革命性、追求救国强国真理的进步性、各族各界群众积极参与的广泛性,推动了中国社会进步,促进了马克思主义在中国的传播,促进了马克思主义同中国工人运动的结合,为中国共产党成立做了思想上、干部上的准备,为新的革命力量、革命文化、革命斗争登上历史舞台创造了条件,是中国旧民主主义革命走向新民主主义革命的转折点,在近代以来中华民族追求民族独立和发展进步的历史进程中具有里程碑意义。

　　青年是整个社会力量中最积极、最有生气的力量,国家的希望在青年,民族的未来在青年。新时代中国青年处在中华民族发展的最好时期,既面临着难得的建功立业的人生际遇,也面临着"天将降大任于斯人"的时代使命。新时代中国青年要继续发扬五四精神,以实现中华民族伟大复兴为己任,不辜负党的期望、人民期待、民族重托,不辜负我们这个伟大的时代。

三、当代青年肩负五四运动以来的民族自强进程

苦难中华呼唤民族脊梁,历史长河大浪淘沙,昭示担当者的风采。谁能够承担起实现中华民族伟大复兴的历史使命,谁就能赢得中国人民的衷心拥护,成为中华民族的主心骨。在近代以后中国社会的剧烈运动中,在中国人民反抗封建统治和外来侵略的激烈斗争中,在马克思列宁主义同中国工人运动的结合过程中,中国共产党应运而生,并始终把实现共产主义作为最高理想和最终目标,义无反顾肩负起实现中华民族伟大复兴的历史使命。

1921年,党从上海石库门和嘉兴南湖出发,在近百年波澜壮阔的历史进程中,为了实现中华民族伟大复兴的历史使命,无论是弱小还是强大,无论是顺境还是逆境,都初心不改、矢志不渝,领导人民进行了艰苦卓绝的斗争,取得了举世瞩目的辉煌成就,为中华民族作出了伟大历史贡献。党团结带领中国人民进行28年浴血奋战,完成新民主主义革命,建立了中华人民共和国,彻底结束了旧中国半殖民地半封建社会的历史,彻底结束了旧中国一盘散沙的局面,彻底废除了列强强加给中国的不平等条约和帝国主义在中国的一切特权,实现了人民当家作主。党团结带领中国人民完成社会主义革命,确立社会主义基本制度,消灭一切剥削制度,推进了社会主义建设,完成了中华民族有史以来最为广泛而深刻的社会变革,为当代中国一切发展进步奠定了根本政治前提和制度基础,为中国发展富强、中国人民生活富裕奠定了坚实基础。党团结带领中国人民进行改革开放新的伟大革命,极大激发广大人民群众的创造性,极大解放和发展社会生产力,极大增强社会发展活力,人民生活显著改善,综合国力显著增强,国际地位显著提高,开辟了中国特色社会主义道路,形成了中国特色社会主义理论体系,确立了中国特色社会主义制度,发展了中国特色社会主义文化,使中国大踏步赶上了时代。

一个多世纪以来中华民族寻梦追梦的波澜壮阔、沧桑巨变的历史图景,生动诠释了中华民族不断发展壮大、走向伟大复兴的历史命运,发人深省又催人奋进。党领导中国人民取得的一系列伟大胜利,使具有5000年文明历史的中华民族续写新的辉煌,让中华文明在现代化进程中焕发出蓬勃生机;使具有500年历史的社会主义在世界上人口最多的国家成功开辟出正确道路,让科学社会主义在21世纪焕发出蓬勃生机;使具有70年历史的新中国建设取得举世瞩目的成就,并在短短40年内跃升为世界第二大经济体。当前,中国特色社会主义进入了新时代,我们比历史上任何时期都更接近中华民族伟大复兴的梦想,比历史上任何时期都更有信心、更有能力实现这个目标。

中华民族伟大复兴的中国梦视野宽广、内涵丰富、意蕴深远,其本质是国家富强、民族振兴、人民幸福。这个梦想,把国家的追求、民族的向往、人民的期盼

融为一体,体现了中华民族和中国人民的整体利益,表达了每一个中华儿女的共同愿景,既意味着中国人民和中华民族的价值认同和价值追求,也意味着每一个人都能在为中国梦的奋斗中实现自己的梦想。正因为如此,中国梦具有广泛的包容性,成为回荡在国人心中的高昂旋律,是中华民族团结奋斗的最大公约数和最大同心圆。

家是最小国,国是千万家;国泰而民安,民富而国强。国家、民族、个人在实现中国梦中相互依赖、相互依存。中国梦是国家的、民族的,也是每一个中国人的,国家好、民族好,大家才会好。中国梦的最大特点,就是把国家利益、民族利益和每个人的具体利益紧紧联系在一起,体现了中华民族家国天下的情怀。只有国家富强、民族振兴,人民才能幸福。国家梦、民族梦的实现过程,为每个人梦想的实现提供了广阔空间,只要每个人都把人生理想融入国家和民族的伟大梦想之中,敢于有梦、勇于追梦、勤于圆梦,就会汇聚起实现中国梦的强大力量。同时,中国人民是伟大的人民,素来有着深沉厚重的精神追求,具有伟大的梦想精神,即使近代以来饱尝屈辱和磨难,也绝不会自甘沉沦,而是始终怀揣民族复兴的梦想,追求光明美好的未来。

四、党引领新时代青年实现中华民族复兴梦想

历史已经并将继续证明,没有中国共产党的领导,民族复兴必然是空想。中华民族伟大复兴的中国梦,绝不是轻轻松松、敲锣打鼓就能实现的,必须准备付出更为艰巨、更为艰苦的努力。行百里者半九十,实现伟大梦想,青年一代必须进行伟大斗争、建设伟大工程、推进伟大事业,把奋斗目标、实现路径、前进动力三者作为高度统一的整体,既体现出历史传承、现实任务和未来方向,也体现党、国家和民族的前途命运,使青年一代对肩负的历史使命的认识达到新高度。

2019年4月30日,习近平总书记在纪念五四运动一百周年大会上对新时代中国青年提出六点要求:一是要树立远大理想,树立对马克思主义的信仰、对中国特色社会主义的信念、对中华民族伟大复兴中国梦的信心,到新时代新天地中去,让青春在创新创造中闪光。二是要热爱伟大祖国,听党话、跟党走,胸怀忧国忧民之心、爱国爱民之情,以一生的真情投入、一辈子的顽强奋斗来体现爱国主义情怀,让爱国主义的伟大旗帜始终在心中高高飘扬。三是要担当时代责任,让青春在新时代改革开放的广阔天地中绽放,让人生在实现中国梦的奋进追逐中展现出勇敢奔跑的英姿,努力成为德智体美劳全面发展的社会主义建设者和接班人。四是要勇于砥砺奋斗,勇做走在时代前列的奋进者、开拓者、奉献者,在劈波斩浪中开拓前进,在披荆斩棘中开辟天地,在攻坚克难中创造业绩,用青春和汗水创造出让世界刮目相看的新奇迹。五是要练就过硬本领,增强学习紧迫感,努力学习马克思主义立场观点方法,努力掌握科学文化知识和专业技能,努

力提高人文素养,以真才实学服务人民,以创新创造贡献国家。六是要锤炼品德修为,自觉树立和践行社会主义核心价值观,明大德、守公德、严私德,追求更有高度、更有境界、更有品位的人生,让清风正气、蓬勃朝气遍布全社会。

中国共产党立志于中华民族千秋伟业,必须始终代表广大青年、赢得广大青年、依靠广大青年,用极大力量做好青年工作,确保党的事业薪火相传,确保中华民族永续发展。把青年一代培养造就成德智体美劳全面发展的社会主义建设者和接班人,是全党的共同政治责任。全社会都要充分信任青年、热情关心青年、严格要求青年,关注青年愿望、帮助青年发展、支持青年创业,做青年朋友的知心人、青年工作的热心人、青年群众的引路人。要主动走近青年、倾听青年,真情关心青年、关爱青年,悉心教育青年、引导青年,尊重青年天性,照顾青年特点,关注青年所思、所忧、所盼,积极为青年创造人人努力成才、人人皆可成才、人人尽展其才的发展条件,为青年取得的成就和成绩点赞、喝彩,让青年英雄成为驱动中华民族加速迈向伟大复兴的蓬勃力量。

奋斗就会经历艰辛,艰辛孕育新的发展,这是历史的普遍规律。要有效应对重大挑战、抵御重大风险、克服重大阻力、解决重大矛盾,就必须进行具有许多新的历史特点的伟大斗争,防止任何贪图享受、消极懈怠、回避矛盾的思想和行为;就必须更加自觉地坚持党的领导和我国社会主义制度,坚决反对一切削弱、歪曲、否定党的领导和我国社会主义制度的言行;就必须更加自觉地维护人民利益,坚决反对一切损害人民利益、脱离群众的行为;就必须更加自觉地投身改革创新时代潮流,坚决破除一切顽瘴痼疾;就必须更加自觉地维护我国主权、安全、发展利益,坚决反对一切分裂祖国、破坏民族团结和社会和谐稳定的行为;就必须更加自觉地防范各种风险,坚决战胜一切在政治、经济、文化、社会等领域和自然界出现的困难和挑战。要充分认识这场伟大斗争的长期性、复杂性、艰巨性,发扬斗争精神,提高斗争本领,不断夺取伟大斗争新胜利。实现中华民族伟大复兴是一项光荣而艰巨的事业,需要一代又一代中国人共同为之努力。青年一代要乘着新时代的浩荡东风,加满油,把稳舵,鼓足劲,让承载着十三亿多中国人民伟大梦想的中华巨轮继续劈波斩浪、扬帆远航,胜利驶向充满希望的明天!

第三节　新时代青年的培育

青年兴则国家兴,青年强则国家强。为新时代培育人才、确保中国特色社会主义事业薪火相传,始终坚持把立德树人作为根本任务,是高校坚守为党育人初心、站稳为国育才立场,服务中华民族伟大复兴的使命担当。

一、新时代高校思想政治教育的新要求

中国特色社会主义进入新时代,我国高校思想政治教育所处的历史方位也发生了深刻变化,迫切需要根据习近平总书记对于立德树人、三全育人及高校思想政治工作的相关讲话精神,紧密结合新时代大学生工作的实践发展需要,紧跟伟大时代步伐、不断创新自身内容,努力在高校思想政治教育的各构成要素的优化中创新发展。

以政治教育为核心。马克思指出:人是最名副其实的政治动物,不仅是一种合群的动物,而且是只有在社会中才能独立的动物。① 政治教育依据特定阶级和立场的政治思想和规范,对受教育者的政治方向、政治立场、政治信念、政治观点、政治态度施加影响,以帮助受教育者树立正确的政治信仰。青年一代政治教育的核心是理想信念教育,新时代民族复兴的中国梦既是国人的共同理想,也是大学生应牢固树立的远大理想;中国特色社会主义既是民族复兴中国梦实现的正确道路,也是大学生应牢固确立的人生信念。因此,必须在高校政治学习中突出理想信念,确保大学生形成对待马克思主义理论严谨、正确的态度。马克思主义本身是发展的、开放的科学理论,是在不断总结人类生产实践活动基础上、跟随不同时代生产力和生产关系矛盾运动不断自我完善、与时俱进的动态体系,当今人类社会虽然发生了也正发生着翻天覆地的变化,但马克思主义基本原理所阐述的科学观念体系仍然是完全正确的,事实胜于雄辩,中国革命、改革和发展的伟大实践与所取得的举世瞩目的成就充分证明了这一点。同时,防止大学生陷入马克思主义教条化的泥潭,培养大学生运用马克思主义看待和解决现实问题的能力。明确大学生马克思主义理论学习的内容,扩展大学生理论视野。在最基本的马克思主义基本原理和中国化马克思主义理论学习中,重点突出习近平新时代中国特色社会主义思想。同时,马克思主义历代理论家的经典著作包含了这一科学理论最原汁原味的魅力,这些经典著作也并非专业理论学者的专利,融入时代新人思想并用于改造和开创更新时代才是马克思主义实践本质的真正精髓,因此,有必要使新时代大学生养成深入持久学习原著的习惯,树立大学生对马克思主义事业的信心。让大学生从世界社会主义的发展中看清科学社会主义的根基,增强对共产主义的信心;让大学生在中国革命、改革和发展实践中看清中国特色社会主义的必然,增强对中国特色社会主义道路的信心;让大学生从建党近百年来的成就中看清初心使命,增强对党的事业的信心。帮助大学生认清国际政治形势,把握中国发展的历史方位。既引导大学生透过纷繁复杂的国际事件表象看待问题本质的能力,也通过宣传让大学生把中国发展的历史

---

① 《马克思恩格斯选集》第 2 卷,人民出版社 1995 年版,第 2 页。

方位与国际发展大势相结合,同时,促进大学生在交流互鉴中增加对于国际局势的感性认识与理性思索,不断增强对中国政治更加深刻的理解,增加对党带领中国人民实现民族复兴中国梦的自信。

以思想教育为根本。新时代,多元思潮与社会现象不断涌现,大学生面临的成长问题更加复杂,塑造大学生正确思想观念的需求更加迫切。一是塑造大学生哲学观,帮助大学生掌握辩证唯物主义和历史唯物主义思想,只有掌握了辩证唯物主义,才能用正确的立场观点方法分析和解决问题,才能正确把握历史和时代的发展方向,才能在纷繁复杂的社会生活中透过现象看清本质;历史唯物主义科学揭示了人类社会发展的历史规律,使大学生正确把握社会进步的根本动力与基本趋势。二是塑造大学生自然观。引导大学生确立"人与自然和谐共生"的自然观,人类可以利用自然、改造自然,但归根结底是自然的一部分,必须培养大学生呵护和尊重自然、不能凌驾于自然之上的基本理念。三是塑造大学生人生观。人生观是人对自身本质、存在方式、存在目的和存在价值的认识。必须引导大学生正确看待人生本质,人在本质上是一切社会关系的总和,在存在方式上是劳动主体,要使大学生认识到只有在为人民服务、为社会发展中才能实现个体价值,同时,人生轨迹是前进和曲折的统一,前进就会遭遇人生低谷,低谷后面往往是下座高峰,只有矢志不渝、艰苦奋斗,才能创造出人生新高度。四是塑造大学生实践观。人在存在目的上是实践的,需要认识和改造世界,通过主观世界的改造以更好地改造客观世界。因此,要引导大学生思行合一、知行合一,将知识转化为实践力量。大学生思想的确立既取决于知识积累,也取决于深入思考基础上产生的独立思想架构。因此,必须塑造大学生的科学实践观,结合大学生实践需求,构建科学系统的实践育人体系,为大学生搭建科技和社会的实践平台,提供丰富多样的实践资源,为科学实践观的践行提供现实基础。五是塑造大学生价值观。用好课堂讲台和校园宣传阵地,以社会主义核心价值观引领师德师风和大学生认知教育,把培育和践行社会主义核心价值观同中华优秀传统文化、革命文化、先进文化教育相结合,同教学和学习全过程相结合,同高校规章制度和师生言行相结合,把社会主义核心价值观的要求内化为大学生自觉践行的价值理念,投身伟大实践,做中国特色社会主义的坚定信仰者、积极传播者和模范践行者。

以健康教育为保障。身心健康是大学生一切发展的基础,健康体魄是革命的本钱,积极乐观的心态是成长的保障,身体健康教育不仅是体育和医学教学的任务,从党的高校工作全局看,更是高校思想政治教育的任务,因此,必须强调以身心健康教育为基础的教育思路。一是根据大学生身体需要进行合理的体育锻炼安排,需要运用多种体育手段发展身体、增进健康、增强体质、调节身体状态,既锻炼四肢和脏腑,也锻炼大脑和神经系统,防止因体育锻炼不足造成的身体发育不良与智力低下；帮助大学生树立身体健康意识，掌握体育锻炼和疾病防护等必要的身体健康知识，以增强机体的自我调适能力和免疫能力，防止因身体的免疫能力下降造成疾病和病毒不能得到有效免疫而诱发的机体功能衰竭甚至猝死。二是在高校辅导员工作中，加强对大学生的人文关怀和心理疏导。使大学生养成理性平和的健康心态和过硬的心理素质，锤炼大学生直面挫折和逆境的坚强意志品质，培育正确对待成败得失的积极进取精神，始终保持乐观向上的人生态度。新时代是青年一代奋斗的时代，幸福生活都是奋斗出来的，奋斗本身就是一种成长。但奋斗过程是艰辛的，有成就就会有挫折，没有坚强品质就不能坚定前进的步伐。良好的心理素质有利于大学生走好一生的路。三是加强大学生心理健康教育在学校层面的保障力度。根据教育部相关要求，建设以教育教学、实践活动、咨询服务、预防干预、平台保障为内容的五位一体心理健康教育工作格局；紧密结合自身实际与学生心理健康需求，创新心理健康教育的方式方法；加快建设适应新时代需要、契合学生成长发展需要的心理健康教育课程体系；建设一支政治素质高、工作能力强、业务水平高的心理健康教育工作队伍，主动提升大学生心理健康教育的相关理论问题研究。

  以规范教育为目标。规范教育是道德教育和法治教育的综合，两者是大学生在自身思想指导下，通过行为表现出的较为稳定的意识倾向和行为习惯，道德教育是高校思想政治教育的导向，法治教育则是高校思想政治教育的底线。引导大学生爱国明德。增强大学生对于中国特色社会主义的四个自信，坚定他们为人民服务的理想信念；引导大学生遵守公德，把爱国守法、明礼诚信、团结友善、勤俭自强、敬业奉献的基本道德规范内化为意识，外化到行动；教育大学生严守道德底线，远离那些法律并未明文禁止但严重违反社会伦理道德规范的行为。培育大学生道德认知。帮助大学生在思想层面解决对道德的品质认同和信仰，养成正确的道德观，形成积极的道德实践，把道德的认识、养成和锤炼落到实处，实现德与行的统一。同时，重点关注高校师德师风建设，有效评价高校教师能否以德立学施教。德高为师、身正为范，无德无以为师范，高校教师的德行直接影响大学生德育。培养大学生法治意识。通过系统全面的法律基础知识传授，使学生积极思索法治理念和精神，并把法治知识的普及贯穿到思想政治课程教学，并为大学生举办内涵丰富、形式多样的法治实践活动，锻炼大学生的法治思维能力和素养，能够运用法律法规分析和解决问题，用法律思维自觉遵纪守法。塑造大学生法治精神。从价值理念层面使大学生真正认同中国特色社会主义法治精神的精髓，坚定法治自信，做社会主义法治的崇尚者、弘扬者和捍卫者。培养大学生学习规范。从本质上看，高校思想政治教育是作为人的精神学习而存在的，这种学习属性决定了必然要具备提升大学生学习素养的属性。通过培育大学生的学习自觉，既有宣传、灌输式的显性学习，也用文化浸润、感染、熏陶式的隐性学习,对大学生传达的学习内容及其价值理念,既表现为自觉的、高度的、内在的认同,又能产生积极的、能动的、外化的行为,让大学生获得提升自我文化素养的内在动力。在陶冶大学生的情操的同时启迪大学生心智,促进新时代大学生全面发展。

二、时代新人的培育目标——立德树人

立德树人是高等教育的根本任务,是高校的立身之本,是加强和改进高校思想政治教育工作的根本方向。教育的唯一工作和全部工作可以总结在道德这一概念中,道德普遍地被认为是人类的最高目的,因此也是教育的最高目的。[①] 立德树人的目标是培养德智体美劳全面发展的中国特色社会主义的建设者和接班人,不断提高大学生政治觉悟、思想水平、道德品质和文化素养,让大学生成为德才兼备、以德为先,并志愿为共产主义事业奋斗终生的全面发展型人才。

立德树人是历史文化的延续和梦想实现的前提。中华民族拥有5000年灿烂辉煌的历史,"德"贯穿了5000年历史长河的始终,德文化在文明传承和发展中起着无可替代的作用,是支撑了中华民族屹立不倒的重要脊梁,赋予了中国人正气与朝气。中国传统文化在礼仪道德的视角上可以直接理解为德治文化,中国传统教育强调重教崇德,把培养人的德性作为施教的根本任务。新时代,高校育人将立德树人作为立身之本、承接中华传统文化对德的重视,既是中国传统文化发展延续的必然结果,也是以促使中华文明繁荣和延续的必要途径。中国梦是新时代的鲜明主题,中国梦的实现既需要大学生具备丰富的知识与技能,更需要大学生有坚定的理想信念、道德修养与品行操守。因此,大学生要牢固树立中国特色社会主义理想信念,把个人理想与人生价值与中国梦紧密结合。学习专业本领、历练过硬技能、储备干事能力,在实践中不断发现和检验真理。锐意进取、勇敢作为,把自身发展投身于新时代中国特色社会主义的建设中,投身于祖国和人民最需要的事业。

立德树人是教育规律的要求和人才培养的趋势。"先生不应该专教书,他的责任是教人做人;学生不应该专读书,他的责任是学习人生之道。"[②]教育即教书育人,既要传道授业解惑,又要言传身教树人;既让学生学到知识并付诸实践、学会做学问和做事,又让学生树立正确的世界观人生观价值观、学会做人。从根本上讲,真正的德性在于以一种适当的方式行事,能够将自己身上某种内在的方面加以外化,而根本上不在于对高尚的图景和动人的品格闷头进行精神构建和个人沉思。[③] 在某种程度上说,做人比做事和做学问更重要,因此,育比教更为

[①] [德]赫尔巴特:《普通教育学——教育学讲授纲要》,李其龙译,人民教育出版社1989年版,第5页。
[②] 陶行知:《行知书信集》,安徽人民出版社1981年版,第109页。
[③] [出]涂尔干·康尔丁:《教育思想的演讲》,李康译,上海人民出版社2003年版,第290页。

重要。所以，把立德树人作为高校的立身之本是教育规律的科学运用和必然。同时，立德树人也符合大学生德智体美劳全面发展的成长规律，五育是一个综合系统，不可缺少其一，况且五育中德育为首，没有德育提供动力和方向，其余四育就难以实现。重视道德教育既是历史的传承也是现行的趋势，新时代，国家间竞争越来越激烈，其竞争实质上是综合国力的竞争，而综合国力的竞争归根到底是人才的竞争，人才竞争的关键在于高等教育。我国作为发展中国家，受历史条件和现实因素的影响，高等教育起步较晚，为了顺应人才培养的需求，提升自身综合国力，把立德树人作为高校的立身之本，是科教兴国、人才强国的战略需要。

立德树人是现实国情的必然和现代化建设的需要。我国当前正处于经济社会转型和全面建成小康社会的关键时期，在经济高速发展的同时，资本和市场经济裹挟着自由主义、拜金主义和虚无主义等思想相互交织，对中国传统道德观念和社会主义价值体系带来猛烈冲击。社会道德信仰被边缘化、虚无化，在一定程度上造成大学生群体的道德缺位，产生了道德认同的危机，这与社会主义核心价值观的初衷背道而驰。因此，必须把立德树人作为高校的立身之本。新中国成立以来，大学生一直是我国宝贵的人才资源，是社会主义现代化事业建设的重要生力军，也是民族的希望和祖国的未来。但当前的部分大学生并没有完全达到中国特色社会主义事业建设者和接班人的要求。立德树人就是要使大学生成为全面发展的人才，重塑大学生的社会主义信仰、重构大学生的共产主义信念，坚定大学生中国特色社会主义四个自信，全面树立大学生为中国特色社会主义奉献终生的崇高理想，不断推进现代化建设。

立德树人是理论发展的需要和核心价值的体现。每个时代都有每个时代的精神，每个时代都有每个时代的价值观念。国有四维，礼义廉耻，四维不张，国乃灭亡。这是中国先人对当时核心价值观的认识。在当代中国，我们的民族、我们的国家应该坚守什么样的核心价值观？这个问题，是一个理论问题，也是一个实践问题。经过反复征求意见，综合各方面认识，我们提出要倡导富强、民主、文明、和谐，倡导自由、平等、公正、法治，倡导爱国、敬业、诚信、友善，积极培育和践行社会主义核心价值观。富强、民主、文明、和谐是国家层面的价值要求，自由、平等、公正、法治是社会层面的价值要求，爱国、敬业、诚信、友善是公民层面的价值要求。这个概括，实际上回答了我们要建设什么样的国家、建设什么样的社会、培育什么样的公民的重大问题。培育时代新人，即培养德智体美劳全面发展的社会主义建设者和接班人，既是高校工作的任务，也是教育现代化的方向，而归根结底是立德树人。大学生必须在马克思主义指导下，加深对人类社会发展规律、社会主义建设规律、新时期执政规律的认知，经受住复杂社会环境中风浪的考验。同时，大学生肩负马克思主义理论发展的需要，必须坚守中华优秀传统文化沉淀与精髓，践行新时代公民道德价值，严格约束自身行为操守，强化自我约束和控制能力,时刻警醒享乐主义、拜金主义等错误思想,把丰富和发展马克思主义贯穿实践过程的始终。社会主义核心价值观是新时代的兴国之魂、凝魂之力,是国家的思想基础和精神源泉,也是高校立德树人的根本遵循。立德树人的根本目的是培养认同和践行社会主义核心价值观的时代新人。

立德树人是思想政治教育工作的保证。高校思想政治教育工作是高校在党的全面领导下,掌握高校思想政治教育工作主动权,保证高校始终成为培养社会主义事业建设者和接班人的坚强阵地。高校的职能定位和办学方向,决定了立德树人必须占据高校工作的首要位置。思想政治教育工作必须坚持以大学生为中心,围绕、关照和服务大学生,尊重学生个体的差异,把社会需求与大学生个体发展的差异结合,努力使每个学生在专业技能、思想道德和个性体现方面均获得充分发展。同时,高校思想政治教育工作必须关注时代发展,紧扣时代脉搏,顺应时代潮流,贴近大学生实际,创新模式载体,整合内外资源,在时代中进步,在发展中引领,不断破解思想政治教育工作中遇到的各种瓶颈问题。

三、时代新人的培育路径——三全育人

习近平总书记关于青少年一代培育的系列讲话中,就统筹推进家庭、高校、政府、社会等各方面全员、全过程、全方位的育人责任,不断建立和健全育人机制,加强党对高等教育的全面领导等问题均提出了明确要求,也为三全育人的落地实施指明了前进方向。三全育人作为党在新时代对高校工作的重要战略决策,既体现了高等教育立德树人的内在要求,又顺应了人才培养的发展趋势,符合高校思想政治教育工作的发展规律,需要从多方面予以保障。

推进高等教育"三全育人",归根结底是要把立德树人融入思想道德教育、文化知识教育、社会实践教育各环节,贯穿基础教育、职业教育、高等教育各领域,体现在学科体系、教学体系、教材体系、管理体系各方面,全员全过程全方位地锻造堪当民族复兴大任的时代新人。① 三全育人的重点在于全面,因此,必须全面协同联动整合相关教育资源,形成系统合力强化育人攻关,以全面系统的思维,从青年一代育人的思想观念、发展视野和体系建设等全面着手,逐渐探索切实把思想政治教育工作渗透进大学生日常学习、生活、交往等实践的有效路径。

树立全局性思想观念。全局性思想观念必须以思想政治教育工作为先导,在知识获取上,深入了解大学生关注的热点问题,并切实增强以社会热点难点问题解答大学生所遇到困难的能力,以此为突破口拓展三全育人的实践领地。在日常生活中,关注大学生在学习和生活方面的需求,为大学生成长成才提供最大

---

① 杨晓慧:《高等教育"三全育人":理论意蕴、现实难题与实践路径》,《中国高等教育》,2019年第18期,第5页。

可能的帮助,切实解决大学生实际困难;在精神成长方面,把社会主义核心价值引领与大学生奖助评选、就业创业、党团建设等工作结合起来,促进核心价值在大学生意识形态中的突出地位;在日常管理中,把三全育人工作与学生管理、组织文化建设和社会实践活动相结合,真正发挥三全育人解决大学生问题的能力。

具备全局性发展视野。在调动全局性教育资源的基础上,不断拓展三全育人的全局性发展视野。全力把握教育资源发展的大趋势,以全球眼光、动态眼光敏锐捕捉新时代大学生发展动态,突破三全育人工作的国界局限和眼界局限,努力构建具有中国特色社会主义特点的育人布局,不断提升三全育人工作走向世界的勇气和底气。在把握全球化育人视野的同时,也必须关注时代动态,把握科技发展前沿,把信息化、智能化和三全育人工作相结合,推动党的思想政治教育工作的传统优势在信息化时代的发展,探索三全育人工作的信息化变革。

营造全局化文化氛围。文化是推进三全育人工作的重要维度,必须以马克思主义文化为指导,增强对党的先进理论的自信,为大学生提供更加开明、开放的教育环境,引导大学生自觉运用马克思主义的立场、观点和方法解决问题的能力。以马克思主义文化的魅力融入大学生精神生活、优化大学生成长方向。同时,必须用中华优秀传统文化根植大学生精神,用革命文化和社会主义先进文化洗涤大学生灵魂,用人类历史一切优秀文化丰富大学生生活。

完善全局化工作体系。在严格区分大学生专业发展属性、把握大学生群体差异的基础上,三全育人工作必须有效整合大学生知识、能力、情感、思维和价值,突出理想信念和责任担当对大学生意识形态的引领地位。其中,必须以习近平新时代中国特色社会主义思想为重点,把爱国主义、道德修养、法治意识、奋斗精神等牢牢夯实进大学生综合素质。同时,高度重视思想政治教育理论课程和社会实践的统一,不断完善和壮大高校辅导员队伍和思想政治理论课教师队伍,确保三全育人工作的充足师资保障。

第三章
人与网络——当代大学生所处的空间维度

新时代也是互联网的时代,美国社会学家曼纽尔·卡斯特曾断言,人类拥有网络,人类的历史才刚刚开始。他的名作——《信息时代三部曲:经济、社会与文化》第一卷开篇写道:我们曾经看过,巴黎的埃菲尔铁塔在启蒙主义的光辉中耸立,而现在,现代性的神圣光环却在影像与信息的全球流动中变换成疑幻似真的符码。① 文中对网络社会崛起的描述高度印证了新时代我国互联网的飞速发展,互联网不仅在一定程度上助推了中国特色社会主义进入新时代,新时代的科学内涵也包含着互联网所催生的网络社会形态。

第一节 新时代的网络社会形态

新时代,互联网已不仅是一种科技产物,更是人类新文明时代所特有关键基础设施。社会一旦有技术上的需要,则这种需要就会比十所大学更能把科学推向前进。② 在互联网发展的早期,一种很明显的态度是把网络视为一种科技创新带来的新兴通信工具,但是时至今日,互联网的意义已远不止一种通信工具那么简单,它在本质上为人类提供了一种泛在的信息交互场所、一种普遍和密集的信息环境、一种包围整个地球的壳状信息场域。其性质同近代最重要的各项技术进步一样渗透进人类生活的方方面面,信息像水、电一样通过网络源源不断供应给社会,而断网的代价几乎和断水、断电一样,会给人类社会造成灾难性后果,互联网在最简单、最普遍的通信构建上形成了完整的人类信息供给体系。因此,互联网是人类从工业社会过渡到信息主宰的网络社会的新的

---

① [美]曼纽尔·卡斯特:《网络社会的崛起》,夏铸九、王志弘等译,社会科学文献出版社2000年版,第3~4页。
② 《马克思恩格斯全集》第39卷,人民出版社1974年版,第120页。

关键基础设施。在网络社会中，一切人类用于生产、生活的体系，都会结合互联网而重新进行建构，形成了以信息为基础、双向或多向互通、受控于人又控制人的结构。

网络社会作为一种新的社会形态，其兴起本身就是现代社会自我发展的重要维度。网络社会之所以引起广泛关注，原因就在于其自身特征及其引发的独特现象与问题。新时代，互联网已渗透进社会每一个角落，人们每天都在过一种网络生活，也每天都能在网络空间看到各种光怪陆离的现象和问题，其中的大部分是我们传统生活所不曾面对的，从这个角度上说，网络社会既是一种形态也是一个时代。

在互联网发展的早期，网络只是一种形同电话的即时沟通工具，但是，互联网设备的不间断存储特性创造了思想存留与交互的虚拟意识形态体系，逐渐形成了人类从未触及、无时无处不在的交流与存在方式。这种新的存在方式可以被认为是人类生活的三维空间之外的第四维度，三维空间中的个体不仅可以忽略空间遥远的距离实现面对面的直接沟通或者共同协作，甚至还可以忽略面对面沟通所必须具备的时间因素而同其他个体的信息留存（如人工智能）进行沟通交互，互联网这种第四维度逐渐消弭着时空差异给人类沟通带来的阻隔。因此，互联网不仅是即时沟通工具，更是多元意识可以长期存在与交互的虚拟场域。

同时，互联网这一技术革命，改变的不仅是人类沟通交互方式，还在很大程度上改变着经济、政治、文化等人类生活的方方面面，造就着新的社会与文明形态。互联网空间在一定程度上拉平了传统社会中由于阶层、知识、职业、地域和时间等差异产生的交流鸿沟，形成了全社会共同交互的形态。传统社会组织在互联网空间中所呈现出的等级式映射，很快被虚拟场域的扁平化、去中心化所改变，这种虚拟世界的扁平化和去中心化趋势又反过来影响现实世界。所以，互联网最终带来的是一种去中心化、去层级化甚至去权威化的社会文明形态，这种社会形态既能触动人类社会每一个节点，又受到人类社会每一个节点的影响，每一个社会组织和个体都被纳入其中，传统社会金字塔状的立体结构开始逐步改变，形成一种运动的球状立体结构。

在经济领域，网络社会形成了从生产者到消费者、从生产者到生产者甚至从生产者到再生产者的多种直接连接，从根本上改变了传统经济社会生产、消费和再生产、再消费的分离，这种传统分离造成的信息不对称正是庞大市场中介体系的利益来源，这直接代表了互联网商务对线下实体商业模式的巨大冲击。同时，网络社会高速和精准的信息流动性，极大提升了经济领域的创新效率、降低了创新成本，不断造就新的经济创新组织，独角兽企业异军突起；创新经济不断创造着传统经济难以企及的超额利润。互联网金融，新的数据建模与决策模式让资本融通领域进一步摆脱线下网点的限制,借贷评估由人工实体审核向智能流量审核转变;分享经济则吸引了大量资源进入市场,让公众耳目一新的同时也冲击了固化的经济模式。当然,经济从传统体系向网络形态转型的过程中,也存在大量的组织和个体会因为无法适应这种转型而利益受损。

在政治领域,网络社会既打破了传统的阶层沟通分割,也打破了传统的信息屏障,由此产生了基于网络的新兴的政治势力和思潮。因此,一种最直接的作用是传统的稳定的和固化的政治生态,会因为网络变得更加具有变动性和不确定性。政治风险相比传统社会逐渐变大,舆情事件增多,价值冲突加剧,这些都是网络所带来的政治冲击。此外,在政权安全、政治制度、政治秩序、政治参与等方面,网络都形成了新的冲击。

在文化领域,互联网势必带来多元文化盛宴,伴随激烈的文化与价值冲突,曾因性别、阶层、区域、民族、地域、阶层差异而形成的文化会逐渐混合,传统社会中的亚文化既可能会因为这种混合统一而消散,也可能乘着互联网空间的虚拟特性渐成主流;传统社会中的主流价值,既可能因为权力和资本的大量投入更具主导性,也可能因为多元和外来文化的渗透被质疑甚至丧失主文化地位。同时,互联网作为一种空间、一种逐渐渗透进现代人类的生活方式本身就会产生一定的文化形态,通过网络流行语言或暗语的形式控制现实社会人的思想和行为,尽管这些虚拟文化多以亚文化形态出现,但确实会形成在社会文化形态上的改变。

因此,从形态看,网络社会在整体维度上是信息大量流动的社会,以知识产出、人的思想和行为互动为核心,是一种在结构上呈现出高度动态与流动性的社会结构形式,信息在网络社会中的传递交互在各个方向并无差异,互联网在本质上呈现出越来越扁平化的发展趋势,传统社会形成的各种固定的层级结构和运作逻辑逐渐被虚拟空间解构,传统社会较为封闭的结构被高度充裕的信息透明化,社会交往在效率成本、资源使用方面都得到了极大提升,人类生产生活所必需的时间、空间、物质和能量均得到不同程度的集约,人类社会生产力得到极速提升。从内容看,网络社会在具体维度上既包含人类传统生活的现实社会,也包括人类网络生活的虚拟社会。现实社会是虚拟社会的基础和根源,留存着人类社会数千年发展固化来的体系;虚拟社会是现实社会的映射和延伸,但极速的发展和融合呈现出了自身独特的规则;现实社会决定着虚拟社会的基本形态,虚拟社会也反向影响着现实社会的发展方向,两者共同构成了我们当下生活着的网络社会或互联网时代,因此,不能把网络社会和虚拟社会混为一谈。

第二节 虚拟社会对现实社会的影响

虚拟社会是互联网硬件设备和软件程序共同虚拟出的网络空间与网络成员交互构成的社会形态,是网络社会不可分割的一部分,其对现实社会的影响是网络社会形态存在和发展的前提,没有了虚拟社会对现实社会的作用,网络社会形态本身就会成为伪命题。从生产力角度看,科学技术本身就是生产力,而且是第一生产力,互联网作为科学技术的前沿产物,在一定程度上呈现着生产力的发展,也推动着生产力的发展,同时,生产力的发展必然带动生产关系在一定范围内的变革,现实社会的结构就必然存在相应变化,互联网建构出的虚拟社会对现实社会的影响也就不断加深,具体来看:

一、对现实社会的技术结构控制

虚拟社会的一个重要特征是其结构化和技术控制的存在,而且尤其表现在网络信息交互最基础的运行机制中,这是一种技术的话语权和控制权的体现。虚拟社会所呈现的诸多问题和怪相,往往可以通过对这种结构化的、技术化的、权力化的存在及运行机制来理解。就社会本身而言,互联网的形成依赖于两种存在:一种是依靠数码编程的软件程序;另一种是由终端、基站、路由器、服务器和通信线路等硬件构成的互联网基础设施,两者共同组成了这种技术结构对虚拟社会的控制。软件程序本身承担着编写虚拟空间的任务,这种编写用数字规则直接规定了网络最基本的运算和运行规则,这既是虚拟社会的基质条件也是核心内容。软件的设计和编写人员拥有定义、分配和规制网络目标的能力,并能够随时对网络软件进行修改。从最原初的意义上说,任何网络主题的设计和制定原则都依赖于设计编写人员的编程,这是网络的基本性质之一,网民在进行新闻阅读、社交通信和移动支付行为时必须遵循这些原初设定。这是一种人的网络活动需要与计算机网络物质技术状况制约需要之间的矛盾。[①] 可以认为,软件编码群体对虚拟社会具有技术根源上的配置权力,直接规定着网络空间所面对的信息格式和运行方式。

而互联网基础的硬件设施则控制着网络节点的相互连接,通过网路和设备搭建扩充虚拟社会的虚拟空间容量,虚拟社会之所以能为公众提供高效便捷的交互式服务,关键就在于诸多互联网基础硬件设施的存在。前文已述,软件编码群体通常负责设计、制定与编写局域性网络的基本内容,而单个局域网本身在内

---

① 谢玉进:《网络人机互动——网络实践的技术视野》,人民出版社 2013 年版,第 136 页。

容上相对独立和稳定。如果要获得更多的网络信息节点和用户规模,单个局域网必须与其他局域网接到一起,这就需要基础硬件设施发挥数据传输功能,将不同的网络连接在一起,以保证局域性网络间的互联互通。因此,基础硬件设施在虚拟社会中发挥了至关重要的基础连接作用,互联网新的局域网络接入在一定程度上改变着虚拟社会本身,因为随着新接入局域网络的增加,互联网的区局域性内容和地区性参与者都在随信息流动而改变,并通过信息互联相互影响和改变对方,从而使得整个虚拟社会信息间有效连接并实现高速自由流通。如果某个局域网本身并没有接入互联网,其只能称为"内部网络","内部网络"自身无法实现自我扩充和信息延展。

由此可见,互联网软件程序的编码设计群体和互联网基础硬件设施两者共同拥有配置整个网络的根源性权力。从社会学的规范化内容的角度看,虚拟社会的规范化内容可以从这种原初的权力结构中窥见。最重要的是,互联网的配置权力一方面显示了网络技术权力的控制结构,另一方面则显示的是虚拟社会中相关利益分配的控制结构,从更深层次可以显示资本对利益分配的控制通过虚拟社会的反映。

二、对现实社会的渗透和反作用

虚拟社会植根于现实社会又区别于现实社会,既反映现实社会状况又反馈给现实社会以状况。互联网从一开始只是基于高效快捷的沟通目的的发展而来,前文已述,在这个意义上,虚拟社会本应只是一种工具化的存在,但随着虚拟社会对现实环境的反映,尤其是对全球所有接入的局域网现实信息的吸纳,我们越来越能感觉到虚拟社会正在源源不断地向现实世界的人们反馈网络化内容,带有虚拟属性的元素不断渗透进人们的现实生活,并且发展出日常生活中难以直接实现的内容。这种虚拟社会的反作用化或者说现实化,最终导致了虚拟社会成为现实社会无法割裂的一部分。现实社会所存在的诸多问题,尤其是那些在现实社会中得不到合理释放的问题与诉求,转而聚集于网络,并通过网络发酵进而影响到现实社会,从这一角度看,虚拟社会本身也是现实社会问题的聚集地和社会压力的安全阀。

对于虚拟社会中所存在的独特话语行为、意见表达方式和多元利益诉求,可以理解为利益相关者以一种话语或舆论的方式倒逼现实社会。随着现实社会利益多元化及其所造成的利益诉求矛盾与冲突增加,每一个现实利益相关者都以自身独特的方式面对社会,这种社会现实导致大量零散性个体问题的爆发,这样一来,每一个现实利益相关者都可能成为虚拟社会上的意见发声筒,甚至可能造成网络热点。虚拟社会的兴起为多元意见、不同舆论、不同声音提供了最直接有效的表达途径,成为现实个体寻求意见共鸣或抱团取暖的公共领域。并且,随着虚拟社会的影响范围和影响深度不断扩大，这些零散性的虚拟社会话语行为越来越倾向影响现实结果。当然，从现代社会的一般特征看，公众在公共领域表达个人观点和诉求，是社会不断进步的特征之一。传统社会的发声是一整套完全组织化的、基本可控的表达方式和沟通传导机制，相对传统的意见表达方式，虚拟社会的意见表达方式在一定意义上深化了公共领域范围和个体权利保障，让全社会迅速进入自媒体时代。

这在一定程度上有利于个体与社会的良性互动，释放因表达不畅所造成的矛盾积聚压力，但同时也会滋生众多因追逐不合理甚至不法利益而引发的虚拟社会乱相。这些虚拟社会乱象多半是公众为获取特定利益进行的个体性和情绪性的不良表达，通过碎片化信息遮蔽真实事件并避免对事件本身的讨论，以片面、狭隘甚至虚假的信息扰乱现实社会秩序，博取社会关注，获得流量效益。

三、逐渐拉平现实社会人际结构

扁平化是现代社会不断进步的特征之一，它是人与人、人与社会之间沟通关系的去层级化，不再需要传统社会中必须通过诸多中介而进行沟通或发生联系，远不同于权力等级模式和与之相应的沟通层级关系，在一定意义上说，这既是一种人际关系的解放，也是一种话语权的解放。在虚拟社会中，人与人、群体与群体的关系样态也不同于现实社会，来自不同国家和地区、拥有相异文化和信仰的人群，会因为相近的利益诉求、兴趣爱好、观念思想而抱团聚合，而且这种聚合对虚拟社会的演进呈现融合趋势，人际关系的扁平化倾向更加严重。虚拟社会在某种意义上一直在进行时空压缩，逐步拉平人际沟通在时空上的差异，这种人际关系的扁平化甚至在一定程度上跳出了时空界限。

在所有的虚拟社会现象中，笔者认为，最值得关注的是人际关系扁平化带来的平均主义和个人主义倾向，这种倾向借助虚拟社会的虚拟特性，更加彻底地要求在"人微言轻"的现实社会不可能得到满足的话语权平均主义与个人主义。由于网络加速了社会信息的传播速度，扩大了同质化公众的聚集范围。对于虚拟社会个体而言，其最为显著的特点就是以个人为中心的舆论审判，用带有浓厚主观色彩的、时对时错的个人判断对相关事件或现象进行评判，并试图左右舆论导向。这些虚拟社会的舆论审判在对现实社会中的现象或事件形成先入为主的意见，并对现实社会中公正的、客观的判断构成巨大的压力。

从社会进步的角度看，必须肯定虚拟社会舆论对于相关现象或事件的关注会带来的现实社会对问题的反思与矫正，但是也必须看到部分虚拟社会舆论存在罔顾事实或主观倾向性偏袒的问题。虚拟社会从本质上看仍是一种公共生活，不应以个人主义和主观意见为准绳。虚拟社会个体的主观意见不等于自由判断，但在平均主义和个人主义舆论的裹挟下，个体极易受从众心态影响，以偶然性意见代替客观公允理性的思考判断。虚拟社会仍是社会,仍是现实社会成员的聚合体,必须公正、有序、合理地表达个人诉求和意见主张,积极、正面地表达对社会的建构性意见,网络言行不能损及社会秩序、公众福祉和他人自由表达的权利。

四、分裂现实社会伦理规范

虚拟性是虚拟社会的最重要特征,会带来现实社会个体身份隐匿的心理状态,而身份隐匿或匿名性本身就是人类进行自我心理保护的一种状态,可以通过身份隐匿掩盖行为时内在的心理恐惧。虚拟社会自带的虚拟特性为个体网络行为提供了天然的隐匿空间,个体在现实生活中的表现同在虚拟社会可能截然相反,这在一定程度上扩张了个体心理内在的分裂倾向。换言之,虚拟社会用全部主体身份遮蔽的方式把人的内在分裂性强化和普遍化,给潜意识或内在的人格以表象化或外显化的释放机会,这是虚拟社会中各种行为失范现象的原因之一,各种被现实社会所压抑的、非常态性的心理状态都能在虚拟社会有所显现。这些被网络虚拟性释放和扩大了的心理状态长期存在于网络空间并反过来辐射向现实社会,也成为了造成现实社会个体行为失范问题的原因。从近年来公安机关破获的各类案件可以看到,涉网违法犯罪案件最显著的特点就是违法犯罪分子依靠网络空间虚拟性遮蔽真实身份、避免接触式犯罪时的心理恐惧,同时反制侦查以规避现实打击。虚拟社会的虚拟性带来的不仅是网络成员身份遮蔽的一系列问题,另一个重要问题是网络成员无组织性所导致的伦理道德场域性缺失现象,这是整个互联网社会的通病,无论哪个国家、地区或组织的局域网络管控程度如何,均普遍存在。这是因为现实社会法律规范的制定本身就滞后于虚拟社会的发展,能够应用于网络的法律规范考量也往往触及不到伦理道德范围,现实社会被伦理捆绑的人性会在虚拟社会道德任性,这是虚拟社会区别于现实社会的重要维度。

对于现实社会来说,人必须承担相应的伦理义务和后果,现实社会关系所带来的伦理规范是社会整合的必要保证,正是有了这种保证,现实社会才能在纷繁复杂的利益关系和价值取向中合理分配资源、满足不同主体间的不同诉求,实现个体之间、群体之间的有机协同关系,保证人类社会在有效运转的基础上正常发展。同时,人在本质上是社会性的,现实社会的个体往往以无保留的真实身份被置于各种关系和组织中,个体的成长过程本身就是一个人际关系和伦理道德的组织化建构过程,因此,个体处于什么样的社会组织和关系中直接决定了个体的伦理义务和价值取向。只是虚拟社会并没有这样一种可供个体成长的组织化过程,个体一开始接触网络只能以一种隐匿身份的方式进入虚拟空间,个体在现实社会中的伦理规范在网络空间既不能落实也不能成长。另外,虚拟社会即使能够为成员提供伦理道德的组织化建构过程,成员的组织和身份意识也可能被屏蔽或隐匿,网民故意变换身份以参与虚拟社会不同的空间和主题,刻意规避现实社会中的身份认同和伦理义务。在缺乏真实身份、组织规范及伦理定位的虚拟社会,网络个体的行为因缺乏严格约束,主观主义、利己主义和分裂倾向更加严重,进一步加重了虚拟社会行为失范问题。

第三节　网络社会形态与异化问题

从整体上看,网络社会形态是生产力发展的结果,也是现实生产关系调整的趋势。互联网和现实在交互影响的同时有力推动了人类社会的发展,也给人类发展带了诸多前所未有的问题,具体表现为以下几项。

一、人与技术和本质的异化

互联网技术的发展应用是网络社会成员日常生活的便利手段和工具,从这一意义上说,互联网本身不存在任何价值取向或行为意识,当代科技发展出的工具理性是推动互联网技术进步和网络社会发展的重要动力,还能在一定程度上促进主体在网络社会中的创造性,但同时,工具理性对人也有负面影响,造成人与技术的矛盾。网络自我互动的基本矛盾是在数字化信息环境中,基于数字化中介系统,实体自我的弱主体性与网络自我的强主体性之间的矛盾。① 现代性作为后工业社会的重要标志,倡导主体追求自由理性,现代性也确实赋予了主体以自由和理性的创造空间,但现代性所倡导的工具理性尤其是网络工具理性极速膨胀,造成人与技术这种工具的异化,作为工具的科学技术开始操控社会,在同资本结合后更是造成人文价值的急剧衰退,网络社会成员的意识、精神、信仰频现困境与危机,这同时也是人的本质的异化。从主体性视角看,互联网工具理性的膨胀极易导致网络社会成员人的能动性的弱化和消解,这是虚拟社会对现实社会技术结构控制的体现方式之一。主体如果过度依赖网络技术或者过分沉溺虚拟环境,在使用网络的过程中被网络技术渗透,则非但不能无法有效利用互联网工具,还会被互联网当成工具,被迫在不知不觉中形成特定意识和习惯性行为,一旦脱离互联网就会表现出暴躁、焦虑等心理倾向,甚至可能引发严重的身体疾病,这种情况在虚拟社会成瘾群体中更为常见。由于依赖或成瘾造成的人与技术的异化直接否定着人的内在能动属性,在某种程度上说,人与技术的异化也造成了人与能动的本质的异化。从资本扩张视角看,互联网工具理性的膨胀

---

① 谢玉进、胡树祥:《网络自我互动——网络实践的主体内省》,人民出版社 2017 年版,第 105 页。

也极易导致实用主义、功利主义和个人主义。工具无论如何发展始终都是工具，现实的人是社会真正的本源，工具理性在很大程度上忽视人的精神需求，无视科学技术在人与社会价值维度的合理性，技术理性的扩张逻辑本身就具有实用主义和功利主义特性，可以为了实现技术的更高层次而不择手段与代价，受此驱动，很多网络社会成员往往站在"经济人"视角追逐利益最大化，看待问题的角度、思考问题的深度和解决问题的广度都以主体自我为中心，但这种个人主义并不能给主体带来实际的利益，在很多网络场景下还会被某些别有用心的组织或个人所控制利用，实际上，很多能够掌握互联网技术的违法犯罪团伙正是利用了人与技术异化造成的个人主义和功利主义来谋取不正当利益，这对网络社会结构的健康演化、系统秩序的顺利构建和自身形态的健康发展均构成严重威胁。

二、人与躯体和他人的异化

网络社会交往区别于现实社交的最重要特点是身体不在场，而身体不在场同身份遮蔽一样，会大大强化个人主义、主观主义，这种缺少主体物理身份的交往形式会淡化和遮蔽真实身份，既能使主体在交往中以更为自由的方式充分发挥主观能动性、展示本我的个性化一面，也可能造成主体产生自我认同的模糊倾向、分裂倾向，从这个角度看，物理身份缺失的后果同社会身份隐匿的效果十分相似。网络社会成员在缺乏规制的交往中任意设定自我，在丰富多彩的虚拟空间中自由体验自我，在多重交织身份幻象中尽情述说自我，又在形神分离的时空裂变中无奈解构自我。人和躯体的这种异化，使主体作为人这种生物加社会双重属性的结构被严重撕裂，也使主体持续生活在网络设定、体验、陈述、撕裂、建构的状态中逐步呈现一种麻痹状态，更进一步看，物质躯体和精神本质的撕裂又使虚拟社会的时间和空间相比现实社会更加空洞和无限。同时，由于虚拟社会交往所带来的自由狂欢并不能直接移植到现实社会，网络社会成员又得不到现实社会躯体在场时那种亲历性情感体验，对于过度依赖和成瘾性的群体来说是灾难性的，因为自由狂欢虽然不能移植，但是自由狂欢的代价却能统一到主体身上，直接造成人与社会关系的弱化，或者说人与人的本质的异化。另外，网络社会交往缺乏形成现实社会稳固熟人关系和共同情感志趣的基础与物质条件，也缺乏限制交往欺诈行为的一元化法律道德规范，直接加剧了网络社会成员自我意识的膨胀、综合身份的缺失以及责任意识的消解，肆无忌惮地释放原始冲动、无所顾忌地宣泄欲望情绪成为反映人与本质异化的重要社会现象。从这一意义上说，网络社会超越传统社会的压力释放或安全阀功能已被主体的双重、多重或分裂型人格带来的负面影响消解，主体将在现实社会中不断显现出心理失衡和自我认同危机。

三、人与意义和价值的异化

信息是网络社会的核心,网络社会的信息不断呈现量增质减、片面零碎的趋势,网络信息大爆炸填写人类社会信息匮乏的空白,促进了公众信息传播行为的低成本和高效率,但这种指数级的信息增长方式不仅造成各类信息的鱼龙混杂、真假难辨,也造成有效信息和高质量信息比以往更难寻觅。由于网络社会的超文本结构和超链接组织带有非线性特质,与传统社会经过严格调查、走访、取证、核验等程序后再呈现给受众的信息相比,往往呈现为一种信息不清晰、不完整、不全面甚至故意断章取义、混淆视听的碎片化或原子化的信息因子,让受众直接丧失"信息全景",这种情况给受众带来的最直观感受即逻辑缺乏,公众经常能从与人工智能的对话中或阅读人工智能所编写的各类网页信息中发现其端倪。从主体视角看,信息数量的暴涨化和质量的碎片化易造成网络社会成员固守碎片型知识,受众只能依靠原来固有的知识和生活经验来选择性认知网络信息,这种选择性认知的信息接收与处理模式在某种程度上必然导致受众的信息收益递减,换言之,受众根据个人经验或喜好等主观视域挑选出来的信息恰恰不能带来其想要的知识。从客观视角看,信息收益的递减往往导致信息受众意义和价值的异化倾向,网络社会成员接收和处理的信息数量越大,这些信息所裹挟的无效、失效和负面信息就越多,会直接对冲有效信息的意义,主体所能获取的真正意义和价值相对来说就越来越少;同时,大量芜杂信息会直接影响和侵蚀主体对于意义和价值的系统容纳能力,从另一个侧面推进意义和价值的异化进程。例如,当前信息受众最常用的手机客户端里,经简单编辑的个性化文字、图片、短视频在抖音平台、微信群、朋友圈中极速传播,不断用碎片化信息洗脑式冲击受众意义容纳空间;微博等社交平台简短的文本特征,也使得网络社会成员流连其间,成为各类碎片化信息的交流集散空间。从动态视角看,大量信息的接收和处理还会造成主体逐步丧失对信息本身的意义反思和价值感悟,尤其是商业性、娱乐性信息在资本和流量经济模式的控制下、在各种心灵鸡汤式营销模式的加持下席卷整个互联网,真正有利于主体的意义越发难以辨别与寻觅。网络社会信息量暴增而信息收益递减导致的去意义化和去价值化倾向,不断加剧着主体对新生事物的认知困难和对外在价值的认同,削弱着主体的认知理解能力和判断评价能力,消解着主体对信息内涵知识的反思和感悟,人的主体能动性和独立创造性被逐渐同质化和多元化,人与意义和价值的异化不断加深。

四、人与规范和权威的异化

互联网上相对主义和虚无主义盛行,相对主义和虚无主义不仅使人类从臆造权威的控制下解放出来,也在不停解构着社会权威和社会规范;网络社会让事件变得无所不在、无时不在,非同时性事件也具有了共时性效果,前文已述,这是虚拟空间的时空留存特性;现代化生活方式也在不断消弭层级差异、解体传统结构,最典型的表现就是对待伦理道德、法律规范的虚无和相对。对社会规范的相对化和虚无化处理,在很大程度上导致了规范价值的弱化,甚至会造成对权威价值的否定。同时,网络社会本身是一种多元化存在,网络规范和权威本身就与现实社会规范和权威存在差异,规范和权威的评价标准也呈现多元化,任何主流与非主流的规范和权威连同其评价标准在这里似乎都有一定合理性,任何网络意识与社会的行为也似乎都能获得相应规范、权威、标准的支撑,似是而非、自相矛盾的窘境并不鲜见。从相反的角度看,网络社会尤其是虚拟社会中存在一种反对任何规范和权威约束的极端自由主义、个人主义倾向,不仅主张主体的放任自流,而且主张消除现实社会权威和规范的影响,其实质是极端的人与规范和权威的异化,或者更深程度上可以看作人与社会的异化。由于虚拟社会本身存在多元价值并执行多重评价标准,导致网络社会成员权威规范意识淡化和互联网舆论的监督模糊,网络社会规范与权威控制系统甚至无法发挥应有的功能,这也是网络社会中主体行为失范的重要原因。

五、人与物质和劳动的异化

网络社会的物化伴随互联网科技的极速换代和普及,而现代科技的背后是资本和商品经济,从这个意义上说,虚拟社会本身也是一种商品,这种商品无论形态和影响都不可避免地带有商品拜物教性质。从商品经济发展角度看,网络社会的物化很大程度上是传统商品经济社会物化状况的映射,同时,网络科技的工具理性对价值理性的僭越也导致人类精神生活的弱化和意义的匮乏,物化生活方式以意识形态的方式渗透蔓延,并逐渐成为网络社会成员盲目追逐和崇拜的对象,对各类短视频平台造就的网红的过度追捧、打赏是这种物化生活方式的表现之一。物化生活本身是病态的和无意识的,主体会因此陷入逐步疏离现实社会并沉溺于快感体验无法自拔的恶性循环,人与物质的关系彻底颠倒、异化。从人的劳动角度看,网络社会成员作为主体,被物客体化和对象化,不断丧失主体的主观能动性和劳动创造性,人与物质异化的同时也在与劳动异化。用于服务于人类生产生活实践的物质变成支配和控制人类精神世界的因素,人类劳动的产出物强迫人类劳动产出,确保人类全面发展的物变成了阻碍人类实现全面发展的物,人在自由全面发展向度上丧失了自由意志,产生了对物的盲目追求,沦为受互联网科技支配、控制并受冲动、欲望奴役的对象。另外,商品经济及其物化逻辑在网络社会中的大肆传播与渗透,更加剧了传统社会对于劳动的信仰和价值体系的边缘化,导致人与劳动异化的进一步加深。

第四节　网络行为及失范

一、网络行为的综合属性

网络社会的崛起必然带来主体行为的变化,这是环境对人的改变的必然,网络行为不是现实行为在网络上的简单映射,而是互联网发展与人的成长相互影响和相互结合的产物。网络行为作为网络社会的新型社会行为,是主体基于网络场域环境特定的意识和目的所展开行动与互动,是网络社会所决定的人类新型生存发展方式,从积极意义上说,这是人类社会漫长发展历程中最为极速的进步,是人类自造之物对人类行为的新型塑造,人类发展史上第一次以虚拟加现实的双重场域综合影响自身行为并以此取得进一步发展,这完全不同于人类传统社会中自造偶像并且是多种地域性偶像又加以崇拜的历史。网络社会以其全球性、世界性、渗透性和时代性全面塑造着人类新的行为方式,把虚拟场域行为和现实社会行为融合到一起并造就了新的特征和价值。从消极意义上说,这种带有以现实为主和以虚拟为辅双重属性的行为,突破了现实社会权威与规范的内在规定性,内涵了现实社会行为规范基础性的同时也延续了虚拟社会行为的失范延伸性,这是网络社会形态不断发展造成的人的行为裂变为二的必然趋势。

人本身是自然性和社会性的统一,但在本质上是社会性的。社会本身也是由人的交往行为所建构产生,所以人的行为也就天然带有社会属性,这是人之为人的必然相关性。人的行为总是伴随社会的发展进步不断改变,这是人的自然成长过程也是社会关系在人身上的必然反映,网络社会的崛起使人的行为带有网络属性也符合这一必然规律。网络行为和网络社会的发展互为支撑、缺一不可,并且两者的生成轨迹双向一致,如同鸡蛋悖论难以区分先后。也就是说,网络行为是在网络社会崛起的基础上同时发展起来的,网络社会的虚拟和现实双重属性塑造了人的网络行为,成为人的网络行为存在的社会基础;而网络社会则是在人类不断从事网络活动的过程中同时发展起来的,网络行为的现实规范性和虚拟失范性的双重属性造就了网络社会形态,成为网络社会继续存在和进一步发展的人学基础。

当然,这种二分法式的把网络行为和网络社会进行二元思辨考察的方法并不全面,因为除了人的行为与社会关系的辩证关系,还有人的自然属性与社会属性的辩证关系,有现实社会和虚拟场域的辩证关系以及现实规范性与虚拟示范性等一系列辩证关系在网络行为的发展中起到重要作用。但是,笔者认为,社会关系的总和是人的本质,人又是一切社会关系的核心,所以网络社会与人的网络行为是各组关系中的主要方面,必须以此为主线论证行为与社会的产生。这里必须指出的是,从动态性和发展视角看,现实的人是一切社会关系的出发点和落脚点,网络社会无论如何发展,都不应避开人的发展取向,这不仅是网络社会发展的物理属性,也是网络社会发展的伦理属性,因为互联网科技发展的本质必须促进人的发展,否则,以超人类的人工智能、赛博朋克或过度的虚拟现实造就的无人社会将直接否定人的社会存在和自然存在,由于当前人类科技发展速度的指数增长性正在不断和资本性与工具理性结合,人类网络行为和网络社会发展的不可控性正在进一步加深,在这里,我们必须准确把握网络行为的特点,时刻警惕这种跳出人本圈子的行为异化趋向。

现实性与虚拟性的统一。这种统一不是静态的统一而是动态的交融和相互影响,不是两相平衡、同等演进的统一,而是一主一次、互为比例的统一。从时空形态上看,人类行为本身存在肢体和语言行为的现实性以及思维和精神活动的虚幻性,从这一角度上看,人的网络行为在空间概念上可以看作是思维和精神活动借助互联网在虚拟场域的一种延伸,在时间维度也可以看作是思维和精神活动借助网络存储特性在时间上的留存,有学者把这种现象称为网络社会的"时空压缩"。从整体比例上看,网络行为的现实性和虚拟性必然以人的现实性为主、以虚拟性为辅,只是两者比例随着网络社会的深度和广度发展在此消彼长,这种此消彼长在一定程度上带来了人类生活的便利,但同时必须注意虚拟性侵占现实性的空间或比例,这是超越现实的,也是否认现实的,还是超现实的。

封闭性与开放性的统一。从开放性角度看,网络行为同现实行为一样,本身也是人类自身成长的必要过程,通过行为过程不断利用网络资源、汲取人类知识,进一步丰富和发展自我,同时也用网络行为影响他人意识和行为,并把网络行为的影响带到现实世界。从封闭性角度看,网络行为被封闭在互联网建构的整个世界,这是网络社会的限定性所在,如同人类被包裹在宇宙中看不到宇宙的边界和始终点,网络行为始终被包裹在互联网造就的网络社会中,受到这一社会的一切限定,从原初的技术规制到后来的独有规则都是网络行为发展的隐性边界,这既是自然法则也是人为界限,既是网络受限于物理特性的必然也是网络受限于人的思维的必然,是网络行为永远无法逾越的最终封闭障碍。

具象性与抽象性的统一。人的行为无论在现实社会还是在虚拟社会均表现出具象性和抽象性,这是人的物理属性和精神属性的体现或者内隐的外化,也是大多数已知具有沟通和社交能力的生物体行为所具有的共性之一。从两者的关系看,具象性是直接的、观感的,抽象性是间接的、非观感的,具象呈显性而抽象呈隐性。网络行为无论呈现何种独特样态,其始终、必须作为人的行为而存在,不应该脱离人而存在,这不是在否定当下前沿科技发展的无人化趋势,因为即使是无人化在当前来看也不过是人的暂时不在场状态。网络行为具象性和抽象性特征的强调真正要否定的是非人化和否人化的网络社会畸形发展导向。

即在性和非在性的统一。这是基于人的网络行为的身体在场性而衍生的特性,尤其体现在网络交往行为中。从交往角度看,没有身体在场交往行为本身无法进行,而有了身体在场则不再是网络行为,这并非一种悖论,只是网络行为截取了是现实的人的行为的网络部分,而现实的行为由现实社会的主体地位变成网络行为中的辅助地位,让网络行为产生了即在又不在的效果。从交往的效果看,网络行为的即在性瞬间拉近了人与人尤其是在空间上遥远的人与人之间的沟通距离,极度压缩了空间差异带来的沟通负面效应;但同时必须看到,即在性也同时造成了人与人的非在性,造成了空间压缩所带来的沟通效果和意义上的疏离,无形中又疏远了人与人的距离。

时间性与空间性的统一。网络行为突破了现实行为对于时间和空间的一系列限制,最关键的是突破了时间的不可逆限制和空间的三维限制性,并且把时间和空间在现实世界中的分离在虚拟空间统一起来。从时间维度看,网络行为的时间不再是空洞的线性发展规则,而同时是空间的另一种存在形式,时间不再仅向未来这一单一方向前进,而是可以同时呈现历史、当下和未来三个方向,这是由虚拟社会的延时特性所决定的,因此在这个意义上说,网络行为时间又具有空间特性。从空间维度看,网络行为的空间也不再是现实三维空间可用坐标指示的静态模型,而是至少同时结合了时间的四维以上空间,让人类体验到了只能在广义相对论和量子理论中存在的多维空间,从这一意义上说,网络行为空间也具有时间特性。

二、网络行为的正面属性

网络行为作为网络社会和人的发展的必然,用辩证观点看待时除了综合属性,还带有积极的规范属性和消极的失范属性。失范属性是问题研究的重点,但规范属性作为问题的另一极同样不可忽视。规范属性作为网络行为价值属性主要体现在以下几个方面。

进步属性。网络行为作为行为本身必然带有劳动属性,人类行为发展到互联网时代的这一新产物有着自然人发展进步和社会形态发展进步的双重意义。从人的进步角度看,网络行为本身是人的自然行为的延伸和发展,拓展了人的自然行为从未有过的范围,在一定程度上消除了不当自然行为给人的发展带来的弊端,这是劳动促进人的全面发展的必然。从社会进步角度看,人类社会经历了从原始社会到现代社会一系列复杂的转变,人类行为对社会进步的影响也越来越深,但从未有像网络行为对社会进步的影响在结构、深度、广度和发展上的影响这样大,网络行为的劳动属性既改变着人,也改变着社会样貌,这是劳动促进社会发展进步的必然。

发展属性。从生产力和生产关系发展角度看,网络行为在一定程度上推动了社会生产力的发展,网络行为同生产力结合程度越深,对生产力尤其是科学技术的正向贡献就越大,对生产关系的调整也就越大。火、煤炭、石油和电力的使用是人在能量利用方面的革命,在很大程度上改变了人的行为;制造和使用石器、冶炼金属和制造新材料是人在物质粒子利用方面的革命,也在很大程度上改变了人的行为;钻探与潜航、航空航天和量子技术是人在时间和空间利用方面的进步,同样在很大程度上改变了人的行为;而互联网的发展本身离不开电能、新材料,不仅改变了时间规则还创造出虚拟空间,从科学技术作为第一生产力这个意义上说,人的网络行为既创造又综合了人类有史以来的全部发展属性。

自由属性。从人的自由发展角度看,个性是人区别于人的物理属性,也是个体思想差异的主要标志,网络行为的身体不在场性或者隐匿性为人的自由发展提供了极大可能,网络行为本身也只能通过符号和数字的形式表现,现实行为必须顾及的阶层身份和社会地位在网络行为中缺乏存在或者多元化泛在。从网络行为的本质上看,其在虚拟空间中本身就是自由的,是一种自由的、个性化的行为,可以自由切换行为视角、行为角色和行为过程。从人与人的交流角度看,网络行为自由地突破了交流的时空界限,突破了个体与群体间的层级界限,甚至突破了现实行为所达不到的情感界限,从这个意义上可以认为,自由是网络行为的核心属性。

公平属性。公平是人类发展历程中追求的重要价值之一,人的行为本身是社会性的,是资源分配的主要形式。网络行为在此意义上是资源分配在虚拟空间的体现或者人在虚拟空间分配资源的体现,这些资源既包括个人资源也包括社会资源,既包括人力资源也包括物质资源,既包括实体资源也包括虚拟资源。人与人的网络行为仅就行为本身来说是平等的,在资源分配上也就呈现相应的公平属性。这种公平并不体现在资源分配的结果上,而是体现在目标和过程上,因为网络行为在资源分配的方式上都是数字符号和电磁信息样态,同时,网络行为也给予了行为个体公平的机会,任何个体的任何网络行为都存在一夜之间成为社会焦点的可能性。

效率属性。网络行为的效率属性可以认为是进步属性的延伸,人的行为活动在最原始的生物意义上就是为人的生存发展服务的,人类作为生物进化链上的关键一环,进化行为本身就是一种效率提升行为,人类自身也需要不断提升生存效率。网络行为通过数字编码节省了人类活动的大量时空和能量成本,用虚拟化、智能化和无人化的手段花样翻新地提升每个人类行为的效率,用更少的投入获取更多的效益,这既是一种行为效率也是一种经济效率,是现实行为难以实现的。

规范属性。网络行为的规范属性可以认为是网络社会技术限定性的行为体现,技术限定性虽然本身是对人类行为的一种强制和同质化过程,但是要求限定性也带来了人类行为在网络社会前所未有的统一,这种技术上的统一也造就了网络语言行为等独特的辅助规范,尽管这些规范不一定具有现实社会的合理性,但仍具有新的特征与价值,既能体现人与社会发展的趋势,也能吸引更多人进入网络空间,日益丰富着网络规范本身,从当前网络规范的完善和发展进程来看具有积极意义,在这个意义上说,网络行为本身带有网络规范的目的和过程属性。

但是必须看到,规范的另一端就是失范,网络行为有规范的、积极的、进步的一面,就有失范的、消极的、滞后的一面,这是事物矛盾运动的普遍规律,也是辩证看待问题的必然要求。网络行为本身是人的行为,人是行为的主体,即使是人工智能或机器人也不过是人的行为在硬件设备上的存储和延伸,人的行为既要受到基因与器官等生物因素的制约,也要受外界能量、食物和时空等环境因素的影响,还要受人与人之间交往等社会因素的影响,在网络上还要受互联网技术的影响。这些影响本身都以规范的形式存在,也都内涵了评判人的行为是否符合规范的标准。从生物角度看,人的行为顺应生物发展的自然规律则是规范的,如果试图突破甚至改变自然规律限制,尤其是对人进行基因强化和改造,都会直接否定人的自然本质,是失范的。从环境角度看,人的行为符合人与自然和谐共生则是规范的,人的行为尝试改变或控制环境也会造成环境破坏和报复,因而也是失范的。从社会角度看,任何社会本身都有一套相应的规范体系,而每次人类行为试图改变原有体系的过程中都会爆发激烈冲突,这也是失范的重要一环。从技术角度看,科技的改进和发展不可避免,这是生产力发展的必然要求,但是在技术改变以工具理性和资本为导向的情况下,往往直接通向失范。

三、网络行为的负面属性

从正面与负面的辩证角度看,网络行为正面规范性的对立面就是负面的失范性,失范和规范在范围和深度上往往此消彼长,这是网络空间中,身体缺席与精神观念临场之间的矛盾导致的认知选择困难[①]。一切网络行为在根源上是人的现实行为,也就是现实中的人利用网络的行为,无论网络如何异化人的行为,人始终是行为的标尺,评价网络行为的失范与否也只能以其现实后果和现实行为本身为标准。如果网络行为造成了侵犯现实社会主体利益的后果或者网络行为的现实部分本身就违反现实社会规范,那么可以认为此行为是失范的。这里必须指出的是,网络行为本身是存在多方主体的,有的网络行为只是违背某些网络空间的技术控制准则或局域网自定道德规范,本身并不造成相应的现实后果,在一定程度上甚至会得到此局域网络内现实运营方或控制方的默许。但实际上,由于网络社会的多重属性,行为后果最终还要经过多道工序最终转嫁到现实

---

① 吴满意:《网络人际互动——网络实践的社会视野》,人民出版社2015年版,第71页。

社会中,由实实在在的人来承担。以当前基于区块链技术的数字货币生产行为为例,没有现实的电力、矿机和矿场支撑,挖矿行为本身就无法运行,同时,挖矿所得货币在一定程度上削弱了现实货币体系的影响力和控制力,对于数字货币的投资者而言盈亏也需现实资源来承担。所以,现实需要和现实后果是评判网络行为的最终途径。对于现实来说,伦理道德和法律法规是衡量人的行为的普遍社会规则,这些规则本身虽然滞后于网络社会的发展,也不能完全符合网络社会的发展速度,甚至从人类发展更为久远的角度看还可能消亡,但实际上在无法寻求更合理的行为规则的前提下,这些规则仍是作为评判标准的最佳选择。

从生产力和生产关系发展的角度看,网络行为作为人的行为,尤其是劳动和生产性质的行为,天然地带有生产力特性,而伦理道德和法律法规等社会规范则天然地带有生产关系的特性。生产力与生产关系之间的矛盾变化也决定了网络行为的失范性与规范性之间的必然矛盾,且这种矛盾的剧烈性随着生产力变化速度的提升而不断加剧,互联网出现以来给人类生产生活方式造成的变化速度前所未有,人类行为正是由于结合了作为科技生产力最前沿的互联网才有了网络行为,从这一意义上说,网络行为的失范性与规范性之间的矛盾也就倍加激烈。同时,由于生产力决定生产关系,生产关系的每一次调整总是需要根据生产力的发展变化而进行,所以在时态上生产关系往往滞后于当时生产力的发展,这是网络行为失范性和规范性在即时性和滞后性之间的矛盾,这也说明了为何网络行为的规范总是需要从现实社会规范中寻找相应规则,并需要不断跟随现实生产力的发展再不断调整相应规则。另外,网络社会中的虚拟社会本身是人造社会,既带有现实意识的属性也带有虚拟空间的特性,而随着虚拟空间的不断拓展,虚拟社会规范的发展速度将严重滞后于虚拟社会本身的发展速度,失范会在此领域一定程度上表现出无规范状态,这是网络行为失范的另一种极端情况。

从人的主体能动性角度看,除了那些受到网络社会形态和现实社会规范相关客观特性潜移默化影响的行为,主观性网络行为都是主体能动性的表现。也就是说,除了社会影响人的因素,也存在人影响和改造社会的因素,而人的行为本身就带有规范性和失范性两种对立倾向,从人类群体看,总有一部分人在行为模式和行为选择上倾向失范,无论在道德方面还是在法律层面,这些行为可以直接表现为故意违反或选择性无视,导致违反公序良俗的行为和违法犯罪行为。前者在网络行为中更为多见,但后者的网络行为危害更为严重。以网络违法犯罪行为为例,当前,现实社会中的传统违法犯罪模式在网络上均能找到相应的影子,有的是主体直接把整个违法犯罪行为过程从现实社会搬到了网络空间,有的则是把行为手段的一部分和网络结合,以充分利用网络社会的各种特性谋取不当利益或侵犯他人权益,这种情况在身份隐匿性更强的暗网上更为常见。

从现实社会影响角度看,随着网络社会的不断发展,网络行为失范性的影响范围越来越大,对现实社会的负面影响也越来越深。这里所说的网络行为不仅包括网络社会成员的线上行为,也应该包括受网络社会影响的线下行为,这是因为网络社会本身是现实社会和虚拟社会的统一,而网络行为也应该是线下行为和线上行为的统一,这是网络社会的本义,也是网络社会成员的网络行为必须包含的两个层面。所以,因网失范和失范上网两种行为都应列为网络行为失范。从网络社会成员角度看,网民数量越多,网络行为失范行为就越多,值得注意的是,最早接触互联网的网民年轻化、高学历化,且大都使用PC端接入网络,在地域上大都密集分布在经济发达地区,在网络行为的失范性上表现并不明显或者明显可控,这是由网民知识水平决定的;但是,随着经济发展和PC端设备的普及,尤其是智能手机的价格越来越亲民,网民的年龄、学历、职业结构以及区域分布越来越广,很多低年龄、低学历、多元化职业的网民不断加入,网民的现实社会化水平和综合素质均在整体上呈下降趋势,这是网络行为失范性负面影响的一个重要方面。另外,由于互联网发展的早期是以科研工具的形式出现的,后来逐渐发展到办公和电子商务领域,再后来才逐渐进入公众生活领域,这既是一种便捷性也是一种负面性的入侵。

从网络行为的多样性看,网络行为失范既反映人的行为方式的多样性,也反映人的行为失范方式的多样性,同时,还在一个侧面反映出行为规范的多样性。人的行为方式本身就带有不同的方式和样式,网络行为随着网络社会的发展,在形式上必然呈现出更多前所未有的样态。同样,失范行为的诱因也必然随之越来越多,这其中有现实的人的因素,有人的劳动即网络技术的因素,也有人与人之间关系发展的因素,在很大程度上还有失范行为主体花样翻新、无孔不入的恶意因素。从网络行为失范性的复杂程度看,网络社会越是发展,网络行为失范就必然越复杂,既有统一失范行为演变成多元失范行为的可能,也有多元失范行为诱发更多元或者融合成庞大失范行为的可能;同时,部分失范行为的某些环节或过程本身就可能发生多样性演化。从多样性的轻重程度看,轻度违反社会公德的行为和严重侵犯国家法律的行为在形式上的差异越来越模糊,这种情况在新型互联网科技领域表现得尤为突出,很多看似无害的行为实则侵犯了大多数公众权益。

从网络行为的次生影响看,网络行为的失范性所带来的破坏不仅是行为后果上的,还有次生危害层面上的。在生物层面,人作为生物学个体同样具有趋利避害的特性,需要及时发现和避开有可能危及自身的各种外界行为,对失范行为的注意力相较其他行为有所提升;在心理层面,正常个体的心理往往带有较强的猎奇心理,而失范行为通常更能吸引个体的关注,个体还能借此发泄或缓解自身压力;在事件层面,失范行为相较正常行为通常是偶然性、小概率事件,小概率事件本身就比大概率事件更加吸引眼球;在群体层面,失范行为易引发破窗效应,造成更多个体或群体因为从众效应而模仿,并且有可能因为蝴蝶效应而不断放大失范行为的负能量。另外,网络社会的虚拟性本身加剧了失范的负面效应和负能量,由于现实社会为了增强正能量的影响力往往会美化或夸大正能量事件本身,而这种夸大往往造成个体对正能量事件的不信任甚至反感,这也在反面助推了网络失范行为的次生影响。

强调网络行为负面的失范性,不是要否定网络行为本身,而是要据此找出防范大学生失范行为的策略方法,防止网络行为失范产生的巨大危害,净化网络生态和网络空间环境,用人类的理性和文明战胜失范带来的一系列问题,使互联网在更深层次上真正造福人类发展,促进大学生成长成才。

第四章
人与失范——大学生网络行为的实证维度

第一节 大学生网络失范行为问卷分析

为探讨当前大学生网络行为现状,课题组通过问卷调查的方法,以山东省部分高校学生为调查对象,围绕网络成瘾、网络谣言、网络抄袭、网络暴力、网络色情、网络赌博、网络贷款等现象展开调查,从大学生手中获得了第一手宝贵资料。本次问卷调查以问卷星网站为依托,1134人作答了问卷,课题组对调查数据进行了详细分析。

数据显示,大学生平均每天上网2小时以内的人数比例为26.72%,3～5小时的人数比例为52.91%,5～8小时的人数比例为14.64%,8小时以上的人数比例为5.73%。上网时间在3小时以上的学生比例为73.28%,上网时间的花费在一定程度上挤占了大学生的学习时间和交往时间(如图1所示)。

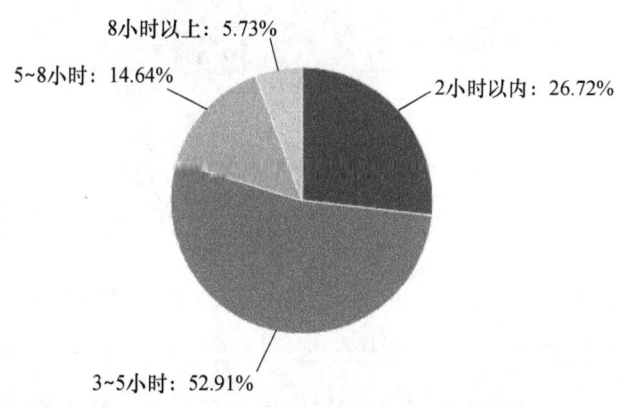

图1 你平均每天上网花费多长时间?答题人数1134

数据显示,痴迷于网络游戏的人数比例为7.58%,偶尔玩的人数比例为67.20%,从来都不玩的人数比例为25.22%。虽然痴迷于玩网络游戏的人数占比并非特别突出,但也正是这一小部分痴迷网络游戏的学生成为当前高校学生管理的重点和难点。痴迷于网络游戏的学生,学业和生活都受到了特别大的影响,更为严重者出现不能按时毕业,人际交往困难的现象(如图2所示)。

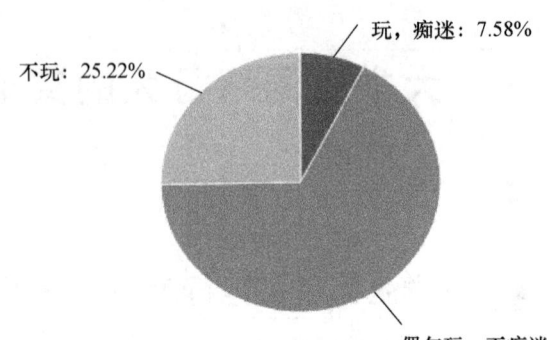

图2 你玩网络游戏吗?你是否沉迷于网络游戏?答题人数1134

数据显示,浏览过黄色、恐怖等危害社会治安的不正当网页内容的人数比例为15.78%,从来没有浏览过的人数比例为51.68%,因电脑自动弹出,不小心点击进入不正当网页的人数比例为32.54%。大学阶段是学生确认自我认同感这一重要发展任务的关键阶段,也是个体人生观、价值观形成的关键时期,不正当的网页内容,或显性的影响到大学生的行为,或隐性的内化到学生的思想之中(如图3所示)。

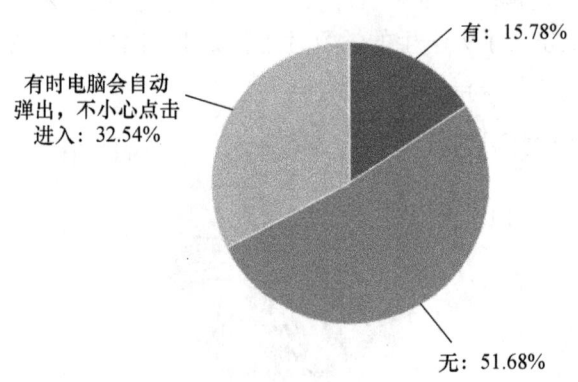

图3 你浏览过黄色、恐怖等危害社会治安的不正当网页内容吗?答题人数1134

数据显示,参与过网络赌博,对网络赌博很了解的人数比例为2.73%;从未参与,但听说过网络赌博的人数比例为59.52%;对网络赌博从不了解的人数比例为 37.74%。网络赌博是指利用互联网进行的赌博行为。因参与网络赌博而家庭破裂甚至丧失生命的例子层出不穷。现实赌博"十赌九输",网络赌博则是"十赌十输"。大学生参与网络赌博,不仅损失金钱,更会影响学业,甚至引发校园网络贷款、校园危机事件等一系列特殊问题(如图4所示)。

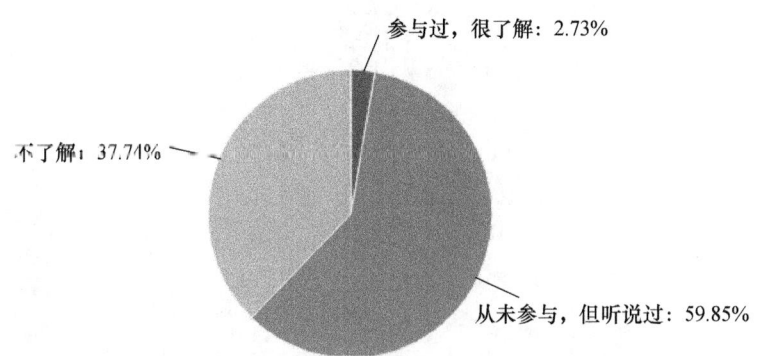

图 4　你参与过网络财博吗?对网络赌博是否了解?答题人数 1134

数据显示,在网络中经常使用侮辱性词汇的人数比例为 3.97%,有时使用的人数比例为 13.84%,偶尔使用的人数比例为 31.04%,从不使用侮辱性词汇的人数比例为 51.15%。大学生网络语言的使用总体情况是好的,但是也不能忽视这 3.97% 经常使用侮辱性词汇的个体,其带来的失范效应,对我们构建更加清朗的网络空间具有消极的影响(如图5所示)。

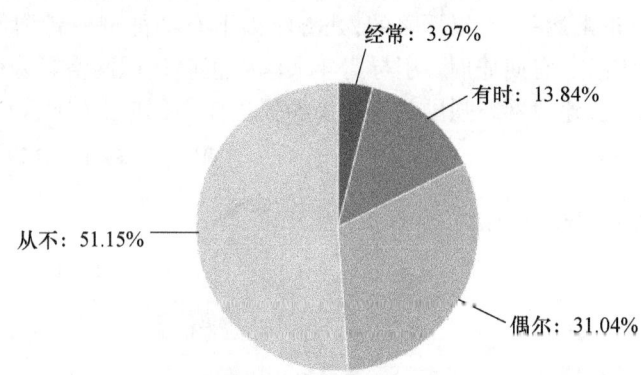

图 5　你在网络中使用过侮辱性词汇吗?答题人数 1134

数据显示,经常参加网络暴力的人数比例为 0.80%,偶尔参加网络暴力的人数比例为 1.94%,从来没参加过网络暴力的人数比例为 89.15%,不清楚的人数比例为 8.11%。(如图6所示)在此基础上,我们对大学生对网络上人肉搜索的看法进行了调查,认为网络上的人肉搜索对当事人造成伤害,应禁止的人数比例为 30.78%,认为人肉搜索是充分发挥网络的力量,可以使用的人数比例为 2.20%,认为网络人肉搜索是把"双刃剑",应理智使用的人数比例为 67.02%。

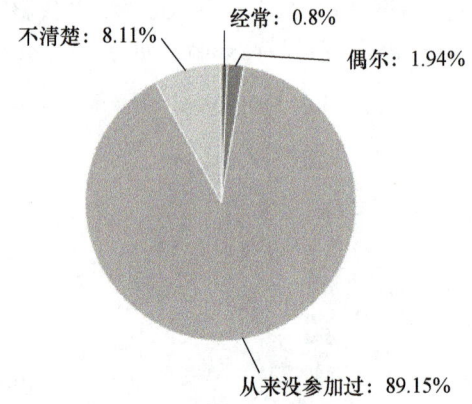

图 6　你是否参加过网络暴力事件?答题人数 1134

数据显示,认为网络黑客行为很厉害、很佩服的人数比例为 11.29%,不了解网络黑客行为的人数比例为 15.52%,认为对网络黑客行为的态度应当以其攻击对象而进行区别对待的人数比例为 44.89%,认为网络黑客行为是不道德且违法的行为,应当受到法律的制裁的人数比例为 28.31%。黑客行为是否是一种犯罪尚待定论,但是根据《中华人民共和国刑法》第二百八十六条的规定:违反国家规定,对计算机信息系统功能进行删除、修改、增加、干扰,造成计算机信息系统不能正常运行,后果严重的,处五年以下有期徒刑或者拘役;后果特别严重的,处五年以上有期徒刑。引导青年大学生正确认识网络黑客行为,对于维护国家网络安全,建设网络强国具有重要的促进作用(如图 7 所示)。

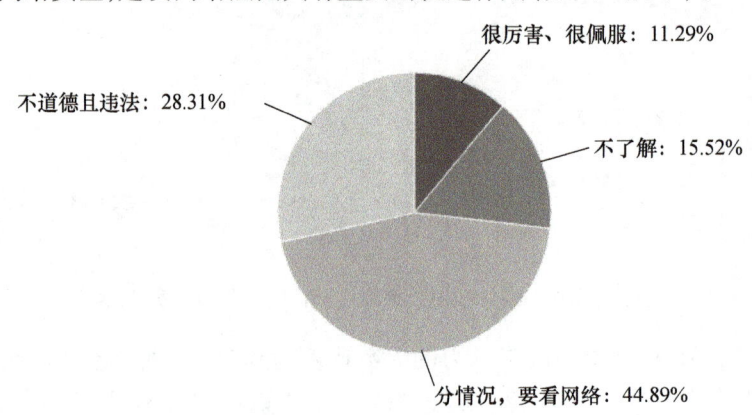

图 7　你对于网络黑客行为是怎样的态度?答题人数 1134

数据显示,大学生群体中使用过网络贷款的人数比例为 3.88%,从不使用网络贷款的人数比例为 96.12%。校园网贷是网络贷款的一种具体表现形式,近年来,因校园网贷引发大学生自杀的案例屡见报端,各高校也将引导大学生远离校园网贷、培养健康的消费方式作为日常教育的一项重要内容(如图 8 所示)。

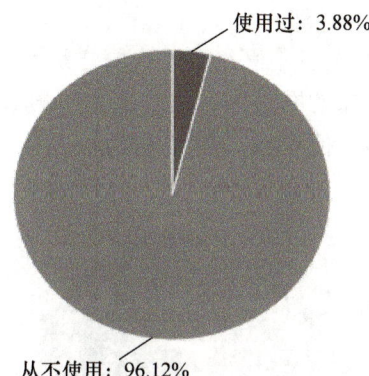

图 8　你使用过网络贷款吗？答题人数 1134

　　数据显示,在网络上抄袭过他人文章的人数比例为 30.78%,从来没有抄袭过他人文章的人数比例为 69.22%。社科院 2018 版《反腐倡廉蓝皮书:中国反腐倡廉建设报告 NO.8》梳理了 64 起学术不端典型案例:东北某大学 2006 届硕士毕业生张某的学位论文涉嫌抄袭本校同专业 2005 届硕士毕业生马某的学位论文;青年长江学者、某大学法学院前副院长张某涉嫌抄袭,自毁前程;江西某大学的钟某、刘某通过伪造或篡改数据侵吞他人学术成果,未经他人许可不当使用他人署名。网络抄袭、学术不端不仅影响到学生所在高校的声誉,同时也对行为失范个人的人生发展产生严重的影响。引导大学生树立诚信意识,杜绝网络抄袭行为,是当代大学生教育不可绕过的话题(如图 9 所示)。

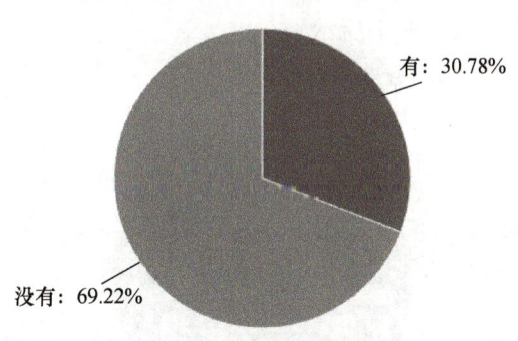

图 9　你是否在网络上抄袭过他人的文章？答题人数 1134

　　数据显示,认为目前网络上的低俗与恶搞现象不利于青少年的健康成长的人数比例为 70.28%;认为无所谓,网络恶搞现象有趣的人数比例为 3.44%;认为网络上的低俗与恶搞现象没有那么严重,只是被媒体过分放大的人数比例为17.28%。近年来,网络上恶搞成风,恶搞经典歌曲、恶搞影视片段、恶搞图片、恶搞段子等所折射的是一种解构经典、消解价值的网络冲动。一些以展现"二次元文化"的网站为迎合恶搞"潮流",专门开设平台,发布恶搞作品。而一些以低级趣味、萎靡、颓废为特征的低俗网络现象也同样是屡见不鲜。随着智能手机的运用,伴有低俗与恶搞现象的网络作品更是全方位的渗透到当代大学生的生活中,影响着大学生的网络价值观念(如图10所示)。

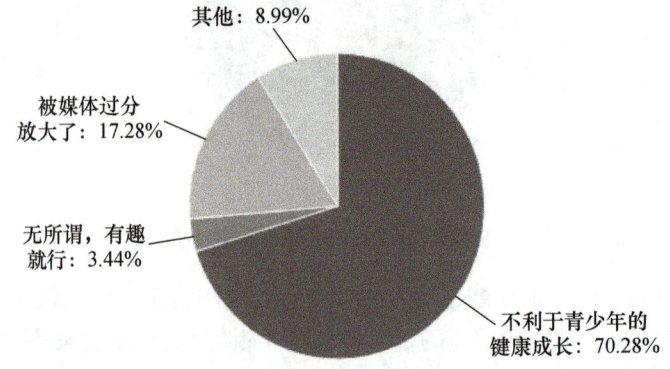

图10 你如何看待目前网络上的低俗与恶搞现象?答题人数1134

数据显示,大学生在转发朋友圈、说说、微博时,每次都会先甄别其是不是谣言的人数比例为63.32%,偶尔会甄别的人数比例为26.90%,从来都不会进行甄别的人数比例为9.79%。从不进行谣言甄别的人数虽然占少数,但是谣言因其突发性且流传速度极快的特点,影响覆盖面极其广泛。大学生作为网络使用的较大群体,如若对网络信息毫不甄别地进行传播,将会对网络秩序及社会秩序产生非常严重的危害(如图11所示)。

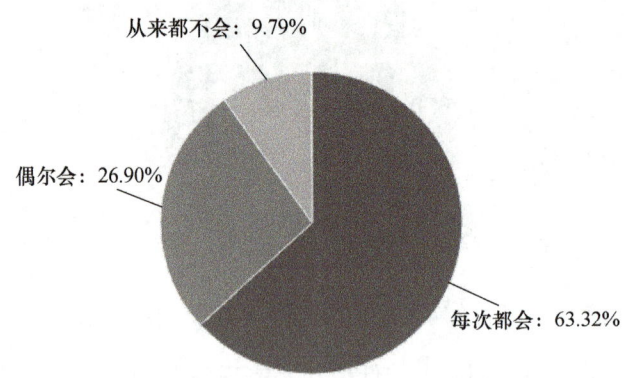

图11 你在转发朋友圈、说说、微博时,会不会先甄别其是不是谣言?答题人数1134

数据显示,面对网络上引起社会反响的敏感事件,不假思索地跟帖发言的人数比例为1.85%,理智思考、慎重发言的人数比例为67.81%,只是进行围观,从不表态的人数比例为23.19%,对此类事件从不关心的人数比例为7.14%。网络跟帖是网民表达意见、发布评论、舆论监督的重要方式,但网络可以无限,跟帖却不能无边。毫无理智地跟帖、乱喷,不仅影响整个互联网的秩序,甚至会对现存社会秩序产生恶劣影响。2017年8月25日,由国家互联网信息办公室公布的《互联网跟帖评论服务管理规定》,为规范互联网论坛社区行业健康有序发展,保护公民、法人和其他组织的合法权益,维护国家安全和公共利益,有着重要的促进作用(如图12所示)。

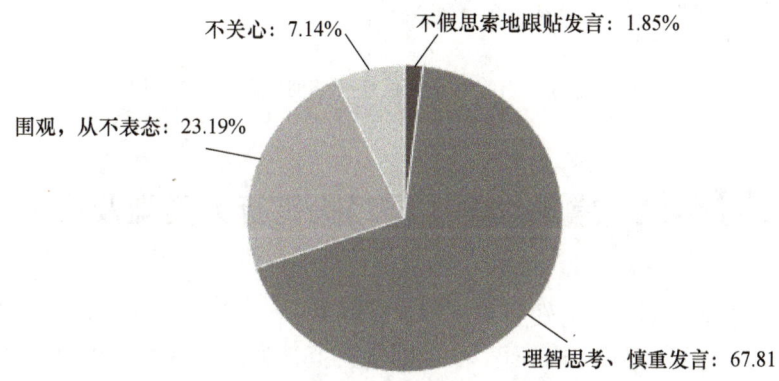

图12 面对网络上引起社会反响的敏感事件,你会? 答题人数1134

数据显示,认为现在大学生网络不文明行为普遍的人数比例为62.43%;不普遍的人数比例为37.57%(如图13所示)。认为当前网络文化环境非常好,是和谐健康的网络文化环境的人数比例为7.85%;认为比较和谐,基本没有谣言、戾气的人数比例为26.81%;认为不太和谐,有部分谣言混淆视听的人数比例为55.20%;认为不和谐,谣言多、戾气重的人数比例为10.14%(如图14所示)。

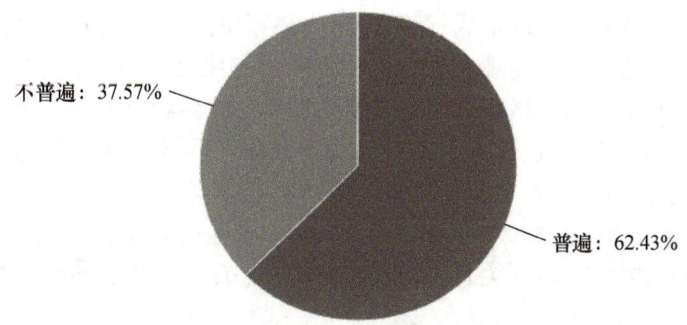

图13 你认为现在大学生网络不文明行为普遍吗? 答题人数1134

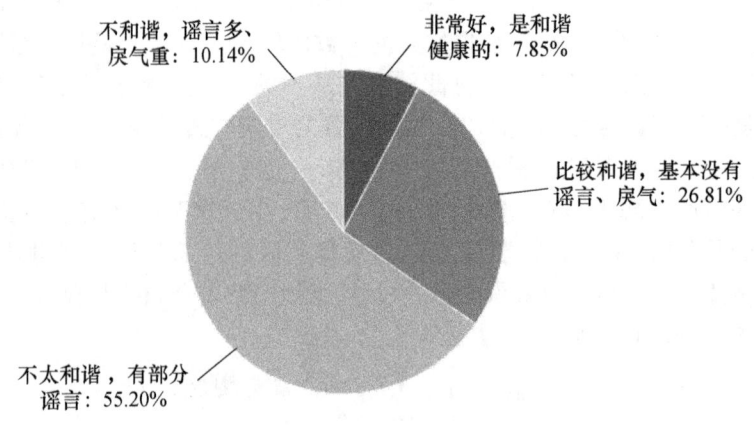

图 14 你觉得当前网络文化环境如何？答题人数 1134

第二节 常见大学生网络失范行为类型及案例

伴随移动通信网络的发展和终端设备的普及应用,大学生的网络行为涵盖了生活、学习、娱乐的方方面面。根据网络失范行为的内容和性质,可以将大学生的网络失范行为大致分为网络沉迷行为、网络不道德行为、网络违规违法行为和网络犯罪行为。网络沉迷行为主要是大学生长时间和习惯性地沉迷于互联网时空当中,对互联网产生强烈的依赖,以至于达到了痴迷的程度而难以自我解脱所表现出的行为,是大学生主体缺乏自律意识的表现,有时也可以称为网络成瘾。网络不道德行为主要是大学生缺乏道德实践精神和提升发展自身内在涵养的能力,以不符合道德规范的意识态度、行为方式和评价选择来处理和调节网络社会关系的相关行为。网络不道德行为往往是很多网络违法犯罪行为的开端,也是网络失范中范围较广、较为常见的行为。网络违法违规行为是大学生违反互联网管理使用的有关规定或行政法、民商法等相关法律,侵犯其他公民或组织合法权益的行为。网络违规违法行为在界线上和网络犯罪行为存在一定重叠,不少违反行政法规的网络行为严重程度增加后往往会触及刑律。网络犯罪行为是最为严重的网络失范行为,直接违反我国刑法。网络犯罪行为通常针对和利用网络实施犯罪行为,在本质上危害互联网甚至国家安全与秩序。值得注意的是,很多发生在大学生群体的网络失范行为,大学生通常既是行为主体也是受害对象,必须坚持以人为本、关心爱护青年成长的态度对待相关问题。常见的大学生网络失范行为表现如下。

一、网游成瘾

根据国家卫健委发布的《中国青少年健康教育核心信息及释义(2018版)》,网络成瘾是指在无成瘾物质作用下对互联网使用冲动的失控行为,表现为过度使用互联网后导致明显的学业、职业和社会功能的损伤。诊断网络成瘾障碍,持续时间是一个重要标准,一般情况下相关行为至少持续12个月才能确诊。包括网络游戏成瘾、网络色情成瘾、信息收集成瘾、网络关系成瘾、网络赌博成瘾、网络购物成瘾等,其中网络游戏成瘾最为常见。

2017年年底,世界卫生组织宣布将在2018年首次把游戏成瘾归类为精神疾病。同时,专门为游戏成瘾设立条目,并明确游戏成瘾的多项诊断标准,以帮助精神科医生确定患者是否对游戏产生依赖。2018年6月18日,世界卫生组织发布新版《国际疾病分类》,游戏障碍(即通常所说的游戏成瘾)被列为精神疾病,相关规定生效后世界卫生组织通知世界各国政府将游戏成瘾纳入医疗体系。游戏成瘾通常表现为以下症状:一是完全专注游戏;二是停止游戏时,出现难受、焦虑、易怒等症状;三是玩游戏时间逐渐增多;四是无法减少游戏时间,无法戒掉游戏;五是放弃其他活动,对之前的其他爱好失去兴趣;六是即使了解游戏对自己造成的影响,仍然专注游戏;七是向家人或他人隐瞒自己玩游戏的时间;八是通过玩游戏缓解负面情绪,如罪恶感、绝望感等;九是因为游戏而丧失或可能丧失工作和社交。

当前,我国互联网社会的发展几乎进入全民游戏时代,更加重了网络游戏成瘾的可能性和规模。根据《第45次中国互联网络发展状况统计报告》,截至2020年3月,我国网络游戏用户规模达5.32亿人,较2018年底增加4798万人,占网民整体的58.9%,手机网络游戏用户规模达5.29亿人,较2018年底增加7014万人,占手机网民的59.0%。2020年年初,受新冠肺炎疫情影响,网络娱乐活动规模大幅度增加。移动游戏、电脑端游戏、主机游戏等游戏的下载量、同时在线量、用户流量和游戏内消费等均创新高,网络游戏产业在营收方面也迎来较快增长。由于不规律的作息习惯和不科学的用网习惯,大学生群体已然成为网络游戏成瘾的重灾区,在很多高校我们总能看到大学生用智能手机或电脑进行忘我的线上游戏厮杀,不少大学生甚至因此陷入无法自拔的境地。

例如,曾参加四次高考均被国内顶尖院校录取的知名大学生张某,第二次高考时以优异成绩进入国内某顶尖大学学习,由于沉迷网络导致多门必修课不合格,大一第二学期期末被学校劝退;复读一年后又以所在城市理科状元的身份被另一所国内顶尖大学录取,但一年后再度沉迷网络,由于学分不够自动退学;又经过一年的复读,他再次以全市理科第二名的成绩考入这所大学,但是大学尚未毕业,这个年轻人的网瘾再一次发作。同在这所高校的大学生刘某,同样因为网络游戏造成挂科和休学,被学校留级两次,当其他同学顺利毕业升学深造或稳定就业的时候,刘某还在和网络游戏反复纠缠。很多大学生网络成瘾的案例都有相似之处,同期的另一大学生王某,以优异成绩考入北京某重点大学,刚到大学之初,他对学习充满了抱负和希望,但后来却发现达不到自己的预期目标,在学业上进展很不顺利,同时,在与同学和老师的交往中,也失去了中学时期的中心位置,感觉受到了周围冷落。此时,他发现自己在网络游戏技术上进步很快,并在游戏中获得了一定的成就感和满足感。同时,也在网络互动中结识了不少线上好友,让他暂时摆脱了现实世界中的寂寞。随着时间的推移,他对网络和网络游戏有强烈的渴求和依赖感,与老师、同学和家长的交流越来越少,并经常逃课,彻夜不归,对专业知识、体育运动和社会实践的兴趣不断下降,性格也变得越来越内向,时常自卑、暴躁、情绪低落,甚至出现了一系列严重心理问题,一旦停止网络游戏,就会出现身体不适、心烦意乱、精神萎靡、睡眠障碍等现象,网络俨然已经成为其逃避现实问题和缓解不良情绪的唯一途径。更有甚者,因为网络游戏成瘾差点失去生命。某新闻报纸曾报道,北京某重点大学二年级学生宋某,因迷恋网络游戏被医生诊断为重度网络成瘾患者,在被家长送到医院治疗的当晚用玻璃碎片割腕自杀,后因抢救及时才保住了性命。

二、学术剽窃

大学生利用互联网进行学术剽窃通常是抄袭性使用他人的论述、见解、成果,或者语言表述雷同却不申明来源,如剽窃他人论文、著作、实验结论等科研成果,侵犯他人知识产权等行为。根据我国著作权法和著作权法实施条例等法律法规规定,使用他人著作权作品时如果在法定的、不经著作权人许可而使用的情况下,应当标明作者姓名和作品名称,否则会被视为剽窃行为。《高等学校哲学社会科学研究学术规范(试行)》对学术引文规范也有明确规定:引文应以原始文献和第一手资料为原则。凡引用他人观点、方案、资料、数据等,无论曾否发表,无论是纸质或电子版,均应详加注释。凡转引文献资料,应如实说明。

大学生网络学术剽窃行为通常表现为两种:一是直接抄袭复制,从他人著作中寻章摘句但不标注引用出处,或者干脆整段、整页抄袭,有的甚至还照搬照抄原著作中的引用和注释;二是间接抄袭,在照搬照抄他人著作的情况下,只对极少数的文字做引用和注释,大范围的文字引用并不标注以误导读者,或者在从同一著作中寻章摘句但打乱原有文本顺序,改变原著作的论述逻辑,也有的略微改动部分无关紧要的词语或换一种句型进行表述。

以上两种最为原始和基础的抄袭方式过于低级和明显,容易被学术不端相关查重系统发现,也由于近年来高校和有关部门惩罚、打击力度的加大,逐渐销声匿迹,现仅多发于学术论文代写代发产业链中。另外,由于当前我国著作权的保护只能限于著作的文字表达,无法保护作品所反映的作者思想,因为任何人都有用不同的文字形式自由表达相同或相似思想、情感和观点的权利,法律不能任意限制公众的主观思想,否则将违背立法初衷。所以,大学生的互联网学术剽窃行为开始从低级向隐蔽演化,但这种新型的方式处于法律和学术中间地带,通常难以认定为网络剽窃行为。

这些较为隐蔽的行为通常也表现为两种:一是洗稿,在总体上使用他人著作的整体架构或整体理论,虽然复述他人的思想,但是完全改变措辞和表达方式,虽然使用他人的论点,但是全部变换论证方式,经过清洗后最终呈现的仍是他人的写作思路和论点;二是拼接,把来自不同作者、不同著作的论点或语句、段落拼凑起来,通过归纳整合表达相同或相近的思想,综合形成一种更具有普遍意义、不痛不痒的分析思路。总的来说,无论是哪一种互联网学术剽窃方式,都有一种共通性,即完全没有个人学术思想或观点,只当论点搬运工而非创作者。从媒体近年来的报道看,包括硕士和博士在内的不少学生因网络学术剽窃问题被学校处分,有的甚至被开除学籍或取消学位。

三、传播谣言

传播网络谣言是指通过互联网传播涉及公共突发事件、食品药品环境、特定人物等领域的没有事实依据并带有攻击性和目的性的信息,这些谣言通常会伪造或歪曲事实,易造成社会恐慌、扰乱正常社会秩序。传播网络谣言通常可能承担民事或行政责任,严重的还可能触犯刑律。如果传播网络谣言侵犯了其他公民名誉权或者侵犯了法人商誉,通常要承担停止侵害、恢复名誉、消除影响、赔礼道歉和赔偿损失的侵权责任;如果传播网络谣言时谎报险情、疫情、警情,以其他方法扰乱了公共秩序,或者公然侮辱诽谤他人又尚不构成犯罪,则要给予拘留、罚款等行政处罚。我国治安管理处罚法第二十五条规定:"有下列行为之一的,处五日以上十日以下拘留,可以并处五百元以下罚款;情节较轻的,处五日以下拘留或者五百元以下罚款:(一)散布谣言,谎报险情、疫情、警情或者以其他方法故意扰乱公共秩序的;(二)投放虚假的爆炸性、毒害性、放射性、腐蚀性物质或者传染病病原体等危险物质扰乱公共秩序的;(三)扬言实施放火、爆炸、投放危险物质扰乱公共秩序的。"而如果所传播的网络谣言涉嫌犯罪,还会被追究刑事责任。我国刑法第二百九十一条之第二款规定:"编造虚假的险情、疫情、灾情、警情,在信息网络或者其他媒体上传播,或者明知是上述虚假信息,故意在信息网络或者其他媒体上传播,严重扰乱社会秩序的,处三年以下有期徒刑、拘役或者管制;造成严重后果的,处三年以上七年以下有期徒刑。"第二百四十六条规定:"以暴力或者其他方法公然侮辱他人或者捏造事实诽谤他人,情节严重的,处三年以下有期徒刑、拘役、管制或者剥夺政治权利。"

例如,新冠肺炎疫情期间,某省内多个微信圈中转发一张某平台的博文截图,文中显示此省学校将于3月2日起分批开学等内容,经有关部门核实系谣言。经公安机关调查,此平台博主余某为在校大学生,经民警依法传唤至公安机关接受调查后发现,余某在其亲友微信群中发现一条无明确地域的所谓某市学校开学和恢复居民生活正常化具体时间的文字信息,其在此基础上加上某省政府字样,并私自拼接一张所谓某权威报纸最新消息图片后发布,被多个微信群转发并造成一定影响。公安机关决定对余某予以行政拘留五日处罚。

四、网络暴力

网络暴力是互联网上的暴力行为,既是现实社会暴力经过虚拟化和信息化处理后在网络空间的显现,也是现实社会暴力经虚拟空间散布和扩大后对现实社会的施加,通常由不特定的网民在互联网上发布具有诽谤、污蔑、侵权、煽动或伤害等性质的文字、图片或视频,对他人名誉或精神造成损害,这种危害严重、影响恶劣的暴力形式往往突破道德底线,甚至伴随严重侵权和违法犯罪行为,是网络自由的一种非理性和主观性的极端表达形式。网络暴力多起因于网络上部分违背社会公德或暴力事件,这些事件有的本身就是网络暴力的一种,而网民又习惯以惩戒之名继续施暴,用新的网络暴力来人肉和狂殴施暴者,进一步催生更新的暴力,陷入恶性循环。现实生活中最常见的网络暴力是对相关事件当事人进行的人肉搜索,一方面在网络上对事件当事人进行人身攻击、恶意诋毁,出现在网络的文字、图片、视频都具有尖酸恶毒、凶暴残忍的特点,完全超出道德底线和事件本身的评论范围;另一方面将当事人的姓名、照片、家庭住址等个人信息公布于网络,严重地影响了当事人的工作、学习和生活,甚至造成当事人精神失常、抑郁自杀。除了参与侮辱诽谤他人或充当网络水军对他人进行人肉搜索、人身攻击,网络暴力在大学生中最值得注意的表现形式是网上相约自杀和虐杀动物,在这两种暴力行为中大学生既可能是施暴者也可能是暴力受害者。

例如,2016年年底在江苏某地发生一起大学生网上相约自杀事件,两轻生男子在一家酒店内把卫生间通风口等处全部用胶条封闭后布置成密室,以烧炭窒息方式自杀,公安机关对两名轻生者的身份展开调查,发现两人分别是外省两所高校的在校大学生,原来并不相识,相约自杀是通过社交软件联络到一起的;在其中一人的手机内,民警还发现其生前加入了一个以自杀为主题的网络聊天群,和群内人员进行过如何轻生方面的交流。必须高度警惕的是,仅2017年1月至4月,多地相继有大学生自杀事件发生,网上相约自杀、视频直播自杀事件不断出现,还有人兜售网上自杀教程,自杀开始由个体行为向群体行为甚至商业行为演变,这些现象所传递的负能量对大学生危害性更大。再如,2018年,某高校刚入学的大一新生用弓箭射杀流浪猫,让朋友帮他录像拍照上传网站,宣扬力、发泄畸形心理情绪,引起社会广泛关注,被所在高校退学处理。此后,多个高校相继出现大学生虐杀流浪动物事件,有的大学生甚至以生前剥皮等残忍、变态方式虐杀动物,并拍摄相关虐杀视频在网上公开售卖牟利,公然践踏社会底线、伤害公众感情,引发大规模负面网络舆情。同时,这些大学生又往往是网络暴力的受害者,是负能量和黑色产业链经虚拟空间指数级扩散后的替罪羊,这些大学生通常免不了受到网络人肉搜索,正常生活秩序被打乱,有的人生轨迹从此完全失控。

五、黑客活动

黑客通常泛指擅长互联网和计算机技术的人群,他们精通各种编程语言,熟悉操作系统的设计与维护、精于找出使用者的密码,是进入他人计算机操作系统的技术高手,终日晃荡于网络上并伴随网络和计算机的发展而成长。在这一领域内有人习惯于区分黑客和骇客、白帽与黑帽,日常生活中那些闯入计算机或网络系统从事破坏活动者通常称为骇客。他们有的利用现有程序进入他人计算机系统后发现安全漏洞,并利用这些漏洞破坏相关网站;也有的专门破译软件密码从而制作盗版软件;还有的不过是为了炫耀自己的技术,用简单攻击手段入侵小网站。当然,也有一部分人利用自己的技术手段非法侵入计算机系统或破坏计算机系统完整性,从事篡改、非法获取公民个人信息等网络犯罪活动。从技术角度看,真正掌握高级别技术手段的黑客并不常见,大学生所从事的黑客活动往往比较初级。

例如,在校大学生陈某在网络上看到有人售卖攻击软件,经研究后发现软件来源于国外网站,陈某从该网站购买了源代码后凭借不错的英语功底对软件进行了翻译,并且添加了用于收费的链接和验证机制,通过租用境外服务器搭建网站的方式售卖,用社交账号同买家沟通联络,在网站上管控买家账号并根据买家使用攻击时间的长短收取费用,还在买家使用出现问题时进行售后指导。买家购买该软件后可以检测自身网站的防攻击能力,也可以攻击他人网站。经审查,陈某共向买家出售攻击软件和在线攻击服务账号537个,出售攻击服务1379次,违法所得累计近25万元。2018年,根据刑法第二百八十五条第三款:提供专门用于侵入、非法控制计算机信息系统的程序、工具,或者明知他人实施侵入、非法控制计算机信息系统的违法犯罪行为而为其提供程序、工具,情节严重的,处三年以下有期徒刑或者拘役,并处或者单处罚金;情节特别严重的,处三年以上七年以下有期徒刑,并处罚金。浙江某地检察机关对此案提起公诉,陈某因犯提供侵入、非法控制计算机信息系统程序、工具罪,被判处有期徒刑三年,缓刑四年,并处罚金10万元。再如,2018年广东某高校大学生因期末考试挂科,由于本身对网络和计算机技术兴趣浓厚,就用技术手段盗取了老师的工作账号和密码,登录进入学校教务管理系统,把自己不及格的分数篡改,被学校发现后处以留校察看处分。还有四川某大学电子信息工程专业大二学生钟某以自己技术为挂科同学修改成绩牟利,甚至明码标价,一般科目成绩300~400元一科,英语四级考试1000元一科,违法获利7万余元。

六、网络色情

网络色情主要是网络上以性或人体裸露为主要形式的文字、声音、图片、影像、表演或直播等相关信息,目的在于挑逗引发使用者的性欲。大学生中常见的网络色情包括网上浏览或直播色情表演、视频裸聊、上传下载或售卖网络色情图片、音视频、电子书籍杂志、传播色情链接、提供下载网址或种子文件,以及社交软件网上招嫖并在线下色情交易等。

例如,2018年,浙江公安机关经长期侦查端掉多个涉黄App,其中涉及一名在校女大学生林某,林某经朋友怂恿,从年初开始在某网络平台上进行色情直播,因为住在学生宿舍,所以她直播的时间一般选在深夜,等室友们都入睡后她便拉起下铺的帘子开始直播,短短几个月的时间就赚了两万多元,但因此被学校开除。

2019年,山西公安机关发现了某个以网络游戏命名的招嫖平台,潜伏民警花100元加入后被告知群内不得随意交谈,群成员中唯一活跃的群主在不断更新群相册,而相册内容无一例外全是女性照片、联系方式、不同价位以及内容露骨的聊天记录。民警经侦查获知了群主的位置并迅速实施抓捕。经审查,此群主胡某是一名软件开发专业的大四在校生,正在准备考研,群相册中的大部分内容都是他花500元从其他交友群中购买来的,为保证卖淫女信息的真实性,他还亲自加对方为好友进行联络试探。由于涉嫌介绍卖淫罪,胡某被公安机关依法刑事拘留。而在公安机关破获的另一起网络招嫖案件中,涉案的五名女大学生通过QQ等聊天工具发布招嫖信息,每次交易价格在500元到800元不等,为了方便交易她们还常住校外某宾馆内,被抓获时最小的才18岁,最大的也才23岁,均在北京某大学就读。

七、网络赌博

网络赌博是指利用互联网进行的赌博行为,由于网络的即时性和跨区域性更有可能大大增加参赌范围。近年来一些不法分子和境外专业博彩机构利用网络互动性强、隐蔽性强、支付方便、证据保全难等特点,使用微信等社交软件、专用App或自建网站等平台从事赌博活动。这些赌博软件平台通过短信等多种渠道进入公众视野,用于结算的红包微信群也活跃在社交平台上,彩票网站往往故意避开安全软件检测和身份审核伪装进入公众生活。网络赌博的类型繁多,到踪迹。同时,赌博平台国际化、玩家分散性强,数量大、年轻化,赌博网络的组织结构更加严密,赌资支付和结算渠道网络化,虚拟货币和第三方交易平台的使用程度更高,下注金额巨大,赌资运转速度也更快。对于大学生来说,隐藏在网络游戏中的变相赌博由于通常以游戏币结算,专打法律"擦边球",隐藏更深,危害也更加严重。

例如,2016年,河南某高校学生郑某迷恋网络赌球,其开始的赌注只有10元钱,赢钱后慢慢就加大投注,但后来开始赔钱,输光生活费后又借钱买,因网络借贷输光了家里十几万元积蓄,即便这样也未能阻止他继续赌球。由于期待靠最后一搏实现翻本,他一而再、再而三地铤而走险,甚至冒用或请求同学帮忙借贷,但赌博本身是个黑洞,让人越陷越深,最终郑某的借贷达到60万元无力偿还选择跳楼自杀。这样因赌成瘾继而欠债累累,最终导致家破人亡的悲剧我们还能在大学生中找到很多。2017年,重庆某高校学生谢某贷款数万元用于网络游戏赌博,家人和亲友帮他偿还债务后,学校和家长对其进行了教育和规劝,但他再次欠下10万余元贷款,在催款压力下最终选择跳江自杀。

八、校园网贷

校园贷是在校大学生向金融机构或借贷平台信用借款的行为。正规的校园贷通常由银行机构面向大学生提供,能够在一定程度上缓解大学生经济压力,也有助于刺激消费,满足部分大学生创业需求,在这里主要指P2P网贷平台、线上高利贷等不良校园网贷。从网络赌博的很多案例中可以看出,校园网贷通常和网络赌博捆绑在一起,裸条借贷和暴力催收也交错叠加其中,共同加深着对大学生群体的毒害。2016年4月,教育部与银监会联合发布了《关于加强校园不良网络借贷风险防范和教育引导工作的通知》,明确要求各高校建立校园不良网络借贷日常监测机制和实时预警机制,同时,建立校园不良网络借贷应对处置机制。2017年9月,教育部发文明确取缔校园贷款业务,任何网络贷款机构都不允许向在校大学生发放贷款。同期,多地公安机关结合扫黑除恶专项行动,先后出重拳打击校园贷、套路贷等伸向大学生的黑手。2019年10月,教育部会同公安部等多部门联合开展打击不良校园贷专项行动,征集相关案件线索。经过整治,校园贷得到一定程度的遏制,但众多不良校园贷摇身一变成为回租贷、培训贷等新变种。

例如,2017年,福建一名大二女生因陷校园贷在宾馆自杀,该女生借款的校园贷平台至少有5个,有的一个平台就累计借入57万余元,累计达到257笔,其家人曾多次帮她还钱,其间还曾收到过裸照催款。同年,20岁的吉林某高校学生范某留下遗书后溺水身亡,家人发现他的手机还不间断收到带有威胁恐吓内容的暴力催收信息,范某此前曾在多个网络借贷平台借高利贷累计达13万余元,其中一笔借款数额为1100元,一周后需还1600元,周利息高达500元。2018年,陕西某高校学生小森服毒自杀,正当家人沉浸在悲痛中时,小森的电话却每天接到大量来自网贷平台的催款电话。据悉,小森借款均为分期贷,每期还款数百元到一两千元不等,其中有一笔总额为9000余元。2019年,江苏某高校学生小许不幸坠亡,陷入悲痛中的爷爷奶奶还在收到贷款平台的催收电话。

不少网络高利贷或套路贷通常还带有较强诈骗性质,学生和本金不过是诱饵,家长和暴利才是目标。2018年,甘肃某高校学生李某因一笔3000元的线上套路贷,15个月里债务像滚雪球一样增加到69万元,并且遭到暴力催收,不断收到恐吓信息和裸照,连家门口都被人泼上油漆。在另一起案件中,江苏某高校大学生王某在网贷平台借贷3000元交学费,本计划通过勤工俭学还清贷款,但很快这笔钱变成9万元,在陆续还掉4万元后王某父母再也拿不出更多的钱,为还清剩余欠款,王某在贷款平台业务员的游说下辍学加入贷款公司,从受害者变成加害者,直至被公安机关刑事拘留,在公安机关打掉位于天津的犯罪窝点当天,还有一名大学生在应聘这家公司的中介。

九、网络涉毒

随着科技的发展进步,贩毒方式也在日新月异,不少贩毒分子把互联网当成了交易场所,他们通过QQ和微信等社交平台、电子邮箱、专门网站、网络直播甚至暗网等实施贩毒活动。大学生既是这些贩毒活动的受害者,也可能是参与者。

例如,2015年,山西警方获悉一条涉毒线索,经初步调查,发现某高校在校大学生梁某通过互联网贩卖两种国家禁止民间个人买卖的精神类管制药品,短短3个月内现金流已达15万元。同时,该案购买和支付的交易过程全部通过网络进行,并全部由快递公司送货,收发货人全部采用化名。警方顺线追踪,最终成功侦破了这起山西省网络贩毒案件。

2017年,山东警方破获一起网上公开贩卖冰毒案,缴获冰毒及制作辅料共计600余克,抓获四川籍毒贩陈某,经过进一步调查,民警最终确定了陈某的上线李某,李某本是北京某名牌大学学生,接触毒品后被暴利迷惑进而辍学贩毒,通过QQ、微信等网络工具联系买家,使用茶叶包装袋对冰毒进行伪装后通过快递方式将毒品邮寄给买家。此外,河北、陕西等地高校也先后有在校大学生因利用网络社交平台贩毒被公安机关打击处理。

十、网络诈骗

网络诈骗是指用虚构事实或者隐瞒真相的方法在互联网上以各种形式骗取公私财物的行为。我国刑法第二百六十六条规定:诈骗公私财物,数额较大的,处三年以下有期徒刑、拘役或者管制,并处或单处罚金;数额巨大或者有其他严重情节的,处三年以上十年以下有期徒刑,并处罚金;数额特别巨大或者有其他特别严重情节的,处十年以上有期徒刑或者无期徒刑,并处罚金或者没收财产。网络诈骗的形式五花八门,诈骗招数也花样百出,见于媒体报道的不下50种。从近年来公安机关打击电信网络诈骗专项行动所破获的案件综合情况看,网络诈骗嫌疑人在作案时通常以各种境外代理服务器隐匿犯罪地址,利用假身份证件办理银行卡和虚拟号段电话卡,并通过异地异人取款和多层级快速转款等手段进一步隐藏涉案资金流向。由于当前网络诈骗活动已基本形成成熟的地下产业链,犯罪分子在此链条上专业分工精细,每次得手大额资金后往往立即销毁犯罪证据并解散团伙,翻新作案手法后再按照作案流程重新招募组织新团伙,团伙高级成员往往活动于与我国无引渡条约国家,中层庞大的架构多集中在东南亚,而低级的取款转存马仔则身在境内,违法成本较低但隐蔽程度极高,打击和挽损难度极大。在此情况下,大学生通常是受害者,因此大学生必须防止因一时贪欲或不辨是非而成为网络诈骗对象。

一是冒充公检法人员诈骗。2018年,广东警方破获一起"骗中骗"式冒充公检法人员诈骗案,冒充公检法人员的犯罪分子通过网络遥控指挥,先是声称女大学生伍某涉嫌犯罪,要求她配合"警方"调查一名老人以减轻罪行。同时,给受骗老人打电话,也声称老人涉嫌犯罪案件必须配合转账以证清白,并派遣伍某上门"协助调查"。其间,被骗的女大学生伍某共陪同老人先后到银行转账201.8万元,直到被警方抓获才知道自己被骗。二是网络购物诈骗。2019年,湖南警方破获一起京东白条诈骗案,大三学生汪某通过某网购平台无须实名认证和绑定银行卡的漏洞,用他人身份信息注册账号并赊账购物后变卖套现,诈骗该网购平台共计110万元,除汪某外还有3名大学生涉案。值得注意的是,2018年8月另一起网络诈骗案中的6名被告人均为大学生。三是刷单诈骗。2018年,郑州的大学生谢某为赚取佣金通过QQ添加了刷单客服,双方约定在某平台上进行刷单,拿到第一笔交易5块钱的佣金后,对方开始以做更多任务为由拒绝返还本金和佣金,直至谢某向其转账2.4万余元后直接消失,必须警惕的是,网络刷单本身就是违法的,此案中还有十几名大学生被诈骗,最高被骗4.8万元。四是网络传销。网络传销通常和大学生求职诈骗联系到一起,传销组织通常以介绍工作为由,发展大学生加入传销组织,成为网络代理进行非法集资。2019年,湖南大三学生阙某在微信好友推荐下加入了某网络传销项目,通过发展下线下载注册相关App并在买卖种子过程中抽佣获利,阙某通过运作该项目成为日息1.6%的第四层级会员后,被有关部门查获并处以30万元罚款。

十一、网络涉稳

　　网络涉稳主要是通过网络影响社会稳定的相关行为,大致包括网络涉政、网络涉恐、网络涉密和网络精日等。网络涉政是通过网络发表错误涉政言论的行为,如发表反政府言论,攻击、诋毁党和人民事业、道路、政策、方向;煽动分裂国家和对抗政府的非法聚集、静坐、抗议、上访或游行示威活动;违法利用翻墙软件浏览和使用境外敌对网站,截取、复制抹黑我国党政部门与主要领导人的信息并在国内网络传播。网络涉恐是通过网络传播恐怖主义的行为,如网上传播暴恐音视频,参与恐怖主义或非法宗教活动。网络涉密是通过网络泄密的行为,有的是网上勾连境外间谍组织,故意暴露或对其发送国家重要党政、军事目标位置或高端技术等国家机密,有的则是出于无知或好奇摄录党政部门和军事禁区等重要部位、保密装备,发布于论坛、微博与微信群。例如,2020年4月央视新闻客户端的一则报道中,浙江在校大学生庄某通过QQ找到一份兼职,为境外间谍情报机关收集我国某军港附近地图、环境及路况信息,不仅接受境外间谍情报机关培训,还在网上购买长焦镜头、以租船出海抵近观察等方式搜报军舰舷号,先后8次拍摄、10次抵近观察,并通过邮箱把每次拍摄的100～200张照片发送给对方。2019年12月,庄某因为境外非法提供国家秘密罪被判处有期徒刑5年零6个月,剥夺政治权利1年。再如,河南某高校大一学生李某为获取报酬,拍摄部分境内公开发行的军事类书刊杂志,通过网络传送给所谓"军民融合项目"的境外人员,2019年年初,李某的行为被国家安全机关及时制止。由于李某没有足够的国家安全意识,一步步沦为了境外间谍人员窃取我国国家机密的工具。

　　网络精日是在网上诋毁抗日英雄,将自己的兴趣建立在对自身国家和民族的亵渎和侮辱上的行为,如极端崇拜第二次世界大战日本军国主义,在精神上将自己视同军国主义日本人。精日分子数典忘祖、哗众取宠,甘当民族败类,再三在网络上挑战民族底线、拿民族伤痕开玩笑,引发社会各界的强烈愤慨。《中华人民共和国英雄烈士保护法》规定,亵渎、否认英雄烈士事迹和精神,宣扬、美化侵略战争和侵略行为,寻衅滋事,扰乱公共秩序,构成违反治安管理行为的,由公安机关依法给予治安管理处罚;构成犯罪的,依法追究刑事责任。最典型的莫过于"洁洁良"事件。2018年4月,福建某大学在读研究生田某以"洁洁良"的网名在新浪微博上发表精日言论,产生了十分恶劣的社会影响,面对网友的提醒,"洁洁良"却更加变本加厉、拒绝删帖,并对私信好言劝告的网友恶语相向。9月,该大学党委依纪给予田某开除党籍处分,终止田某博士培养、给予退学处理。同月,湖南某大学大一新生王某在微博发表精日博文,并多次在学生宿舍发表辱华言论,造成极坏影响,校方会同警方成立工作小组查证事实,10天后王某被学校取消入学资格。

总的来看，当前大学生网络失范行为既表现在国家经济、政治、社会、文化等各领域，也涉及大学生学习、生活的各方面，很多在大学生群体中常见的失范行为本身就存在交叉关联，在此主要是从理论上对部分常见大学生网络失范行为进行概括性审视。

第三节　大学生网络行为失范带来的问题

大学生网络行为失范是网络社会成员行为失范的一部分，在此意义上，反映的是网络社会失范性所带来的共性；大学生作为青年一代的中坚，是新时代中国特色社会主义不断发展和中华民族伟大复兴中国梦最终实现的主力军，在此意义上，反映的是高等教育尤其是高校思想政治教育的新痛点。对于高校思想政治教育工作来说，新时代的发展对于传统思想政治教育工作本身就是一种挑战，而网络社会失范性所造成的大学生网络行为失范加深了这种挑战的难度；同时，如何做好网络思想政治教育是一个新课题，而网络思想政治教育同时面临着不小的困境。

一、传统思想政治教育面临挑战

新时代，互联网信息的传播呈现碎片化、去中心化、多元化特征。传统思想政治教育的信息整合能力本身不强，面对碎片化信息更是乏力；其所依赖的权威传媒方式的影响力也在网络社会的去中心化浪潮中被削弱，同时，网民的多元化思想也在网络空间不断扩张，侵蚀着传统思想政治教育的领地。传统思想政治教育所建立起的秩序结构被打乱，教育的主体、客体、方式、内容、目标等一系列要素不再像现实空间那样明显，网络社会尤其是虚拟空间中，思想政治教育的各要素以隐蔽、间接和渗透的方式体现在政治、经济、文化、社会的发展演化进程中。

从大学生角度看，由于大学生本身处在身心发育的高速期，尚未建立完善系统知识体系，鉴别力和判断力均有待加强，网络空间中真假难辨的事件、鱼龙混杂观点会造成大学生思想的先入为主，影响大学生对现实环境的态度。同时，新时代大学生尤其是"00后"大学生更加追求个性化和自我表达，个性展示、话语表达、权利意识和情绪释放倾向本身就较强，又得到网络空间的放大和强化，传统思想政治教育的效果被进一步削弱，传统思想政治教育的体系在虚拟空间中更加难以完善和建构，而传统思想政治教育方式的陈旧与粗糙也难以吸引当代大学生的视线。另外，西方敌对势力价值观的推销，也在不断争夺着青年一代。

从文明发展角度看，传统思想政治教育奠基于理性与人文气息浓厚的印刷时代,在这一时期,以文字为代表的书籍占据了青年的生活学习空间,通过思想深邃的著作与那些曾经推动人类历史前进的先贤对话,用哲学思考与真理追求填补并享受孤独的灵魂空间;此时的思想政治教育作为一种超越性的、带有真理光芒的精神实践活动,不仅能够满足受教育者对于知识的渴求,也能满足社会对于秩序的需求。而在电子时代,以视觉和表象为代表的电子时代,被资本劫持的杂论信息充斥在社会每一个角落,青年一方面追求娱乐化、新奇化的感官刺激,深陷狂欢式视觉盛宴无法自拔,娱乐明星占据思想大师的偶像位置。"在这里,一切公众话语都日渐以娱乐的方式出现,并成为一种文化精神。我们的政治、宗教、新闻、体育、教育和商业都心甘情愿地成为娱乐的附庸,毫无怨言,甚至无声无息,其结果是我们成了一个娱乐至死的物种。"[1]另一方面,青年被推销式的商业表象强迫着接受各路思想,冥思渐渐不再是哲理产出的方式,以流量为支撑的快餐鸡汤被填鸭式强行灌进青年心灵,爆炸式和娱乐化的信息流占据了青年的时间,但填不平青年因此而不得不接受的寂寞。传统思想政治教育在一定程度上已无法满足青年的心理需求,面临着被边缘化但又不得不面对的困境。

从认同角度看,传统思想政治教育既面临来自工作体系的内部认同危机,也面临来自大学生群体甚至整个社会的外部认同危机。对于传统思想政治教育来说,在面对边缘化危机时,不得不做出相应的反应,但这种反应可能以娱乐化思想政治教育的形式展现,造成马克思主义基本理论被庸俗化、中国革命和改革的历史被歪曲的窘境。由于任何事件本身都有两面性,在思想政治教育的理论研究中,个别研究者把中国近现代史上重大事件和重要历史人物以西方解构主义和虚无主义的方式来解读,放大重大历史事件和重要历史人物的负面效应和错误行为,人为制造正反两方面的对立并有意展现这种对立的视觉效果,制造所谓的创新来博取关注。同时,部分思想政治理论课在教学过程中存在娱乐化倾向,这并不是说不能带一些娱乐的形式提升课堂质量,吸引大学生对于课堂内容的注意力,但思想政治教育尤其是中国近现代史上很多里程碑事件本身带有极强的严肃性,娱乐化手段用以活跃死板的教学氛围有一定积极作用,但不能用以解释历史事件、历史人物和科学原理,更不能以名人逸事、偶然事件和民间野史代替真理的感染力和逻辑的严密性,否则将直接降低思想政治教育的质量和科学理论的权威。简言之,传统思想政治教育在理论研究和教学实践中存在迎合而非合理使用娱乐手段的内部认同危机。同时,传统思想政治教育一再被歪曲、被污名化。污名是一种社会特征,该特征使其拥有者在日常交往和社会互动中身

---

[1] [美]尼尔·波兹曼:《娱乐至死》,章艳译,广西师范大学出版社2001年版,第4页。

份、社会信誉或社会价值受损。① 在社会整体和部分大学生群体看来,思想政治教育活动原本弘扬主旋律和传播正能量职责往往和无用的理论、虚假的事实、夸人的作用和空洞的理论画等号,把实用主义和功利主义直接拿来嫁接到思想政治教育工作上,把思想政治教育描述为一种没有产出和价值的体系,这是资本和商业过度追求剩余价值和超额利润的必然,也是外部危机的主要表现。而且,对于境外敌对势力而言,把思想政治教育污名化为限制自由的形式,把马克思主义理论污名化为洗脑工具,激起青年一代对感官刺激的过度追求本身就是颠覆中国特色社会主义事业的常用手段。

在此情况下,网络思想政治教育作为传统思想政治教育在网络社会尤其是虚拟空间的延伸就应运而生。从阶级属性看,网络思想政治教育本身是广大人民群众维护自身阶级利益和统治秩序的政治行为之一,其目的是不断发展中国特色社会主义最终实现共产主义。网络思想政治教育同样必须把无产阶级之意志和社会主义之价值观念通过网络传导给大学生等受教育对象,宣扬和传递无产阶级的方针政策和精神力量,培养拥有无产阶级立场和情感的青年一代。这决定了网络思想政治教育必须顺应网络社会发展趋势,通过网络新兴媒介传播党的路线方针政策和马克思主义科学理论,把社会主旋律和正能量的种子播撒到虚拟空间,不断坚定受教育者对中国特色社会主义的道路自信、理论自信、制度自信和文化自信。

二、网络思想政治教育的困境

新时代,网络思想政治教育面临一系列矛盾和困境,其中有虚拟场域自身的独特性造成的,也有我国当前社会矛盾新变化带来的。准确理解和把握这些矛盾与困境,是做好网络思想政治教育工作,实现大学生健康发展的必要前提。

从网络虚拟场域的实际情况看,技术领域的发展总是超过个人和社会系统的适应能力。② 网络思想政治教育一方面继承了传统思想政治教育的理论和方法,另一方面也必须适应网络社会虚拟空间独特的教育价值和形态。对于传统思想政治教育来说,由于没有虚拟空间的介入,通过有目的、有计划、有组织的教育对受教育者施加影响的过程是可行且有效的,思想政治教育工作者起着主体性、能动性和主导性作用,以正确的价值观、道德观、政治观塑造处于被统治地位的受教育者的知识、经验和思想,思想政治教育的整个体系清晰且封闭可控。而对网络思想政治教育来说,在虚拟空间中,思想政治教育的整个体系透明却不清

---

① [美]欧文·戈夫曼:《污名:受损身份管理札记》,宋立宏译,商务印书馆2009年版,第5页。
② [美]兰登·温纳:《自主性技术——作为政治思想主题的失控技术》,杨海燕译,北京大学出版社2014年版,第2页。

晰,开放且不可控。从唯物史观看,任何历史活动无不是人的实践活动的结果,是人在劳动过程中进行物质和精神生产与再生产的过程,人的劳动既塑造客观物质世界又塑造主观精神世界,这种二元的、辩证的过程在人类数千年的发展进程中不断上演,主体和客体、主观和客观、物质和精神、自身和环境等因素的地位与属性清晰可辨。网络虚拟空间的介入扩大了精神对于物质、客观对于主观、环境对于自身的反作用,造成二元关系向多元性、动态性和隐匿性转变,思想政治教育的传统因素虽然没有改变,但这些因素在网络虚拟空间中的身份却不停变化,时间、空间和思想时聚时散,话语权的拉平也使得宣传灌输式的思想政治教育逐渐失去吸引力,处于被动地位的受教育者在虚拟空间中的活动可能极大影响思想政治教育工作者的行动,逐渐形成一种既源于现实社会又不同于现实社会的特殊思想政治教育性质和体系。同时,每当一种新的高技术引入社会时,人类必然会产生一种要加以平衡的反应,也就是说产生一种高情感……技术越高级,情感反应也就越强烈……我们周围的高技术越多,就越需要人的情感。高技术与高情感相平衡,这是象征我们需要平衡物质与精神现实的原则。① 现实环境中的教育方式被虚拟空间隔离后造成思想政治教育工作者和受教育者之间的不信任,面对面沟通、理性认知和情感依托三者建立起来的人际信任结构被打乱,降低思想政治教育的效果。

  从我国社会主要矛盾角度看,当前,我国社会主要矛盾已经转化为人民日益增长的美好生活需要和不平衡不充分发展之间的矛盾,这一论断反映了时代和实践的要求,也反映了网络思想政治教育短板与人民需求之间存在的矛盾。人民日益增长的美好生活需要既有物质需要也有精神需要,从我国改革开放以来的情况看,生产力高速发展所造就的物质生活高度提升并没有同等地带来人的精神生活的进步,在这一意义上,精神生活的进步要重于物质生活水平的提升。随着网络社会的发展和变革,虚拟空间和现实世界不断交错重叠,这是时空发展在逻辑上的统一,这也造成网络思想政治教育的发生场域更加复杂多变。当前,互联网已成为人获取信息和人际沟通的重要场域,是人的精神生活的主要空间和依赖场所,互联网信息的碎片化和海量化也同样需要思想政治教育内涵的秩序予以引导和规制。思想政治教育作为满足人的精神需要的重要方式,网络自然成为思想政治教育的主阵地,网络思想政治教育以中国特色社会主义核心价值体系丰富和满足人民精神生活需求的重要使命,通过创新的传播方式实现价值供给与精神需求有效对接。但是,网络思想政治教育由于迟滞于网络社会的发展,本身并未建立起完善、系统和动态的体系,把传统思想政治教育直接搬上

---

① [美]约翰·奈斯比特:《大趋势——改变我们生活的十个新方向》,梅艳译,中国社会科学出版社1982年版,第38~53页。

网络的做法在实践中行不通,这就造成网络思想政治教育不完善的内容和人们多元化的精神需要之间产生了矛盾,确切地说是无法满足这种需要。同时,网络思想政治教育的体系并不系统,无法有效引导虚拟场域中多元价值观的层级和秩序建构,也缺乏对于变化多端的网络社会现象的动态解释,这是网络思想政治教育难以满足人的精神生活需要的突出矛盾表现。

从网络思想政治教育自身的问题看,网络思想政治教育带有传统思想政治教育内容单一、形式单一、时态单一和效果单一的特点,这些特点在传统社会的科层状结构内具有维护秩序、推动社会进步的巨大作用,但是无法适应网络社会的多元化需求和放射状结构。多元化是网络社会的主要特征之一,多元化也是人的需求的重要特征之一,同时,网络社会的多元化和人的需求的多元化持续相互作用,刺激产生新的更多元特征和需求。但是,当前网络思想政治教育所能提供的内容相对单一,既无法媲美网络社会所提供内容的多元化,也满足不了人的各式需求的多元化,更难以满足新的不断增长的多元特征和多元需求。从网络思想政治教育的形式看,灌输、叙述甚至填鸭式的教育仍是主流形式,这种训导式的、以传统社会和现实场域权力压制为特征的教育方式在网络社会不仅没有效果,而且会因为人强烈的思想自由、个性张扬和情绪释放倾向而产生反向作用效果,无形中制造了思想政治教育的矛盾对立面。同时,不同的人的需求尤其是精神需求是不同的,即使是同一主体的精神需求,在不同环境场域下、不同时间维度内所呈现出的状态是不同的,有时甚至是截然对立的。而网络思想政治教育的时态本身是固定的,面对不同受教育者和不同时期受教育者迥异多变的精神需求,单一的、固定的时态需要以不变应万变的底气,需要随着时代变化的隐性、渗透式和潜移默化的新型教育思路而变化,这是当前网络思想政治教育所缺乏的。另外,精神的、思想的发展总是滞后于物质的、现实的发展,这是历史唯物主义告诉我们的人类发展普遍规律,网络思想政治教育作为精神的存在方式必然滞后于作为生产力发展最前沿的互联网的发展,这是任何思想理论都无法突破的固有矛盾。

第五章
人与自身——大学生网络行为失范的主体因素

人的任何行为都是人作为主体自身所做出的行为,网络行为也不例外。大学生作为网络失范行为的主体,首先要为自己的行为负责,同时,分析大学生网络行为失范的根源也必须从行为主体本身入手。从这一意义上说,大学生的网络失范行为有着重要的主体性原因,分析和解决这些主体性原因,是防范大学生网络行为失范、确保大学生健康成长的重要途径。而健康是促进人的全面发展的必然要求,也是经济社会发展的最基础条件。马克思指出:人们为了能够"创造历史"必须能够生活。但是为了生活,首先就需要吃喝住穿以及其他一些东西。因此第一个历史活动就是生产满足这些需要的资料,即生产物质生活本身。[1] 对于我国来说,人民健康是全面建成小康社会和实现社会主义现代化的重要基础,也是全面提升中华民族健康素质和实现经济社会协调发展的国家战略之一。大学生的身心健康不仅关系全面建成小康社会的进程,而且直接影响中华民族综合素质和中华民族伟大复兴中国梦的实现。需要指出的是,健康不仅仅指生理层面身体的健康,还包括精神层面心理的健康和思想层面规则意识健康和行为层面日常习惯的健康,对于新时代大学生来说,保持强壮的体魄、阳光的心态、敏锐的意识和良好的行为习惯是大学生自身防止行为失范的重要素质。

第一节 大学生身体健康与行为健康交互影响

身体健康通常由人体内在的、先天的遗传因素决定,同时受外在的、后天的环境因素影响,是人在成长过程中所表现的较为稳定的状态,既包括人静态的身

---
[1] 《马克思恩格斯选集》第1卷,人民出版社1995年版,第79页。

体形态健康,也包括人动态的运动技能完善,还包括整个机体对各器官系统有效的协调能力。在当下快节奏、高压力的生活中,青年群体的身体严重透支,青年猝死的问题早已不是个例,亚健康已经成为普遍存在的社会现象。[①]

对于大学生群体来说,由于承受着来自学业考试、就业创业、人际交往等各方面的压力,如果再加上不同程度不健康的生活习惯,就会出现体质下降、健康受损等状况,严重者甚至整日身体不适、疾病缠身。从环境角度看,传统的家庭教育理念存在较大滞后性,尤其是中学阶段的家庭教育往往强调青少年学习成绩而忽视了身体锻炼;进入大学后,大多数高校缺乏对于大学生规律性或强制性的日常锻炼,体育教学的内容方法也过于单一,体质测评体系不能合理落实素质教育全面发展的要求。从大学生自身角度看,很多大学生的身体健康意识和自我锻炼意识较薄弱,对于健康理论和健康知识的了解相对较少,有的大学生自律能力较差,过度熬夜等不规律的生活方式和不健康的饮食习惯较常见;有的大学生不愿参加健身活动,甚至逃避体育教学过程中较低的运动量。随着年级的提高,身体素质开始呈现不断下降趋势,肥胖和超重的比例逐渐变大,在呼吸系统和运动系统两个通过体能测验可以直观展现的方面表现得尤为突出,严重者甚至猝死。身体健康往往直接影响和塑造一个人的行为,同时,这些行为也在反过来影响身体健康,这是一个循环往复的过程。健康的身体与健康的行为良性循环,不健康的身体与不健康的行为恶性循环,大学生网络失范行为在一定程度上反映出的是大学生的不健康身体状态,引导大学生从恶性循环向良性循环转变需要从身体健康入手。具体来看,影响大学生身体健康的原因主要有以下几个方面。

运动与健康意识的匮乏。大学生身体健康水平下降不仅有基因或其他先天因素,还有健康意识缺乏的原因。健康意识是使人自觉地接受有益于健康的行为和生活方式,有意识地消除或减轻影响健康的危险因素,不断学习疾病预防和健康促进相关知识并提高自身生活质量的积极意识,健康意识可以为大学生身体健康的进一步发展提供指导依据,有助于全面提升大学生的综合素质。但是,多数大学生在进入大学学习之前,不得不把大部分精力投入到理论知识学习中,留给体能锻炼的时间并不多,而且为了提高学习成绩,通常会挤压休息和运动空间,面对升学压力身心本身就很疲惫,学生们对体育锻炼常常有心无力。而进入大学后,尽管有大量的时间可以用来增强体魄,但由于潜意识中就缺乏健康意识,即使是身体素质并不好的学生也仍然缺乏锻炼的积极性,这是造成大学生身体健康水平下降的原因之一。另外,大学生处于人生发展的青壮年时期,相比人

[①] 孟小军、严艳萍:《新时代青年美好生活观的内涵、特点及影响因素》,《重庆大学学报(社会科学版)》2019年第12期,第10页。

生其他各阶段在身体整体素质上通常更具活力，就算身体素质下降也不会出现明显的生理反应，因此，很多大学生对自身健康状况并不在意，认为没有疾病就是健康，而实际上自己可能早已处于亚健康状态，不断透支自己身体的健康资本。这在一定程度上削弱了大学生的健康意识，而实际上，正是由于大学生更具活力才更应抓住这一关键时期进一步增强健康素质，合理制订健康计划，以高度的自我约束力和科学合理的饮食习惯为未来提供健康保障。

不健康的高校生活习惯。高校的学习生活环境通常比中学宽松，不少家长和教师灌输的"学海无涯苦作舟，考入大学就上岸"的"高三心态"让很多学生进入大学后瞬间丧失了学业上的紧迫感，在没有家长每日监管、缺乏教师贴身督促的情况下，被高中束缚式教学方式抑制的压力开始在相对自由地环境中释放，其中既有理性的合理放松也有非理性的情绪释放。网络社会娱乐化、广场式的狂欢现象开始涌现，有的大学生开始吸烟饮酒，有的则常常熬夜泡网吧或通宵打游戏，昼伏夜出，因此，不少作息不规律的大学生往往错过正常的餐饮时间段，不规律的饮食习惯不仅会使人在一段时间内萎靡不振，而且会改变消化系统多年来形成的条件反射，改变人体饥饿反应的生物规律，久而久之就会产生消化系统疾病。另外，伴随高校周边餐饮业的发展和外卖兴起，这些周边商家通常考虑的是食物口味和经济回报，并不注重营养均衡的搭配，大学生在饮食不规律和暴饮暴食的情况下又经常摄入高热量的食物后极易导致肥胖或超重，这些不健康的生活方式在给大学生带来短暂感官享受的同时也带来了体质下降和疾病困扰。对于肥胖大学生群体来说，运动通常更易疲劳，因此不愿意进行体育锻炼，即便知道运动的好处，也只在体育课程中或体能测试前偶尔运动，无法坚持每天运动，更无法掌握适合自身的运动方法并养成相应的习惯，因而这部分大学生患心血管疾病的风险更高。同时，随着互联网的飞速发展和手机、电脑等终端设备的普及，大学生可以迅速获取各种信息资讯，但网络在把大学生和世界各地连接起来的同时也在很大程度上把大学生框进了虚拟空间，限制了大学生身体的活动范围。虚拟场域的娱乐化倾向最典型的表现就是影音娱乐和电子竞技娱乐，不少大学生因为短视频、网上追剧、手机游戏和社交软件变成低头族，把大量休息和运动时间耗费在网络娱乐上，这是大学生鼠标手、颈椎病、佝偻和近视高发的主要原因。

不完善的健康教育环境。从高校对于大学生健康教育的态度看，不少高校对健康教育的整体重视程度不够，缺乏对健康教育的关注甚至忽视健康教育的存在。健康教育没有形成一套完整的教学体系，教学理念的丰富和创新跟不上时代发展步伐，健康教育机制中理论研究与实践教学完全脱节，既没有针对大学生饮食和运动行之有效的意见和建议，也缺乏健康指导和疾病因素干预服务。同时，不注重对大学生身体健康的宣传和引导，导致大学生健康知识匮乏，无法掌握自身健康状况及适合自身的健身方法,严重影响了大学生健康教育的发展。从高校体育课程设置角度看,当前,我国高校体育课程存在很多局限,很多高校仅在前两个学年设置体育课,而且课时较少,其中还存在部分大学生缺课、逃课现象;同时,课程内容过于单一,大多以田径、球类和体操为主,而且忽视大学生特性,难以满足大学生多元化需求,更无法有效激发大学生运动兴趣;体育教学方法也缺乏新意,缺少现代化技术的运用造成课程枯燥,限制了大学生的创新思维和想象力,且教师大多以教材为蓝本不断讲解、示范后让学生练习,缺乏师生间的互动直接降低了大学生的主体地位。而且不少大学生仅仅为修够公共课学分才无奈选修体育课,课堂态度不端正,课程效果并不理想。从体育资源角度看,不少高校体育教学师资力量不足,很多体育教师缺乏专业理论培训,本身就需要汲取先进的体育理念和体育知识;同时,体育课程教学方式较为传统,也缺少对新的教学形式的创新研究,这在一定程度上导致了大学生不愿参与体育课程。另外,不少高校缺乏运动场地和运动器材的投入,有的运动场地和器材过于陈旧,在质量上无法跟上时代发展和大学生对新型体育运动的需求,而且伴随高校扩招,很多学校对于运动场地和设施器材的投入与学生的数量增加完全不成正比,直接降低了体育教学的质量。另外,由于当前社会竞争更加激烈,大学生被迫面临越来越大的升学和就业压力,很多时间和精力不得不放在专业学习和职业技能提升上,缺乏对于自身健康状况的关注。同时,以智力和学历为导向的人才选拔机制决定了社会并不重视大学生的身体健康,这也是造成大学生不积极参加身体锻炼的原因之一。

要积极应对大学生健康问题需要着重从以下几方面入手:从大学生层面看,首先必须直面社会竞争和升学压力,通过自律改变不健康的生活习惯。既通过适当娱乐与合理放松释放压力,又避免沉迷游戏昼伏夜出,同时,远离烟酒并避免摄入高热量食物,逐步养成规律的作息习惯;既要保持学业上的紧迫感,也要拿出更多时间和精力参加身体锻炼,不断提升身体素质。从高校层面看,必须加强对大学生健康意识的培育,把健康理念贯穿于健康教学全过程,推动大学生对身体健康的认可,促进健康教育理论研究与教学实践的融合。同时,针对大学生对多元化和个性化的需求,举办娱乐性和趣味性更强的体育活动,吸引不同大学生参与;通过线上、线下的健康知识宣讲引导大学生体能锻炼,建立大学生健康档案,针对每名大学生提出科学的饮食与运动健康建议,并把大学生健康成绩纳入评奖评优的考核范畴,不断提升大学生对自身健康的重视程度。还要引导高校学生"走下网络、走出宿舍、走向操场",养成健康文明的生活习惯。定期组织青年参与公共场所安全演练,开展灾害逃生、伤害自护、防恐自救、互助互救等体验教育,增强青年在应对突发性事件中的自我保护意识和防灾避险能力。完善艾滋病和性病的防治工作机制,针对重点青年群体加强宣传教育,推广有效的干预措施,切实降低艾滋病和性病发生率。做好禁毒宣传教育工作,提高青年群体尤其是青年学生群体对毒品及其危害性的认识。从社会层面看,鼓励公众和社会组织关注大学生健康并根据大学生的身体健康状况提出相应的健康提升建议。同时,完善大学生健康教育的制度保障,保证大学生健康教育的资源供给,在全社会用人导向等方面为大学生健康相关权利提供有利依托。

身体素质是人的综合素质的物质基础,强健的体魄是人认识和改造世界的前提,实现广大人民群众健康,是国家富强、民族振兴的重要标志,也是全国各族人民的共同愿望。党和国家历来高度重视人民健康,新中国成立以来特别是改革开放以来,我国全民健康领域改革发展取得显著成就,人民健康水平和身体素质持续提高。但是,由于人们在追求知识和价值的过程中通常着重强调思想与奋斗的精神意义,而忽略精神存在的物质基础,身体素质的增强水平不一定同社会发展水平并进。没有健康的身体素质就没有资格谈论未来,大学生作为青年一代的中坚,身体健康水平直接影响国家发展和民族未来,因此,必须正确把握大学生身体健康的重要性,不断根据新时代的需要和网络社会的变化,积极探索提升大学生身体健康水平的新路径,防止大学生陷入身体与行为不健康的恶性循环,有效防范大学生网络行为失范。

第二节 心理健康直接影响和塑造大学生行为

与身体健康机制变化相对应的是大学生的心理观念的逐步确立,而心理健康直接影响和塑造大学生的行为。青年处于儿童和成人之间的中间世界,所以内心动摇大,情绪的紧张程度一般较高,对很小的刺激也容易引起强烈的情绪反应:一时陷入被打败的悲痛里,一时又由于有希望而昂首挺胸,一时又由于失意而搥胸顿足。情绪的不稳定,是青年期心理的一个重要特征。[1] 对于这一阶段的大学生来说,心理开始从中学阶段的幼稚逐步走向成熟,从依赖家庭、父母走向性格独立和自我认同,是世界观、人生观和价值观在家庭关系向社会关系转变过程中的剧烈冲突后逐步稳定的关键期。面对自身生理的显著变化和心理的巨大波动,部分大学生在学习、生活中对自身定位上可能出现迷茫、困惑、矛盾与冲突,也可能生理的成熟与心理的不成熟无法匹配,继而极易躲进虚拟世界寻求慰藉。大学生可以依据个人喜好,随心所欲地使用网名、遮蔽个人信息,通过网络来建构一个自身的"理想类型",在主观上实现自我认同。而这种自我认同在主观世界和客观世界中并不完全一致,有时可能还会相互矛盾,此时,就需要对大

---

[1] [日]依田新:《青年心理学》,杨宗义、张春卿,知识出版社1981年版,autocomplete序。

学生进行积极正面的疏解和引导,处理好自我认同在主观与客观上的协调统一的关系,避免因偏差而出现的网络行为失范。

同时,大学生处于从家庭成员向社会人过渡的关键阶段,经济尚无法独立,且受自身智力能力、知识储备、心理水平和行为习惯等多方限制,自我约束和管控能力相对较弱。同时,互联网爆炸式、流溢性的信息和互动式的信息获得方式颠覆了现实社会行动模式,现实社会中的传统主题——威权、中心和主题被隐名的、虚拟的行动模式层层弱化,逐渐偏离。大学生自身限制和网络特性相互叠加,极易削弱本就不完善的自我管控力,可能只造成轻微的行为失范,也可能造成行为主体完全浸入网络、沉迷其中,引发网瘾等严重危害大学生的网络失范行为。在信息社会中,互联网给人们的学习、工作和生活带来了颇多便利,与此同时,互联网的发展也带来了社会问题,尤其是青少年在网络环境下容易遭受伤害。其中,网络成瘾是网络对青少年的最大威胁。[①] 另外,部分大学生存在故意对抗既有社会规范的行为,一经与网络特性相叠加,更易产生极端化、自由化、偏执化的蝴蝶效应,完全丧失自我管控。

从整体看,新时代大学生成长在改革开放后物质资源和教育资源最充裕的年代,家长普遍比较重视子女教育,他们从小到大享受的教育资源更充足,视野更加开阔、知识层次更有深度,思想也更加灵活前卫。他们大多喜欢追求新潮,更具有创新和冒险精神,所以不仅更容易接触新鲜事物,也更容易接纳和吸收多元文化,这造成他们的价值取向更加多元,不愿意把个人价值追求和发展方向放在单一的或固定的目标上,而是结合整个时代发展、社会需求和自身能力等众多方面来综合定位。

从生物和医学角度看,遗传及生理因素是影响心理健康的重要原因。遗传因素所决定的神经系统发育、激素分泌水平等都会对个体的心理与人格产生重要影响,前代的心理特征会通过遗传在一定程度上传递给后代,大学生的心理问题也不例外。科学研究表明,5-羟色胺等激素的分泌失调是导致机体抑郁的重要原因,而多巴胺等神经介质的分泌失调则是精神分裂症状的主要原因,而且这两类心理问题通常具有较高的遗传特性。另外,存在身体疾病尤其是慢性病症和身体残疾的学生要比身体健康、健全的学生更容易出现心理问题,一方面是因为身体病症或残疾造成学习、生活和交往过程受到影响,进而产生自卑、消极与低沉的心理状态;另一方面是因为周围环境的不友好或歧视导致这些大学生性格孤僻与不合群,难以正常融入大学期间的学习和生活,甚至出现社交恐惧和抑郁倾向等严重心理问题。同时,部分大学生本身就是内向型性格,在生活和学习中容易过度压抑自己的感受,不停累积负面情绪,进而因自闭而出现心理障碍;

---

① 郗杰英、郭开元:《论我国青少年网络成瘾及其矫治》,载《中国青年研究》,2009年第12期。

还有的大学生存在情绪控制障碍,表现出易怒和偏激等人格特质,而这些人格特质往往表现出对他人的愤怒和不满,甚至诱发极端事件。

从家庭环境角度看,家庭往往是大学生的第一所学校,父母则是大学生的第一任老师。首先是家长的教育方式,严苛与专制型教育方式、放纵与溺爱型教育方式作为两种极端都会导致孩子形成不良的心理品质,前者容易导致大学生形成消极自卑、过度依赖和丧失主动性,后者则容易导致大学生形成自私傲慢、粗鲁野蛮和蛮横无礼,进入大学后学习生活环境的突变极易造成心理出现不同程度的障碍。其次是家长的思想和行为,父母及周围亲人的现实行为和思想观念会在很大程度上影响子女,那些父母本身就存在心理问题或成长在家庭暴力环境中的大学生心理健康水平通常情况下低于和谐家庭的大学生;父母离异的单亲家庭,留守儿童大学生也是心理问题的高发群体,这些大学生由于较早地承受了其成长阶段不应承受的压力并持续在这种压力环境下成长,其对待外界环境的敏感度和自尊心普遍较强,在缺乏适当引导和关怀的情况下就易产生心理问题。必须值得注意的是,贫困大学生由于家庭经济状况限制,除了要承受正常的大学阶段学习生活等压力,还必须承受经济压力,有的还必须通过勤工俭学来维持最基本的开销,额外承受工作压力。在当前大学生消费需求更加多样化的情况下,贫困家庭的大学生如果不能正确对待这些多样化消费需求,则更易产生抑郁、焦虑、自卑甚至盲目攀比心理,引发校园贷等失范行为。

从大学生个体角度看,由于受生育政策的影响,新时代大学生不少是独生子女,因此大都具有较强的自我优越感,更愿意感受周围环境的关怀和爱护。而且作为独生子女,新时代大学生往往具有较强的竞争意识,对于周围环境的认可和肯定需求更加强烈,也更加关注自我的感受。他们强调个性张扬,对家庭和学校管束存在较强的排斥感,倾向于以自我为中心来进行价值评判和行为选择,因此,他们的集体主义观念和对权威的服从也更弱,有时甚至倾向于挑战权威,当个人利益和集体利益冲突时,即使在表面上表现出一定的集体主义行为,但实际上更加强调维护自己的权益,更愿意独处和坚持个人立场。同时,人的心理健康状态受到身体激素水平和个人心理素质的调节,本身是一个动态的平衡过程,同时也是一个受外界环境影响不断变化的过程,在一系列的刺激过程中,大学生的心理平衡状态可能会因偶然性事件被打破而出现短暂的心理失衡。一般情况下,大学生的心理失衡问题会随着时间推移、环境改变和自我调整而恢复平衡,而这种失衡—平衡的循环过程往往是大学生心理成长走向成熟的过程,在这一成长过程中也有一部分大学生因为身体应激水平、自我调适能力等原因出现心理问题。

从人的发展角度看,由于基础教育阶段学习压力日益增大,不少学生不仅要面对学校教育竞争,还要面对各类课外特长班、兴趣班、辅导班或补习班的竞争,长期在学业和技能竞争的压力环境中成长,会造成人的紧张、焦虑、强迫、抑郁和偏执等心理状态的常态化,这种心理状态的惯性不会因为进入大学阶段就消失,在光中性环境中成长起来的新时代大学生更容易产生心理问题。大学生处在身心发育的青春期,这一时期的个体情绪本身不够成熟稳定,而且必须面对自我角色同一性的成长过程,在这种心理波动剧烈、感情丰富、性格敏感、抗压力差、经验不足、自控力弱的关键时期,如果自我意识和自我定位因整合失误产生了同一性角色混乱,则极可能导致心理问题,造成网络失范行为。同时,大学阶段是大学生世界观、人生观和价值观形成的最重要时期,在大学生进行求知和探索的过程中,不可避免地会遇到各种挫折和迷茫,克服这些困难是大学生形成人格上自我统一性的必经阶段,大多数新时代大学生的心理上所表现出的各种问题是大学生心理状态波动的正常反映,往往并非精神疾病或心理障碍。另外,大学生的心理在不同阶段呈现不同的问题,从起初因独立生活和环境变化带来的适应性心理问题,到因学业、情感、就业和考试等带来的压力性心理问题,大学生心理问题会随着年级的增加不断变化。同时,他们对自己的处事能力通常过于自信但又缺乏抗压能力,学习和生活中遇到挫折后会出现焦虑烦躁等负面情绪,不愿意接受他人的批评和建议,有时会导致人际冲突和矛盾。

从社会发展角度看,由于新时代大学生成长在网络社会,网络设备在大学生群体中几乎完全普及,这在很大程度上造成他们对于网络的依赖。长期对于网络的依赖造成他们现实感脆弱,缺乏与现实社会的接触和体验,也缺乏真实生活的体验,他们易沉迷于幻想,缺乏应对现实生活的心理状态,既表现出对现实成就的敏感又表现出对现实成就渴求度的下降,突出表现为个体在现实精神和情感方面的需求难以维持、做事缺乏韧性。一方面,更倾向于通过网络匿名的方式与他人沟通,在交往中隐藏自己,而不愿意关注现实世界中的人际关系,缺乏与他人面对面的沟通与交往能力;另一方面,在现实交往中,由于缺乏交往技巧和经验,他们仍保留了以自我为中心的思维模式,对待他人对自己的评价表现得更为敏感。同时,现实社会对人才提出了更高要求,大学生面临的就业形势越来越严峻,就业压力原来越大,有的学生大一就已经开始关心就业问题,一方面是因毕业即可能失业而产生的厌学废学情绪,另一方面是因对就业期望值过高而产生的实际心理落差,都易造成大学生陷入焦虑、抑郁等消极心理状态。同时,高校作为大学生学习的主要场所,提倡知识学习和技能积累本无可厚非,但是部分学校的教育方式过于强调应试,忽视了对大学生的心理问题的疏导与关怀,在大学生产生心理问题时缺乏适当的介入引导,也是加深大学生心理问题的原因之一。

另外,网络事件本身及其所携带的内容同样会引起外源性心理危机。网络信息的多元化致使各种不同乃至相互冲突的价值观念,以及各种色情、暴力、反动、迷信、悲观厌世的信息充斥网络空间……成为严重危害人们身心健康的公害。① 大学生的心理问题通常是多因素叠加形成的,发展、适应和障碍性心理问题诱因叠加后增加了心理问题加重的风险,互联网的发展加深了新时代大学生在心理上对于网络的依赖,而这种依赖的程度越深越会加深大学生网络行为失范的程度,资本和技术对人的心理和行为的控制也就更不可控,这本身又是网络和大学生心理发展的恶性循环。因此,积极应对大学生心理问题是防范大学生网络行为失范的重要途径。

从人的成长全过程看,不少大学生的心理问题并不是进入大学后才产生的,更多来源于大学前的成长阶段,教育主管部门应当从人的成长整体过程上进行规划,这是从小学到中学再到大学整个教育体系的职责任务,既要照顾人从幼年到青年每一阶段的心理发展普遍性,又要注重心理问题学生个体人格发展的独特性。参照高等教育模式,在中小学阶段建设相应的心理健康教育体系,并针对中小学生心理行为特点有倾向性地采取心理健康引导,这对于大学生网络行为失范来说是一种正本清源的应对措施。同时,为大学生就业创业提供相应的专业指导与帮扶,缓解大学生就业创业压力。帮助大学生增强心理的自我调适能力和抗压力能力,有效控制负面情绪,使大学生在遇到心理问题时,能积极主动参与学校心理咨询辅导,为大学生创造参加社会实践的机会,不断提高沟通交流能力。

解决大学生心理问题,家庭方面需要承担相应责任,因为大学生的心理问题甚至大学生的网络失范行为最终都需要由家庭来承担。此时,尽管大学生已基本脱离家庭,大部分时间生活、学习在校园,但家庭在经济方面对大学生仍起着决定性作用,对大学生教育引导的过程,家庭和家长不应也不能缺位,大学生心理成长过程中所面临的诸多困境是学校和老师解决不了的,专业的心理咨询式疏导取代不了温情的家庭港湾式慰藉,学校替代不了家庭、老师也替代不了家长在大学生成长中的地位和作用。成长本就是一个渐进的过程,大学生不会像部分家长想象中那样在进入大学的那一刻就立即成年,只会在进入大学校园后渐渐成熟,一夜成年的压力并非每个大学生都能承受,一夜成年的代价也不是每个家庭都能承受。家长需要配合高校尤其是辅导员共同做好大学生的心理疏导工作,重视对子女心理状况的关注,及时了解子女情绪状况,同时主动学习心理健康教育方面的知识,子女出现心理问题时积极发挥家庭育人作用。

高校是大学生心理健康教育的主阵地,高校思想政治教育研究和高校辅导员工作实践是大学生心理问题解决的最终发力点。对于高校来说,必须做好以下几个方面的工作。

---

① 郭明飞:《网络发展与我国意识形态安全》,中国社会科学出版社2009年版,第117页。

首先,由于校园是大学生日常学习生活的主要场所,而且常环境对于人的心理发展起着极为重要的作用,所以,学校应该根据大学生的专业特点,在全面净化大学校园环境的同时有针对性地开展利于引导大学生心理健康的各类校园活动,以大学生为主体大力丰富校园文化,培养新时代大学生健康向上的兴趣爱好,真正为大学生心理健康成长营造良好的校园环境。同时,根据教育部有关要求,积极完善大学生心理健康教育立体化体系,严格按照不低于1∶4000的师生比例配备心理健康教育专业教师,并按时按需对从事大学生心理健康教育的专、兼职教师进行系统的、有针对性的业务培训,保证心理健康教育教师队伍在专业理论、业务技能方面的与时俱进。

同时,科学设置覆盖全体大学生的心理健康教育课程,确保每个大学生都能掌握一定的心理健康知识,明确心理健康的底线,正确看待随时可能出现的心理问题,并探索把心理健康教育融入专业教学,达到教书与育人的结合。不断加大对大学生心理健康教育和科研工作的投入,建立大学生心理危机的防范预警和应急处理机制;在充分保障心理咨询中心专职人员、专业设备和专用场地配备的基础上,务必确保心理咨询中心发挥指导大学生心理健康的积极作用,对存在心理问题的大学生进行适当干预和专业治疗,在整个危机干预过程中,工作人员应该围绕所确定的问题来把握倾听和应用有关技术[1]。帮助这些大学生尽快摆脱阴霾、更好发展。

其次,必须高度重视高校辅导员和思想政治理论课教师在大学生心理健康教育方面的影响力,由于理想信念本身就建立在人对于社会、对于实践正确认知的基础上,理想信念既是心理健康的重要标志,也是人生存发展的动力和心理健康的重要保障,因此,必须从大学生内在心理机制和深层心理需求出发,把心理健康教育和思想政治教育有机结合,顺应大学生学习的自主性和参与性,激发大学生思维活力、增强大学生自我认知能力,探索形式多样、内容丰富的理论课程与课外实践,通过改变大学生认知态度和行为习惯,把大学生心理健康和发展的全过程牢固建立在理想信念基础之上,把专注于国家发展和民族富强的红色基因注入大学生血液,用坚定的理想信念来抵抗心理问题、维护心理健康。

另外,由于处于网络社会的包围中,高校大学生心理健康教育也必须努力开拓网络阵地,使网络尤其是可控的校园网成为大学生学习心理健康知识,缓解、消除心理问题的重要途径。在坚持中国特色社会主义价值和舆论导向的基础上,构建网络心理健康教育工作体系,利用网络和自媒体丰富心理健康教育教学方法,既把课堂搬上网络,又把网络资源引入课堂,根据大学生兴趣与审美多元化特点,在教育引导过程中融入大学生易于接受和健康向上的流行元素,使教学

---

[1] 杨艳杰:《危机事件心理干预策略》,人民卫生出版社2012年版,第52页。

内容更具吸引力。同时,构建大学生心理问题网络咨询平台,并开发相应手机客户端与微信公众号,满足大学生即时性和私密性需求。

最后,还应当充分利用大学生间沟通便利和高信任度的特性,调动学生党员、学生干部发现和帮助心理问题大学生的积极性,共同应对大学生心理问题,既能够培养大学生心理健康教育助手和缓解心理健康教育专业人员压力,也有利于传播心理健康知识和开拓校园心理健康服务的覆盖面。

第三节 大学生欠缺规范意识

规范是大部分团体成员规律地遵从的行为模式,以及对于此种行为模式的一种特殊的规范性态度。① 现实世界中,人们所遵守的大部分法律、道德、伦理等社会规范本来都适用于网络空间,大学生成长过程所积累和表现出的特定的物质世界认知水平、精神世界价值观念不仅决定了其在现实世界中行为活动的倾向性,也决定着其网络行为的倾向性,但是,大学生的网络行为对于社会规范的意识,相比在现实世界中的认同度和遵守度都大打折扣。这首先是由于大学生的学习、生活和娱乐的场域在转移到互联网上时,会受到网络社会关系和多种意识形态的影响,主体定位也会随着网络时空的发展而不停转换,现实场域与虚拟场域的交错造成了行为主体行为方式和行动状态多种多样的变化,这种变化带来的矛盾与冲突极易淡薄大学生网络行为的规范意识,这是网络场域的独特性所带来的行为主体对于规范的无意识。其次,部分大学生刻意利用网络规避现实世界中的社会规范,在虚拟世界中实现在现实中满足不了的欲望,释放在学习、生活及人际交往中形成的压力,这是行为主体以"有意识"来主观沉浸于网络带来的无意识。调查显示,部分大学生在面对学习和生活中的各种压力和负面事件时会选择逃避,这些大学生直面那些具有较高挑战性和较大困难度的问题时缺乏相应的抗挫折能力。

大学生的成长发展本身是一个社会化的过程、一个交往和生活的过程,不是意识决定生活,而是生活决定意识②。没有生活做中心的教育是死教育,没有生活做中心的学校是死学校,没有生活做中心的书本是死书本。③ 大学生只有在社会交往中才能实现自身发展,规范作为大学生进行社会交往的道德与法治准则,有利于促进交往关系的稳定和谐。规范意识是大学生形成的对伦理道德和

---

① [英]H. L. A. 哈特:《法律的概念》,许家馨等译,法律出版社2006年版,第236页。
② 《马克思恩格斯全集》第3卷,人民出版社1960年版,第30页。
③ 陶行知:《陶行知全集》第2卷,四川人民出版社1991年版,第650页。

法律法规等规范的认知与认同,并由此影响行为习惯后形成的潜意识观念。规范意识不仅是整个社会秩序的基石,也是大学生综合素养的充分体现。大学生作为中国特色社会主义建设发展的主力军,其规范意识直接关系到中华民族伟大复兴中国梦的实现,培养大学生规范意识既是新时代的必然要求,也是大学生实现全面发展的客观需要。

首先,道德的基础是人类精神的自律。① 大学生作为社会个体在遵守特定规则时会进行特定价值选择,社会伦理道德和法律法规等一系列规范内化为社会成员潜意识层面的理性自觉时,人的价值选择才会与规则相一致,并通过主体能动进一步外化为社会规范,规范意识可以促使大学生价值诉求制度化。规范意识作为大学生理性自觉的思想意识,不能寄希望于用感性与良知进行约束,必须通过规范作为价值的制度化过程作为保障。在这一过程中,大学生规范意识通过理性认知能力把价值诉求置于个人与他人、与社会的关系中加以认识和把握,把规则作为个体义务融合进人的理性发展进程,使规范的执行不再受权力的强制束缚,从被迫转化为自主,从权威转化成思想,实现大学生意识与社会规范的统一,在大学生的整个成长过程中建立起一种规范的行为方式与交往秩序。

其次,人们不可能私人地遵守规则,否则,相信遵守规则便等同于遵守规则了。② 规范意识本身是一种社会责任意识,是衡量一个人思想水平的重要尺度,遵守规范既是现实社会成员的基本义务也是网络社会公民的基本素质。大学生作为能动主体的人的全面发展在很大程度上取决于自身素质,而规范意识有助于大学生整体素质的提升。规范意识一方面体现了社会规范对人的自我意识与能动性的内化,另一方面也体现了人的内在品质对行为习惯的外化为并影响社会规范的过程,这是一个内化和外化往复循环、人和社会交错影响的发展过程。大学生群体在更为广泛的意义上作为社会成员不可能是孤立的存在,规范意识是个体社会定位与社会形象的必要组成部分,其在日常生活尤其是社会交往中的表现直接决定了个体在社会层面的评价,良好的规范意识是大学生群体整体良好社会形象的保障。同时,大学生作为社会成员既享有社会权利也必须履行社会义务,这是权利与义务的统一,从这一角度看,这也是社会秩序和正常运转的保障。另外,规则意识所带来的相互尊重与依赖,有助于社会信任体系的形成,为大学生健康发展开拓更广阔空间。

---

① 《马克思恩格斯全集》第1卷,人民出版社1995年版,第119页。
② [英]路德维希·维特根斯坦:《哲学研究》,韩林合译,商务印书馆2013年版,第144页。

人是规范性的动物,在个体意向性之外还存在集体意向性。① 从网络道德意识角度看,道德作为一种内化为人的思想的规则,是人通过主动学习和被动经验等获得的,但违反道德规范往往只会带来意识层面的内疚和现实层面的谴责,并无强制约束力。

首先,必须培养大学生诚信意识。诚信是社会体系的根本性公共规则,是人与人之间合作的基本条件,也是社会组织的联系方式和外部规范。诚信意识不仅是大学生作为行为主体对待他人的主观态度,也是社会基本伦理道德规则的客观要求。个人诚信意识是道德层面规则意识的基础,诚信缺失不仅成为影响和制约网络社会发展的重要因素,而且是影响大学生自身发展的重要因素。考试作弊、学术造假等诸多大学生失信现象,既可能是大学生网络行为失范的诱因也可能是失范行为本身。同时,诚信意识不仅要求人与人之间的诚信,而且要求人与社会间的公共诚信,人与他人不在场状态下的诚信,对于网络社会来说,这种诚信意识通常更重要。公共诚信意识是社会群体和公共领域的道德规范,是大学生基于人的社会性生活关系必须遵守的最基本规范,是整个社会伦理道德体系的重要组成部分,也是大学生文明素质的重要标准。由于人作为社会成员在与他人交往过程中产生的社会联系需要相应的规范准则来约束以有效维持社会秩序,因此公共诚信意识对大学生同样有普适性。加强大学生诚信意识教育,塑造大学生良好道德品格,帮助大学生不断接受伦理道德教育,通过加强道德修养建立良性运作的人格体系保障,为推动网络社会有序运行和平稳发展做出积极贡献。

其次,必须培养大学生担当意识。担当意识是人的责任意识的升华,也是伦理道德意识的理性体现。网络社会不仅是大学生个人价值与个体权利释放的场域,也是大学生作为社会成员积极承担公共责任的基石。担当意识不仅重视自己的权利和自由,也尊重他人的权利和自由;不仅包含对于集体和社会的责任,也包含对于人类共同体的责任;既包括必然的行为和不作为,也包括应然的行为和不作为。担当意识教育是培养大学生社会责任感的必要途径,也是防止大学生被个人主义和功利主义裹挟而走向失范行为的重要形式,任由大学生在个人主义和功利主义环境中成长,必然会影响道德意识的内化并威胁社会秩序稳定与持续发展。因此,必须在基本道德层面规范的基础上培养大学生高度负责和勇于担当的道德意识,让大学生作为独立个体、作为家庭子女、作为社会成员或者作为任何一种角色时都能承担相应的责任,既有遵守现实道德规范的意识,又有遵守虚拟空间道德规范的意识;既理解和认同道德规范,又创造性和前置性地

---

① [美]约翰·塞尔:《人类文明的结构:社会世界的构造》,文学平、盈俐译,中国人民大学出版社2015年版,第6页。

承担社会责任。

法,既是知识系统更是行动规制,是规范人与人之间利益关系的规范体系。以合法性作为促使人们遵守法律的基础,远比以人们个人的或群体的道德价值观为基础要稳定得多。① 因为法律本身是经由法定程序制定的,即其自身就具有原初的说服性,而且法律是公意,不能因具体情形中的众意废止。② 法治意识是大学生守法的自觉动力和行为秩序,是大学生规范意识在法的层面的主要表现,也是大学生作为网络社会成员的精神体现。对于大学生来说,法治意识要求大学生具备与网络社会发展相适应的法治素养和法治精神,能运用法治规范有效处理与他人、与社会的利益关系。防范大学生网络行为失范是一项系统工程,其中一项重要指标就是大学生网络法治意识的提升。大学生群体是我国网络社会的重要组成部分,其网络伦理道德和法律法规等规则意识状况直接影响自身行为,甚至影响我国网络社会的治理。高校作为国家人才培养的主场所和思想政治教育主阵地,把握大学生网络意识整体情况,有针对性地探索培育大学生积极向上的网络意识,是防范大学生网络行为失范的重要一环。从总体看,新时代大学生的网络意识是健康进步的,但由于自身需求和成长变化并受多重因素影响,大学生网络意识也存在一些不容忽视的问题。

从网络法治意识角度看,大部分大学生关心网络热点事件,对事件中的权利义务存在一定辨识力,能区分网络违法犯罪和网络违反道德的行为,但对网络法治的认知尤其是具体法律知识的认知水平远不够深入,大多基于表象和感性认识而非本质和理性的认知来对待网络热点事件。同时,很多大学生面对网络侵权时通过法律手段维护自己合法权益的意识不足。从社会大环境角度看,完善的网络法治制度是规范网络行为尤其是预防网络失范行为的关键,也是提升大学生网络法治意识的根本,当前网络法治主要依靠现实法律体系支撑,而现实法律体系相对社会发展本身就存在很大滞后性,更不可能赶上网络社会发展的进度。同时,网络执法过程中执法不规范、技术性执法困境等因素会影响法治的公信力,进而造成大学生怀疑网络执法的力度。由于有关部门对新出台的网络法律法规宣传不到位、社会知晓率不高,造成大学生即使做出违反网络法律法规的行为也可能不自知。从高校角度看,高校思想政治教育尤其是高校法治教育承担着培养大学生网络法治意识的重要任务,但是,法治教育课程的教学方法和教育理念落后,重法律理论知识而轻现实法律实践,教学效果欠佳。从家庭角度看,家庭承担着培育子女规范行为的首要责任,家长作为子女意识的第一任引导者,有的家长自身网络规则意识就很淡薄,根本无法正确引导大学生形成网络规

---

① [美]汤姆·R. 泰勒:《人们为什么遵守法律》,黄永译,中国法制出版社2015年版,第45页。
② [法]让·雅克·卢梭:《社会契约论》,李平沤译,商务印书馆2011年版,第32~34页。

范意识。多数家长更关注子女学习成绩而忽视其综合素质提升,一旦与子女缺乏有效沟通,不仅不利于其网络法治意识的培养,还会在一定程度上激发子女逆反心理,增大子女网络失范行为的可能性。从大学生角度来看,大学生在年龄性别、学科专业、政治面貌等方面均存在明显差异,个体间受现实环境影响所形成的观念偏差也非常明显。

首先,必须培养大学生的权利意识和义务意识,任何复杂的利益问题都是围绕权利义务关系展开的。权利是由规范所赋予的对人利益的合理保护,而权利意识是人对权利在意识层面的认知理解,是人们对于实现权利方式以及权利受到侵害时进行补救的主观选择,从这一意义上说,规范意识不仅包括人对自身权益的维护,还包括对其他社会成员一致服从规范的主张。与权利相对的是义务,是规范对人的行为的规制和约束,义务最典型的表现是主体在作为或不作为的过程中自觉履行职责的过程,由于没有无义务的权利,因此主体在实现权利行为过程中必须承担相应义务。因此,也可以认为义务意识是人对自身责任在意识层面的思想表达。对于高校来说,法律教育课程不应只是法规教条和法律理论的知识灌输,而应当重点培育大学生法律规范意识,首先让大学生明确自身权利义务的双重发展和双重否定性质,进而让大学生掌握维护自身权利并尊重他人权利的基本能力和基本素养。

其次,必须培养大学生的守法意识。法律面前人人平等,法的本质决定了其代表了规范的公平正义属性,这种属性既表现为实体上的公平正义,也表现为程序上的公平正义。通常而言,由于实体公平正义受客观信息不对称和主观上人的心证链条的影响,程序公平正义往往更能体现法的本质。培养大学生在程序上的守法意识和严格遵守程序行为是法治社会的基本理念与基本诉求,也是自身良好法治素养的重要体现,是法的公平正义价值在人的意识层面的固化。同时,守法意识要求大学生认可与信任社会公平正义规范,用理性和自律的态度直面社会不公平不正义现象,尊重公共利益、严格依法办事,坚定不移践行宪法及法律精神。这要求高校法律教育强调大学生守法义务,把个人权利与社会秩序融合在一起来思考,也把个人发展纳入社会运行中来实现。

具体来看,培育大学生网络规范意识,必须坚持以大学生为本,关注大学生需求,增强大学生的网络规范认知并促进知行合一,切实提升大学生网络规范意识的培育效果。

从大学生主体角度看,每个人都有权利获得一种与其他人类似的自由相协调的最大范围的基本自由。法规的概念揭示了已经包含在权利概念当中的平等对待的观念:以普遍而抽象的法规的形式,所有主体获得同样地权利[1]。传统思

---

[1] [德]哈贝马斯:《公共领域的结构转型》,曹卫东等译,学林出版社1999年版,第91页。

思政治教育注重教师教育的主导地位,忽视了大学生的主体地位,而在网络社会,新时代大学生思想变化迅速,培育大学生网络规范意识必须强调大学生主体地位,激发大学生网络规范意识形成的内生动力;顺应学生发展变化,供给新内容。世界处于变化发展之中,大学生亦是如此。同时,探索推进规范教育理念和体系创新,根据大学生心理变化和思想需求,改变传统意义上以说教灌输为主的教育方式,立足网络社会、用好网络资源,把网络规范理论融入网络教育课程,把深奥难懂的网络规范理论转换为大学生易于接受和乐于接受的语言,使抽象与枯燥的理论入脑入心,潜移默化增强大学生规范认知。

从大学生需求角度看,当前,大学生面临的社会竞争愈加激烈,专业知识和职业技能的充分发展是社会对人才的必然要求,网络规范意识作为大学生全面和充分发展的重要需求,必须平衡专业知识与网络规范意识教育间的关系,积极挖掘大学生所学专业知识中有利于大学生网络规范意识培育的内容,实现大学生网络规范意识培育和专业学习的共同发展。同时,以网络热点事件为切入点阐释网络规范理论,通过真实事件增强大学生对于网络规范价值的认同甚至信仰。另外,实践是检验真理的唯一标准,必须以网络实践为旨归增加大学生实践机会,以网络社会实践增强大学生网络规范意识。

从大学生生活环境角度看,大学生网络规范意识的形成有赖于良好的社会环境、学习环境、家庭环境与生活环境。因此,对于社会来说,应当加大网络规范尤其是网络法律法规的宣传力度,严惩网络违法犯罪,营造正能量充足的社会环境。对于家庭来说,应当从家长做起,注重培育家庭成员的网络规范意识,规范约束大学生子女的网络习惯和网络行为,以家庭式顺畅沟通机制巩固大学生网络规范意识的培育效果,最终确保大学生真正形成网络规范意识,积极主动增强自身网络道德素养和网络法治素养,并以此规范自身网络行为,严防网络行为失范的发生。

第四节 大学生不当消费习惯

随着互联网技术的广泛应用尤其是移动网络设备的普及,大学生群体的消费理念和消费行为受消费主义影响也产生了众多变化,以各类校园消费贷为代表的消费乱象是这种变化的重要负面表现。党的十九大报告指出:倡导简约适度、绿色低碳的生活方式,反对奢侈浪费和不合理消费。从不同角度出发分析大学生消费习惯和消费行为,帮助大学生树立理性合理的消费观念,是防范大学生网络行为失范的重要途径之一。具体来看,大学生不当消费习惯主要表现在以下几个方面。

炫耀性消费。19世纪30年代,加拿大经济学家约翰雷提出了"炫耀性消费"这一概念并从虚荣心角度出发解释了炫耀性消费的性质和特点,用来描述富裕阶级或上层阶级通过对物品的超出实用和生存所需的浪费性和奢侈性以向他人炫耀和展示自己的金钱财力和社会地位以及其所带来的荣耀、声望和名誉的消费行为。炫耀性消费通过商品消费来获得他人认同,通过消费标签来确证自我身份和展示自身价值,通过消费寻找存在感,不仅造成资源的浪费,而且扭曲人的价值观,甚至导致个别人的腐化堕落。19世纪末20世纪初,美国制度经济学家托斯丹·凡勃伦在其著作《有闲阶级论》中首次将炫耀性消费概念引入了经济学,他认为:要获得尊荣并保持尊荣,仅仅保有财富和权力是远远不够的,有了财富和权力还必须能够提供证明,因为尊荣只是通过这样的证明得来的。炫耀性消费就是为财富和权力提供证明以获得并保持持续尊荣的消费活动。大学生的炫耀性消费主要体现在生活上盲目追求高档性,从穿衣打扮到请客吃饭、从智能手机到笔记本电脑、从日常皮肤保养到高档化妆用品等,炫耀性消费通常发生在很多家庭条件优越的大学生身上,但即使家庭条件再优越很多消费行为也远远超过了大学生应有的经济支撑能力。必须高度警惕的是,部分大学生的日常消费过于追求时尚和个性的炫耀,消费名牌、流行商品甚至痴迷和疯狂追逐奢侈品,陷入社会学意义上的"符号控制"。不少大学生网络失范行为就是为满足炫耀性消费行为而产生,不仅会严重影响大学生成长,也会给家庭和社会带来巨大负担。

攀比性消费。攀比性消费是炫耀性消费的衍生品,在一定程度上也可以说是炫耀性消费的另一面,不仅在经济方面,而且在人际关系方面,也具有了异化的特征,人际关系已失去了人与人之间关系的特征,而变成了物与物之间的关系①。正常情况下,大学生会根据经济支撑水平来满足消费需求,而脱离实际支撑能力的盲目消费行为就是攀比性消费,如果说炫耀性消费通常发生在家庭条件优越的大学生身上,那么这种消费方式则更易发生在家庭经济状况并不好但更爱面子的大学生身上,很多盲目进行的消费行为不仅透支个人生活费和学费,而且不顾及家庭负担。存在攀比性消费行为的大学生往往有着争强好胜、从不服输的心理特点,过分注重他人对自己的评价,但又缺乏对自己和周围环境的理性分析,在日常生活中习惯把竞争因素物化,试图通过标新立异追求个性张扬,用追逐消费热点寻求独特时尚,用高消费博取周围人的高关注、换取畸形的心理满足,甚至通过网贷填补过度消费赤字,陷入用一种失范行为替换另一种失范行为的恶性循环。这种情况大多属于消极并伴随情绪性心理障碍的负性攀比行为,通常会使大学生陷入思维的死角,产生巨大的精神压力和极端的自我肯定或

---

① [美]埃里希·弗罗姆:《逃避自由》,陈学明译,工人出版社1987年版,第160页。

者否定,只是一味地沉溺于攀比中无法自拔。这种受面子文化影响盲目追求关注和攀比的消费行为会对大学生人格发展造成严重影响,如果虚荣心理伴随大学生成长的关键过程,当最终得不到满足时就会陷入严重自卑或自暴自弃,诱发更加严重的失范行为。同时,对那些经济基础薄弱的学生造成的可能远不只是经济压力,更可能累及家庭造成灾难后果。

情绪性消费。大学生可能由于冲动性购买动机驱使,在未对商品进行考察和选择的情况下非理智地在瞬间做出购买某种商品的消费行为,这种消费现象多发生在感情型大学生身上,尤其以女大学生为多,因为女性情绪相比男性更易受环境气氛的影响,购买欲望多由直观感受引起,冲动、经验和诱导等外部刺激都可能随时改变其购物意向。消费的目的不是为了实际需要的满足,而是不断追求被制造出来、被刺激起来的欲望的满足。① 存在情绪性消费行为的大学生通常缺乏消费经验,喜欢购买自己所能买到的并令人最感兴趣的物品,而这些物品往往并非自己真正需要的。另外,有的大学生即使有一定消费经验,但在情绪或心理出现问题时往往控制不住自己,特别是感觉自信不够时往往会购买某些商品以增加信心或发泄情绪,此时的消费行为成为情绪直接支配下的随意行为。由于大学生经济规划能力不足,也缺乏理财知识和意识,通常不会制订消费计划,因此即兴消费现象较普遍,也就更容易通过消费来释放压力和宣泄情感。必须要注意的是,情绪性消费的极端现象——网购成瘾,这是大学生对网购极端依赖的严重畸形消费行为,通常表现为强迫性购物、病理性购物、强迫性消费、购买癖和购物狂等。与网游成瘾类似,大学生在虚拟空间里难以把控自己,时常表现出不合理的购物冲动意念和购物行为,这种购物冲动或行为使大学生陷入窘境,严重地影响大学生人际交往和学习活动,最终成为病态的精神心理问题,在网游充值、直播打赏和网站购物过程中尤为突出,也是引发大学生网络行为失范甚至违法犯罪的根源之一。

从众性消费。从众是个体在群体压力下,为寻求行为参照、克服对偏离的恐惧、增强群体认同感,而在认知、判断、信念与行为等方面自愿地与群体中的多数人保持一致的现象。在集体心理中,个人的才智被削弱了,从而他们的个性也被削弱了。异质性被同质性所吞没,无意识的品质占了上风。② 从众性消费行为的发生与购买情境有密切的关系,当一个人置身于某一情境中时,情境中其他人的行为和认知判断都会影响到他的行为反应。大学生可能受他人或品牌等周围情景因素的影响进行消费,也可能在群体压力之下改变原有的消费动机和态度并与所属消费群体保持消费行为一致性。大学生从众性消费的重要表现是对所

---

① 黄平:《救赎与消费:当代中国日常生活中的消费主义》,江苏人民出版社2003年版,第1页。
② [法]古斯塔夫·勒庞:《乌合之众:大众心理研究》,冯克利译,中央编译出版社1998年版,第49页。

消费的产品事先并没有充分了解和计划,通常并不真正需要这种商品,只是由于别人的消费而引起的,最常见的就是网店折扣满减凑单和特殊商品秒杀抢购行为;即便对产品有一定了解或存在某种需要,但选择上不是经过分析比较后选择较为合适和满意的品牌,而是选择他们所属群体的成员们经常使用的品牌。当然,在强调个性化的成长时期,部分大学生的从众行为也可能表现为买与别人不一样品牌或款式。由于大学生在校期间通常作为集体共同学习和生活,其消费行为明显受参照群体特别是班级同学和宿舍舍友的影响。为了获得群体认可,为了找到与他人的共同语言或显示自己的能力并不落伍,也可能担心自己被同学打上不合群的标签陷入孤立,从众性消费现象远超其他群体。无论是真从众还是权宜从众,无论群体的压力确实存在还是个体自我想象,也无论是有意识还是无意识,从众消费都是大学生在自愿的前提下所表现出来的行为,是大学生网络行为失范的重要原因之一。

娱乐性消费。随着娱乐消费尤其是互联网娱乐消费的快速发展,大学生群体日常的生活消费内容开始发生显著变化,由以学习生活费用为主的简单消费向以追求享受为目标的娱乐性消费转变,部分大学生开始将更多的时间和精力投入到网络娱乐中,不仅造成物资和精神的双重荒废,而且极易被网络空间三俗文化迷惑,严重影响自身发展。其中,不少大学生不断降低自己在生活必需品和学习资料上的消费比重,而不断提升在休闲娱乐和社交恋爱等方面的开销,热衷于物质享受和感官满足,严重者价值观念扭曲,导致精神空虚和萎靡不振。娱乐性消费严重影响大学生的社会化进程,从社会视角看,社会化是社会对个体进行教化的过程。从个体视角看,是个体与其他社会成员互动,并成为社会成员的过程。判断个人社会化程度的标准主要是社会期待。消费行为对个体的社会化具有重要影响,大部分消费行为都是个体社会化进程的表现。个体的消费方式、价值观念也是在社会化过程中逐渐定型的,可以说个体的社会化过程也是消费社会化的过程。大学生是处于青年期社会化的个体,大学阶段是大学生社会化的关键阶段,是大学生接受高等教育,完善知识结构和道德结构,树立正确世界观、人生观和价值观的阶段。娱乐性消费在行为的过程中将会导致大学生形成享乐主义的价值观念,在盲目攀比的过程中导致部分学生产生心理上的不平衡感,进而影响到个体社会化的进程,违背国家对青年大学生的社会化期待。

超前性消费。超前性消费本来是人对自身偿还能力进行合理评估后,在评估范围内对未来收入提前消费的行为,部分大学生会在自己的收入不足以支付所欲购买的产品或服务时,以分期付款或透支形式进行消费,合理的超前性消费如助学贷款,完全能够满足大学生的学生生活需求。但部分大学生为了满足自己过度的消费欲望,不顾个人及家庭偿还能力通过借贷支撑消费行为,透支未来可支付的能力,最典型的就是各种形式的校园消费贷。超前性消费会影响大学生自我概念的形成,自我概念的重要部分就是自尊,涉及个体是否对自己有积极态度,是否感到自己是成功的、有价值的。超前性消费行为过程中的消费品已不再是单纯满足大学生生活的必需品,而是更多地用于满足消费欲望,是工具理性极端发展的结果。不能按时偿还时会进一步加深大学生心理自卑感,导致个体自尊水平的降低,最终影响到大学生自我概念的形成。同时,超前性消费还会导致在大学阶段的人际交往中建立起无形的隔离层,并引发孤立和排斥现象,被孤立和排斥的大学生往往因为自身社会需要得不到满足,进而产生消极的社交情绪体验,严重的甚至会影响到个体的身心健康,不利于自身发展。另外,超前性消费不仅造成大学生及家庭当前的经济困境,还会对大学生信用造成严重影响,即使能够平稳度过大学阶段的经济危机,信用透支所造成的信用评级下降也会长期伴随大学生,极有可能造成更加严重的失范行为。

从大学生和家庭角度看,个人作为行为抉择主体必须增强自律能力,培养良好消费习惯。大学生离开父母逐步独立生活,环境更加宽松自由,是大学生自我控制提升最关键的时期。大学生在支配收入尤其是生活费时,应按时间长度和需求程度来合理规划支出,避免过度消费和超前消费甚至陷入网贷陷阱。同时,要学习和积累一定的经济知识和消费常识,避免被商业行为套路。此外,大学生应改变把家庭当作唯一收入来源的意识或当作摇钱树的错误想法,尝试通过勤工俭学、创新创业、产学结合等自身努力赚取生活费,不仅能在一定程度上缓解消费需求,更重要的是能培养经济独立意识和经济自立能力。另外,尽管身处物质化的社会环境,大学生仍应学会控制物质欲望,不被物质表象和过度欲望控制而迷失方向,努力把握好青年这一成长成才关键期,用社会正能量激励自我以树立正确价值观,并把社会主义核心价值作为行为准则。通过独立思考确立自我认同,不炫耀、不攀比,理性消费,以个人努力赢得周围环境的认同。而家长作为子女第一示范必须给大学生做好榜样引领,家长和家庭的消费习惯会直接影响大学生消费习惯,在学习、生活、人格和行为形成的全过程帮助大学生树立正确消费观念。在日常生活中,合理制订家庭理财计划,勤俭节约、不铺张浪费,不盲目追求高消费,也不纵容子女非必要消费支出。

从高校角度看,高等教育是培养大学生价值观的主要平台,其根本目的在于立德树人,必须始终坚持为社会主义事业培养建设者和接班人,必须始终坚持把社会主义核心价值融入大学生价值观教育全过程,必须始终坚持把人才培养和国家民族发展需求相结合,不断培养大学生自控、自律、自信能力。充分利用课堂教育平台,注重显性教育与隐性教育有机融合,通过课堂把理性消费观念融入思想政治课程教学中,潜移默化影响大学生思维,在传授知识的同时培养大学生正确世界观、人生观和价值观。重视大学生消费行为引导,探索开设消费知识课程或聘请银保监从业人员开展相关知识讲座,整合社会力量增强大学生合理消费行为的引导合力。同时,注重开拓网络教育途径和网络引导载体,积极利用网络平台增强大学生消费价值观教育实效性,在电商促销等消费节点第一时间把各类不良消费行为案例推送给大学生。另外,加强与学生家长的沟通,共同控制大学生非必要消费支出,实现大学生不良消费行为管控常态化。

  从社会角度看,社会风气是影响大学生消费观念和消费行为的重要因素,社会上存在的享乐主义、拜金主义等观念在很大程度上冲击着单纯的大学生群体,是大学生不良消费行为及行为失范的根源。因此,必须在全社会抵制享乐主义、拜金主义和奢靡之风,以新时代社会楷模为榜样,用社会主义核心价值观引导社会主流舆论,努力弘扬正能量,大力宣传英雄品质,使其深入人心,促进良好社会风尚形成。尤其要突出弘扬中华民族勤俭节约的优良消费传统,古人讲:历览前贤国与家,成由勤俭败由奢。人无俭不立,家无俭不旺,国无俭必亡,勤俭攸关个人和国家命运,用传统文化抵制和批判不良消费主义文化是社会主义核心价值体系的应有之义。同时,通过顶层设计全力引导大众传媒尤其是网络传媒,有效把握商业资本走向,为新时代大学生营造健康消费环境,帮助大学生认清社会发展过程中的消费表象、理性看待社会不良消费行为,促进大学生理性消费意识、行为和习惯的形成。另外,通过新时代中国特色社会主义法治体系建设,全面净化高校消费环境,全力保障大学生健康成长。

第六章
人与社会——大学生网络行为失范的环境因素

人的本质不是单个人所固有的抽象物,在其现实性上,它是一切社会关系的总和。① 人兼具自然和社会属性,脱离人际交往与社会关系,人就不能成为真正意义上的人。人的生产实践活动所形成的社会关系一经确立还会反过来影响和制约人本身,人在处理与自然关系的同时也必须处理与他人、与社会的政治、经济、文化等关系,在不断地社会关系调整中推动自身全面发展和社会历史进步。新时代,以智能设备为代表的移动终端和以5G、5G+及量子通信为代表的通信模式,让网络成为人际交往的最重要途径甚至融入了交往行为本身,网络已不能再被简单地理解为交际载体和沟通工具,网络像资本一样,渗透并改变人们的交往方式和行为,成为人类生产链条上的一部分,身处网络社会环境,处理好与他人、与社会的关系是大学生走向成熟、避免失范行为的关键一步,大学生的社交危机、恋爱压力、模糊的性观念和特定性取向的压抑都是网络行为失范产生的重要根源。

第一节 大学生的社交环境

人际信任是个体认为另一个人的言辞承诺,以及口头或书面的陈述为可靠的一种概括化的期望。② 信任作为人际交往的润滑剂,在现实条件和网络场域双重环境下均发挥着重要作用,良好的信任关系有利于人际交往的和谐发展,而信任缺失则是引发众多社会问题的根源。调查结果显示,大学生间的人际信任

---

① 《马克思恩格斯选集》第1卷,人民出版社1995年版,第56页。
② Rotter. J. B. A New Scale for The Measure-ment of Interpersonal Trust[J]. Journal of Person-ality,1967(33):651–665.

度受先天人格特征、后天成长环境与偶发事件等因素叠加影响而存在很大差异。

从文化角度看,有的学者认为中国社会的信任危机似乎源于儒家文化,依据是费孝通先生的差序格局理论和部分调研数据,并杂糅了西方学界较为认可的韦伯儒教分析和福山等人的儒家文化圈学说,其结论是:儒家文化和一般信任之间的确存在某种联系,但这种联系取决于儒家文化中的某些特定的维度。当人们更多地重视儒家文化中强化差序格局的那些实践和主张时,我们发现儒家文化和一般信任之间存在负相关关系。但是如果人们将儒家文化看成是一种身份认同,那么中国人便因为共享着同一种价值观念而成为一个共同体,这时认同儒家文化的人就表现出了对他人的高度信任。此外,总结分析的结果表明,儒家文化中强化差序格局的面向和一般信任的负关系不是由儒家文化中过分强调对"自己人"的信任造成的,这意味着人们对"自己人"的信任与对"一般他人"的信任并没有直接关系。① 但实际上,尽管文化研究和基于国家间比较的经验研究都认为儒家文化会降低个体对于一般社会成员的信任度,也都同意借助调研数据等实证方法来研究社会信任问题的客观和真实,但是儒家与儒家文化、信任危机和实证研究之间本身的构成关系就非常复杂,解决实证研究中出现的各种偏差或错误,不但是对调查技术的把握和操作,而且关乎其背后的理论思考与准备。如果对问题缺乏足够的理论思考,或无法以清晰的理论为指导,那么就很容易发生对已呈现的数据认识不足或者在解释上有误。视角和理论不同,设计问卷时的假设及其要测量的问题就不同,解释框架不同,相同的数据也会有不同的答案。②

从历史角度看,中国社会的信任危机确实有着深厚的封建传统根源。这种信任危机弥漫在整个社会的各个方面,不仅存在于不同人群、阶层和行业之间,也不同程度地存在于每个社会细胞内部。不过实事求是地说,中国的社会信任危机并不是一个当代独有的问题。实际上,社会信任在传统中国和改革前的中国社会没有被"问题化",并不是因为那些时代有比现在更成熟的信任机制,而是因为在那种社会结构下信任还没有被充分"资本化"和"社会化";但另一个方面,中国的大变局不可能没有延续的一面,所以我们这个时代的问题很大程度也是因为我们有意无意地继承了传统社会的许多机制,其中也包括"信任"生成的机制,而这些机制明显是和时代发展脱节了。当代中国社会信任危机有两个方面的根源,一个是作为现代转型期普遍现象的社会信任体制尚未健全,另一个也许更重要,就是中国社会结构一些特点所造成的社会不信任。③ 封建传统并不

---

① 胡安宁、周怡:《再议儒家文化对一般信任的负效应》,载《社会学研究》,2013年第2期,第28页。
② 翟学伟:《也谈儒家文化与信任的关系》,载《社会科学》,2013年第6期,第71页。
③ 郑永年、黄彦杰:《中国社会的信任危机》,载《文化纵横》,2011年第2期,第18页。

等于传统文化,中国的传统文化也不只有儒家,当然,这种让儒家和儒家文化替中国延续几千年的封建社会生产关系之传统背锅的说法虽然有失偏颇,但也在一定程度上描述了信任危机的惯性。

从经济角度看,经济发展速度越快、市场化程度越深,大学生所表现出的人际信任度越低。人际信任既是宏观上经济发展的重要基础,也包含着微观上经济迟滞的阻碍因素,经济发展过程中透支诚信、欺诈他人等负面事件只能为主体换取暂时经济利益,但会过度消耗促进经济持续发展的社会信任,进而侵蚀、消解和破坏整体人际信任格局。这种经济方面的信任缺失最典型的表现就是经济人假设,在这一假设中,交往主体把个人人性设定为经济人的同时也把他人标定为经济人,先入为主地设定任何人都靠商业交换来追逐利益,把社会本身想象成完全依靠私利算计的纯商业社会,重视和强调法律程序等商业运营规则,忽视和抑制伦理道德等信任前提。同时,商业竞争作为市场经济运行的必要形式,个体或组织需要不断为自身利益与发展争夺更多剩余价值和资源分配机会,当市场过分强调竞争而忽视了公平时就会损害人际信任。另外,由于市场为主体间商业交往提供了基本框架,主体通常以此为尺度来预期和把握其他主体的活动以降低商业行为的不确定性,如果市场不能够维持分配公正而造成收入不平等,也会严重削弱人际信任。随着资本和商业不断侵入大学生的学习和生活领域,必然会影响大学生人际信任。

从交往风险角度看,事件风险与大学生信任度呈负相关关系,当大学生在面对风险高的重大事件时人际信任度较低,而在风险较低且影响小的事件中信任度则较高。因为,给予他人信任是出于信任主体对信任对象有利反应的预期。[①]由于信任对象的行动是不确定且不可控的,因此,信任主体做出信任托付之后面临着原本期待落空、托付不能实现以及自身利益受损的风险。[②] 只要信任关系还存在,信任风险就存在,并且有转化成实际损失的可能。若是对信任风险进行错误的判断和处理,信任风险转化为实际损失的风险就大大提高,当这种情况普遍存在,就可能引发信任危机。[③] 部分人际信任度较低的大学生在成长过程中遭遇过一定的社交风险事件,可能因此遭受心理创伤,造成对人际关系的低预期,因此,大学生更倾向于信任事件风险较低的社交行为以回避高风险带来的负面情绪。例如,有的大学生曾经在公共场合遭到欺凌、拒绝、忽视,感受到颜面尽失或经常接触到他人社交失败的风险经历,造成他们长期无法或不愿融入集体,

---

① 马克·E. 沃伦:《民主与信任》,华夏出版社 2004 版。
② 彼得·什托姆普卡:《信任——一种社会学理论》,中华书局 2005 版。
③ Jhony Choon Yeong Ng、邓天璐、谭清美:《信任风险高估与社会信任危机:一项制度信任的经典扎根研究》,载《创新》,2019 年第 5 期,第 87~88 页。

对他人发出的积极人际交往信号消极回避,甚至因惧怕社交活动而主动将自己与周围人群隔绝。

从个体人格角度看,社交焦虑是大学生人际交往问题产生的重要原因,也是大学生社会适应的重要指标,通常始于青少年期,是大学生作为社交主体在社会行为角色和目标定位无法达到预期时,在与他人交往过程中产生的紧张、焦虑或恐惧情绪,是一种常见的非适应性负面社会情绪。心理学实证研究证实,在社交活动前后,个体被动和重复地思考可能的社交情境或重现负面事件与消极情绪,但又无法采取积极有效的解决策略时,会导致主体产生否定性自我评价,这是引发并加强社交焦虑的重要因素。同时,大学生与他人之间的交往联系会直接影响其身心发展,当大学生对于自己的人际关系不满意,或者对人际交往的期望与实际交往水平产生落差时,时常表现出孤独感和寂寞感等不良情绪反应,这种主观的心理感受与体验会进一步引发社交焦虑,孤独感、寂寞感越强,社交焦虑就越严重。存在社交焦虑的大学生通常在记忆力、注意力、理解力和自我印象等方面存在普遍性认知偏差,对外界评价有着强烈的恐惧感,严重的情况下甚至会导致社交障碍。因此,导致大学生社交焦虑情绪产生的原因并非交往事件本身,而是大学生对所发生事件的不合理信念,且内向型人格和神经质人格的大学生所体现的交往羞耻感和自尊感水平较高,外向型人格和乐观型人格的大学生因更易掌握社交技能而不易导致社交焦虑。

从家庭环境角度看,有的大学生的家长教育方式过于极端,存在命令式过度控制与严厉惩罚等幼年期负向教养方式,不仅影响家庭沟通交流的有效性,而且造成子女对家庭沟通的逃避和对惩罚的沉默等消极应对方式,在这种家庭环境下成长的子女,由于长期处于被动交流状态,严重削弱了同周围亲密关系的情感,有的甚至逐渐形成语言功能障碍。当大学生开始逐步独立参与具有挑战性的社交活动时,如果家长不鼓励参与社交和娱乐活动、态度消极漠不关心且不能进行适当引导,甚至忽视大学生正常心理需要采取过度控制,不仅会打击大学生社交自信心和交往成就感,造成大学生参与过程的挫败感,还会导致社交逃避现象。部分大学生家长则过于溺爱和放纵子女,甚至在成年期经常干预子女活动,不仅限制了子女的主体能动性和环境感知力,而且直接破坏其社交能力养成,产生家长在高校陪读的怪象。同时,家庭成员关系尤其是双亲关系直接影响大学生心理健康状况,父母之间的冲突行为尤其是肢体冲突会给子女心理造成极大阴影,使大学生潜意识形成攻击、暴躁、冷漠和焦虑等一系列社交适应问题。而这部分大学生在面对不同方面压力时无法或不愿与父母进行情感交流,无法释放心理压力、宣泄不良情绪,更容易加剧人际交往沉默、焦虑与退缩行为。

对于高校来说,作为大学生教育引导的主阵地,必须充分重视存在于大学生群体中的社交危机和社交焦虑情绪,为大学生创造良好的社交环境,帮助其实现健康社交。从新生入学伊始就要进行年度心理健康筛查,及时发现社交敏感和社交障碍问题人群,精准瞄准从表课业转个体,及用于抓业状况里个体,因为人际信任的建立本身是实践体验和意识内化的连贯过程,需要通过认知改变与感性学习来训练培养,通过定期开展团队辅导有针对性地挖掘社交问题。大学生潜意识中的积极人际信任品质,有利于促进他们对人际信任的感知体验和内化提升。

同时,应探索开设大学生社交能力"第二课堂",加强对大学生的社交健康教育,定期邀请相关领域专家举办人际交往与沟通技巧方面的讲座,普及人际信任与社交焦虑相关知识,增强大学生自我认知、自我意识情绪管理的能力,强化大学生健康成长与发展的心理品质基础,提升人际信任感知力。鼓励存在社交困扰的大学生寻求校园专业心理辅导,帮助他们调节社交紧张感、树立健康交往心态和人际关系基础,通过社交技能训练引导他们掌握有效处理人际关系的技巧,合理对待不同性格的舍友和同学,以正确态度对待周围人的缺点与瑕疵,不断增强大学生在人际交往过程中的自信。另外,必须坚决惩治和杜绝校园欺凌现象,增强大学生对校园生活的归属感与认同感,用接纳、尊重和关爱教育塑造大学生良好社交意识与行为。

对于家庭来说,大学生的社交焦虑通常源自原生家庭,因此,家长在子女教养过程中应做到张弛有度,既对大学生的错误社交意识和行为及时予以批评、引导,也给予大学生充分的尊重、信任、肯定与支持,用良好的家庭沟通与亲子互动建立大学生对于环境关爱的主动感知力。鼓励大学生积极参与关爱弱势群体等充满正能量的社会实践活动,在实践中体验人际交往信任感和社交活动魅力,通过正向引导和感恩教育增加大学生亲社会性体验。而对于社会来说,应注重营造关心关爱大学生的社会风气和健康氛围,通过资源支持创造更多工作岗位,缓解大学生就业压力及对择业不确定性的迷茫感,通过正能量事件让大学生产生社会认同感和归属感,使大学生有效感知自校园外的积极支持并获得亲社会体验。

第一节 大学生的情感环境

恋爱是大学生人际交往关系的重要一环,虽然大学生在校期间不一定有成功的恋爱经历,但多数有过倾慕对象,在不同程度上体验过恋爱压力,这些压力同样是造成大学生网络行为失范的重要原因。恋爱压力通常并不只存在于恋爱过程中,恋爱前缺乏自信、害怕被拒绝的心理状态,恋爱过程中担心家长反对、恋爱消费赤字、两性情感纠纷,失恋分手时的绝望忧郁、苦闷虚无等不良情绪都是恋爱压力的突出表现。恋爱压力会给大学生带来极大的心理影响,有的长期陷入悲观、抑郁状态不能自拔,甚至时常发生情感因素导致的自残、自杀等极端情况。因此,分析大学生恋爱过程存在的问题根源,寻找缓解大学生恋爱压力的有效途径,不仅有利于防止大学生行为失范,而且有助于大学生的整体健康成长。

从恋爱环境角度看,不少家长在对待子女恋爱问题上态度保守,并不支持大学生恋爱,家庭恋爱教育基本缺失,直接影响子女恋爱观,并且多数大学生不愿意与家长交流分享情感经历,在遇到感情挫折时,受到家庭保守观念影响及碍于颜面,大学生也极少寻求环境支持,通常选择独自应对。同时,多数高校不重视对大学生的恋爱教育,只能对因恋爱带来压力问题的大学生采取一定的心理辅助和干预措施,没有起到恋爱引导作用,缺乏主动防范大学生恋爱危机的有效措施。另外,社会环境通常会侵蚀着大学生恋爱行为和观念,不少恋爱压力的产生源自拜金主义、消费主义等不良社会风气。

从恋爱动机角度看,由于大学生认知与行为会受所在群体影响而不由自主地与多数人保持一致,不少大学生恋爱从众性较明显。随着就业压力的增加和家庭环境的影响,有些大学生对自己到底需要什么样的伴侣一直琢磨不定,有研究表明从大一新生到大四,大学生的择偶标准都在不断地变化。[①] 有的大学生本来没有倾慕对象与恋爱想法,但当发现舍友、好友及周围同学在恋爱时,往往会产生恋爱冲动,在不考虑个人择偶标准或担心错失机遇而落单的情况下跟风恋爱。有的大学生恋爱带有极强功利性动机,直接把恋爱对象的财力、家庭条件和社会地位设定为恋爱首要条件,无视年龄、性格、兴趣等常规差异,其中不乏逃避就业、升学和生活等压力的考量。有的大学生并不倾慕恋爱对象而是爱慕虚荣,把恋爱行为本身当作炫耀自身能力和魅力的资本,追求众星捧月式的自我满足感而忽视他人感受。有的大学生则仅仅因为孤独寂寞而恋爱,通常由于远离家庭求学,把对亲人的安全依赖寄托为对恋爱对象的情感依赖,既可以获得心理安慰也可以占据闲暇时间避免精神空虚。

从恋爱心理角度看,大学生群体的生理发展虽然基本成熟,但心理发展远不能与生理同步,内心波动大、情绪紧张度高、刺激反应敏感,易凭感性直观判断情感问题和恋爱困扰。由于大学生普遍受审美心理的影响,既存在对内在美的追求,重视恋爱对象的人品与才学,追求在理想、兴趣、人格等方面一致的恋人,也存在对美貌与帅气等外在美的过度追求。从晕轮效应的影响看,由于人际交往过程中第一印象或最初印象往往会被夸大,因带有一定片面性而无法把握对方综合和真实的品质。这种印象直接决定了大学生对恋爱对象的看法,但这些第

[①] 王春霞、王晓霞、张蓉:《对某高校大学生恋爱心理的调查研究》,载《社会心理科学》,2012年Z1期,第130页。

印象通常是外在的,当大学生被彼此身上某些外在美吸引后,会不断放大这种优点并掩盖内在的缺点,同时,大学生恋爱双方也会尽量地藏自己缺点而展现最佳形象,审美疲劳出现后缺点就会显现,恋情可能出现裂痕,为恋爱压力相关问题埋下隐患。此外,有的大学生本身性格敏感,嫉妒心理和占有欲较强,不能正确对待恋人与异性的正常相处,对恋爱关系患得患失,最终造成双方产生隔阂。

从恋爱过程角度看,不少大学生因自卑无法表白或被拒绝后无法自拔而陷入单恋危机,导致严重心理失衡、焦虑抑郁;有的大学生则陷入多人之间的感情纠纷,形成三角恋或多角恋,这类畸形恋爱关系所形成的恋爱压力通常会造成仇恨报复等极端事件,危害极大。同时,恋爱过程中大学生必须面对着恋爱消费带来的经济压力,不少大学生情侣恋爱消费占日常费用的比重过高,生活费经常会因恋爱而入不敷出,对于家庭经济条件较差的大学生来说,不仅会增加个人经济压力,还会加重家庭经济负担,有的大学生不得不通过消费贷支撑恋爱消费。同时,由于大学生通常恋爱经历较单一,情感不够成熟,不少还是初次恋爱,有的对恋爱对象过于依赖,甚至视对方高于一切,把恋爱对象摆在高于家庭的位置,并为此迟到、旷课、荒废学业无法顺利毕业,这种情况通常会造成恋爱双方地位的失衡,不仅不能换取情感稳固,反而更易造成情感伤害与情感缺失。此外,不少大学生不能合理面对失恋带来的痛苦情绪,如果没有及时心理疏导和介入,就会引发严重失范行为。

此外,性教育是大学生婚恋引导教育非常重要的一环,因为,恋爱的发展过程中可以说是双重的,第一重的发展是由于性本能向全身放射……第二重的发展是由于性冲动和其他性质多少相连的心理因素发生了混合①。经济社会发展和传统文化的冲突造成了性的污名化,限制了性教育的发展。性教育是一条艰难之路,因为人类的性是一个社会发展和文化传统相互矛盾冲突的领域②。同时,大学生同网络失范相关的高危性行为尤其是性少数群体的性行为通常不是和恋爱对象发生的,因此,有必要突出大学生网络性行为方面的教育、引导和保护。

从高校性教育角度看,尽管改革开放以来国人的性开放程度随着经济社会发展和资本主义思潮冲击快速变化,但当前高校性教育的地位却仍然十分尴尬,学校层面上缺乏重视,即便开设了部分课程,空间上也长期处于学科边缘地带,内容上基本被生理学、解剖学、心理学、伦理学与教育学占据。这种把性个体身与心解构、把性伦理公与私混淆的教育方式不仅起不到有效引导大学生性健康的效果,不少忽略性关系、性权利和性取向实质的空洞理论说教还会引起大学生

---

① [英]哈夫洛克·霭理士:《性心理学》,潘光旦译,商务印书馆1997年版,第449页。
② [美]格雷·F. 凯利:《性心理学》第八版,耿文秀译,上海人民出版社2011年版,第6页。

强烈的反感。同时,即使有的高校在大学生性教育方面尝试破局,来自传统保守思想的舆论风潮也会把性教育的负面效果放大,性教育作为教育现象本身同样具有两面性,只要把握适度不仅能有效塑造大学生健康性意识和性行为,而且能有效避免高危性行为和性伤害,并造成大学生偷食禁果等不良后果。有的高校以倡导传统和弘扬国学为名实施禁欲型性教育,公开反对婚前性行为,甚至变相开设女德班、守贞课,在抹杀女性主体性和独立性的同时掩盖思想的保守性和滞后性。

从家庭性教育角度看,在中国"性"被污名化为"脏"和"耻",更进一步阻碍了其健康有序发展[①]。不少大学生家长本身就不掌握足够的性理论知识,又由于难以启齿而不可能以自身性经验与子女沟通,而实际上,家长与子女的性话题探讨更有助于避免早发性行为和高危性行为。从传统性观念角度看,我国封建社会发展的数千年间持续强调以德配天和礼义治国,尤其是宋明理学纲常教化在民众思维中扎根,性逐渐保守化甚至成为寡廉鲜耻的禁忌,直接淹没了家庭性教育的普及,即便经历近代数次惊涛骇浪般革命和改革思想的洗礼,仍然难以取得实质性转变。同时,随着20世纪80年代计划生育政策的推行,独生子女增多,也由于当代社会教养压力加大和生育观念变化,我国家庭少子化现象越来越明显,家庭对子女"性"的控制,是为自己的家庭和阶级保存一个健康后代的道德义务和责任[②]。出于对子女保护的考虑,不少家长对性教育存在隐忧。

从网络行为失范角度看,网络已成为大学生性知识、性交流甚至性体验获取的主要渠道,可以通过各类社交平台以讨论互动方式获得生动形象的性问题解答,尤其是更渴望平等和包容的各类性少数群体,基本依赖网络寻找自我认同和抱团取暖。但是,网络不仅有性知识,也充斥着大量经过商业包装的情色、畸形、变态性信息,这是造成大学生网络行为失范的重要原因。第三次"中国人的性行为与性关系"调查显示,很多原本以发廊、KTV或其他店面形式存在的性交易场所,开始转向更隐蔽的网络端[③]。有的社交平台瞄准当前我国性教育匮乏的缺口,用网络包装所谓性学专家,以普及性健康知识为噱头,用色情图片、粗俗文字抓住大学生性好奇心,传播伪科学性观念,兜售情趣用品、淫秽视频甚至视频裸聊。有的社交平台则成为性交易逃避监管打击的隐匿工具,不仅解构着大学生仅有的原生性认知,也在重构着大学生畸形的性认知。

对于大学生中的同性恋个体来说,首先应当正确认知自己的性取向,在充分了解和沟通的情况下慎重选择性伴侣,不能因为生理的性需求或心理的孤独寂

---

① 潘绥铭、黄盈盈:《性之变:21世纪中国人的性生活》,中国人民大学出版社2013年版,第20页。
② [法]米歇尔·福柯:《性经验史》,佘碧平译,上海世纪出版集团2018年版,第79页。
③ [法]米歇尔·福柯:《性经验史》,佘碧平译,上海世纪出版集团2018年版,第353页。

窒随意更换性伴侣,同时,必须定期到医院体检,及时防范和阻断艾滋病等性传播疾病的发展恶化。对于高校来说,大学生中的同性恋个体自我意识强烈和敏感,高校应从保障少数群体权利的角度出发,缓解他们的心理压力,帮助他们树立良好的性取向认知,更重要的是为他们创造积极、开放和包容的校园环境。对于社会来说,应开展公众健康教育,普及同性恋相关常识,减少歧视、排斥情绪和恐同、污名化偏见,逐步转变公众对同性恋群体的错误认知,尊重少数群体的性取向,创造宽容、理性的舆论氛围;加大对同性恋群体身体和心理健康状况的关注,为他们提供公正平等的就业、医疗环境,有效保障同性恋群体合法权益,用人文关怀让他们感受到来自社会的正能量。

　　对于高校来说,加强大学生婚恋引导是缓解大学生恋爱压力、避免次生危害的重要途径。高校在传授专业知识尤其是进行思想政治理论和心理教育课程教学的同时,同样可以探索利用网络、利用专属课堂设立婚恋观教育模块,帮助大学生端正恋爱态度,及时纠正不良恋爱动机,既有助于保护大学生隐私,也有利于帮助大学生树立积极恋爱观。在处理大学生恋爱问题尤其是恋爱纠纷时,必须经过详尽调查和细致分析,妥善安抚当事大学生情绪,严防极端案事件发生;由于近年来因感情纠纷发生的大学生悲剧事件不断增加,高校应在总结自身工作经验、吸取相关事件教训的基础上建立完善相关应急处突机制加以防范。对于存在恋爱压力尤其是因失恋造成消极厌世心理的大学生,应该及时由心理工作团队介入干预,疏导大学生情绪、增强大学生直面情感挫折的勇气和信心。尤其应注重发挥高校辅导员和党团学生干部对大学生恋爱问题的摸底排查作用,及时掌握和化解因情感纠葛产生心理问题的不安定因素。同时,必须引导家长共同参与大学生的恋爱观教育,及时了解大学生恋爱现状和情感经历,帮助大学生身心健康成长。

　　在提升性教育地位和效果方面,首先,性教育作为人的全面发展的基本权利,是社会进步的重要体现,必须以中国特色社会主义核心价值体系为引领,结合新时代我国国情,转变教育理念,使大学生从对象转变为主体,把管理转变为服务保障,鼓励大学生自主编制性教育课程,强调性别平等和性少数群体的权利,培养大学生对待性行为的自我认知、正确判断、自主选择、尊重包容、理性负责和风险应对能力。同时,充分考虑大学生群体的多样化和个体的独特性,积极利用互联网平台的传播优势,有效补齐面对面性教育隐私暴露的短板,并结合网络虚拟空间特性,通过网络平台开展精准服务,满足特殊大学生的需求。其次,在政府层面,除了要给予性教育政策保障,还应整合教育、卫健及公安等部门资源,依托智慧城市数据库建设,加强对大学生常用网络社交平台的监管,持续严厉打击通过网络泄露大学生隐私和涉网色情违法犯罪活动,进一步净化国内网络生态环境。此外,还必须不断整合大学生同学好友、学校教师、学科专家、家庭亲友和社会力量，共同致力于性教育规范化，提倡和鼓励性教育思想与理论发展。

第三节　大学生的家庭环境

　　家庭是人生的第一课堂，父母是孩子的第一任老师，家风则是一个家庭的精神内核。家庭既是一个人人生起点的地方，也是一个人梦想启航的地方。中国人一向重视"家"在个人成长过程中的作用，所以才有"天下之本在家"之说。对于大学生成长来说，身心发育虽趋于成熟和稳定，但可能存在因性教育缺失造成对性的不合理探求，也可能存在生理与心理发育的不平衡、不匹配，还可能存在角色定位由家庭逐步向社会过渡中产生的各种障碍。

　　家庭教育中应注重在社会责任上帮孩子提高精神境界、培育文明风尚，这样孩子才能打下良好的思想品德和人格基础，在步入大学生活后才能避免网络行为失范，才能更有效地利用互联网带来的学习、生活和娱乐便利。然而，很多家长无论在情感、陪伴、尊重、亲密还是在问题解决方面，为孩子提供的支持都不多，在孩子成长中并没有承担应尽的责任；同时，尽管部分家庭物质生活有了极大改善，但家风却受到忽视，家庭或者家族成员长期按照不良习惯行事，甚至出现了家风断层现象，造成大学生在规范认知、遵守和自我教育、控制能力的缺失。

　　重视家庭、家风是中华优秀文化的重要基因，也是中华民族屹立不倒的重要原因。数千年来，家庭在"家国天下"的中国社会中始终处于基础地位。几千年来的生活习惯中，家庭以至家族既是国人的容身之所也是国人的心灵归宿，既是血缘的、物质的、生产的基础，又是价值的、精神的和再生产的保障。家风是我国传统社会家庭重要的组成部分，汇聚着一个家庭综合价值观和智慧，对人的人格发展起重要的作用，良好家风是推动一个家庭兴旺发达的不竭动力，不良家风则往往成为家庭没落的主要根源。

　　新时代，家风仍然需要继续承担对国人尤其是大学生的化育使命，那些吸收和凝聚了中国特色社会主义先进文化的优良家风，不仅扮演着在新时代培育大学生社会主义核心价值观的重要角色，也是马克思主义民族化、时代化和大众化的单元化载体；不仅凝结着中华民族优秀传统文化，也承担着实现中华民族伟大复兴中国梦的历史使命；既是一个家庭的智慧和历史，也是一个家庭的担当和未来。然而，随着生产力发展，封建生产关系在瓦解的同时也解构了传统的家庭和家族观念，时代进步带来的多元思潮和中国社会家庭结构的变化也在进一步淡化家风氛围，家风缺失尤其是优良家风的缺失是导致大学生网络行为失范的重要原因。面对当前我国政治、经济、社会、文化和时代定位的发展需求，面对社会主义核心价值观的实践需求,面对新时代人民对美好生活的思想需求,如何重构家风文化成为新时代我国社会亟须解决的问题。

从人的认知角度看,社会由于刻板印象原因对于家风尤其是传统家风存在认知偏差,不能全面客观认识家风,不仅对家风本身缺乏了解,而且对家风的作用理解过于功利,把家风先入为主地限定为封建残余思想,把家风等同于纲常名教和精神压迫工具,这其中虽然不乏传统家风自身在语言表达、高于现实等方面的原因,但更重要的是人们在家风认知上存在的主观偏差和思想束缚。同时,很多经济不能独立的家庭成员存在对于家长家庭管制的窘困与抵抗,把家风认为是限制自身发展的消极因素,也是家风认知的误区之一。

从社会治理结构角度看,传统中国家国天下的社会治理结构,依靠金字塔形的上下级差序格局实施统治,家风是整个社会治理结构上的重要一环,是保持社会构成最基本生产单位顺序发展的重要基石,也是封建生产方式得以稳定运行的黏合剂,是封建社会政治秩序在最基本社会组织的直接体现。而在当代社会,家风不再承担封建生产关系家国同构的统治使命,从表面上看,家风的现代化转变开始面临困境。然而实际上,新时代,家风仍然承担着传播爱国主义、维护社会稳定、延续传统美德的社会使命。

从文化融合的角度看,市场经济的高速发展尤其是网络社会崛起以来,商品经济带来的民主、平等、自由以及个人主义思潮潜移默化影响着国人思维方式,这其中有社会进步的积极成分,也有解构传统的消极成分,以家庭和家族利益为中心的文化传统不得不让位于以个人利益为中心的个体文化氛围,延续科层方式的家长制管理也就不得不让位于强调平等尊重的家庭成员制生活,家庭更加强调成员个性培育和个体价值的发展。同时,网络社会夹杂着各种文化思潮不断冲击人们尤其是青少年的文化价值,各种极端的个人主义、自由主义、实用主义不断侵占家庭家风文化的空间。

从人口和地域角度看,传统的以血缘关系和家风规制为双重纽带的生产方式,体现的是家庭和家族人口在地域上的密集度,在以劳动密集为特征的农业生产为主的封建社会,家庭成员越多生产能力就越高,也就越需要家风家训的道德教化作用;而在以技术创新为特征的市场条件下,资本带给现代家庭更多的养育压力,生育人口带来的各种负担并非每个家庭都能承担,资本在把人与人更紧密地结合成生产链条的同时,也在逐步隔离人与人之间的纽带,个体更需要依赖社会化大生产而非家庭化小生产而生存,这是异化造成的人与家庭的疏离,家风在这一过程中被逐渐淡化。

习近平总书记指出:无论时代如何变化,无论经济社会如何发展,对一个社会来说,家庭的生活依托都不可替代,家庭的社会功能都不可替代,家庭的文明作用都不可替代。我们都要重视家庭建设,注重家庭、注重家教、注重家风,紧密结合培育和弘扬社会主义核心价值观,发扬光大中华民族传统家庭美德。因此,家庭应培育良好家风,形成和谐文明的家庭氛围,给大学生以合理的物质供给与强大的精神支撑;家长应积极参与大学生成长过程,虽然参与方式由身心陪伴转变成精神陪伴,但对于引导大学生树立向上的人生观、价值观,避免行为失范至关重要。

长期以来,把传统价值观念打上封建腐朽标签的思维惯性,对众多错误思潮缺乏辨别力的盲目追捧,以及对社会主义先进文化和核心价值体系的不自信,在一定程度上造成了信念缺失,如果说以儒法学说为体建构起来的优秀文化体系是中华民族的灵魂,那么综合了无数先辈智慧的传统家风文化则是每个中国家庭的根基,是优秀文化价值在家庭这一社会最基础单位上的功能化和大众化途径,既是国的理念在家的意义上的内化,也是家的理念在国的意义上的外化,所以才有了家国天下的千年传统,因此,有必要从整个国家优秀文化自信的重构、社会主义核心价值观的完善发展和红色家风的普及与传承三个维度重构新时代优良家风。

首先,必须坚定文化自信,文化自信既包括对中华民族优秀传统文化的自信,也包括对社会主义核心价值观的自信,并在此基础上重构对家风文化的自信,传承忠孝礼义等优秀传统美德精髓。家是最小国,国是千万家,这既是家国同构的制度层面,也是精神层面。新时代,就是用中华民族伟大复兴中国梦统领家风建构,筑牢家庭纽带、重塑优秀家风,使家庭目标与国家利益相一致,有效抵御资本主义对家庭成员的异化疏离现象。同时,家风作为推动家庭进步乃至国家社会进步的重要手段,同样需要革故鼎新、与时俱进,在网络社会大背景下永葆活力,除了汲取传统家风文化中的优秀成分,还必须吸收马克思主义的原理理论和优良品质,这是传统文化时代化和马克思主义大众化的必然要求。此外,重构家风还要求吸收世界先进文化成果,转变家长式教育理念和长幼有序的管理理念,倡导家庭内部的民主平等和尊老爱幼观念,以和谐文化共筑家庭成员精神家园。

其次,必须以优秀传统家风丰富大学生社会主义核心价值观的培育,把优秀传统家风中关于个体的道德修养、人格养成、为人处世等方面的行为准则统一梳理、去伪存真,选取符合当代大学生个性发展特征,符合社会主义核心价值观的内容,通过创造性转化和创新性发展赋予其新时代特色。突出强调家长对大学生的示范引领作用,鼓励家长通过学习践行社会主义核心价值观进行自我教育,带动整个家庭爱国、敬业、诚信、友善的良好氛围,培育大学生在家风认知、家风内化和实践外化三重维度上的建构。从动态上看,家风培育解决的不仅是当下的问题,更是未来的问题,因此必须把传统优良家风融入社会主义核心价值观培育的全过程,重视主流媒体和自媒体的宣传放大效应,使其融入国民教育的各学段教育中,体现在教育的内容体系和教学课堂的各方面,并以此促进社会主义核心价值观体系在社会的内化,使不同家庭的家风都能符合社会主义核心价值观的要求。

另外,必须重视红色家风对大学生的直接现实影响力。高校应探索推进红色家风教育与思想政治教育工作的有机结合,提升思想政治理论课的针对性,以史为鉴开拓创新,通过详尽的史料、生动的素材提升红色家风的说服力,既要引导大学生以红色家风为题开展拓展性研究,确保红色家风教育入脑入心,也要推动马克思主义理论学者进一步加深红色家风教育理论研究,不断取得科研成果。通过校园公共宣传和主题教育活动等隐性教育,推进红色家风教育与高校校园文化的结合,并不断探索建立以红色家风为主题的网络平台,使红色家风所蕴含的初心使命转化为大学生更易接受的网络语言,用红色家风牢牢占据网络思想政治教育的阵地、掌握舆论战场主动权。同时,注重把红色家风教育和大学生社会实践相结合,在红色家风教育实践中汲取红色能量也传播红色能量,既提高大学生的实践经验也丰富红色家风文化的大众化需求,通过主流媒体和新媒体合力,在全社会构建公众协同参与的全方位红色教育体系,真正实现家风与民风相互作用、相互促进的良性格局。

第四节 大学生的教导环境

学校是大学生教育引导的第一阵地和主环境,是一个国家的学术殿堂和民族的精神家园,是大学生社会主义核心价值观尤其是爱国主义、法治和诚信意识的培育和践行的主场域,也是意识形态斗争的无形战场,用好互联网、管好校园网,惩罚失范、奖励规范,有利于大学生良好网络习惯的养成。

教育的主体是教育者,高校教师作为大学生教育引导的主体,不仅承担着知识传授和创新的教书任务,更承担着道德传承和发展的育人使命,师德是教师和一切教育工作者在从事教育活动时必须遵守的道德规范和行为规则,以及与之相适应的道德观念、情操和品质。[①] 如果高校教师自身都无法自我约束和升华,国家学术殿堂和民族精神家园也就不复存在。因此,在大学这一对青年成长最关键的阶段,良好的师德师风将直接影响大学生终身,而不良师德师风不仅损害当事大学生身心健康,更损及整个大学生群体的未来,直接阻碍高等教育的立德树人成果。因此,树立良好师德师风,优化校园环境,是防范大学生网络行为失

[①] 檀传宝:《走向新师德——师德现状与教师专业道德建设研究》,北京师范大学出版社2009年版,第21页。

范的重要途径。

从当前我国高等教育发展的背景和需求来看,教师队伍素质问题尤其是师德师风问题,比较突出地表现在以下几个方面:从教师职业角度看,缺乏职业荣誉感,把教育工作当作商业交换和谋生手段,在教学上照本宣科、敷衍了事,既不认真备课,也不及时更新知识内容,自身缺乏实际经验,只能讲解空洞理论;有的教师无心本职工作和教学质量提升,却极热衷于职称评定、待遇晋升和兼职收入;在学术研究上过于功利,科研工作重量不重质,甚至剽窃他人学术成果、直接抄袭论文,破坏学术生态。有的对待学生态度冷漠,不关心学生思想状况和心理问题,不仅不能有效教育引导甚至歧视问题学生,进一步加重学生身心健康负担。有的师范意识淡薄、行为不自律,忽视个人言论和行为的导向性,甚至利用教师权力对学生实施身心伤害,严重的触及刑律,对大学生、高等教育事业和全社会都造成不良影响,严重破坏了教师的整体形象。

从高校角度看,有的高校只注重学科建设和教学科研,不重视师德师风建设,只注重教师学历水平和专业知识,忽视对教师职业道德的考核,不仅缺乏师德师风方面的量化指标,有的甚至包庇纵容存在师德师风问题的教师,在处理涉及本校的师德师风负面事件上装聋作哑,在一定程度上降低了教师队伍整体素质。同时,少数高校教师难以抵挡个人主义、拜金主义、享乐主义和奢靡主义这些腐朽思想的诱惑,造成教育精神缺失、物质上享受盛行。实际上,高校教师通常经历了漫长的求学过程,大多具备硕士及以上学历,但工资与社会其他行业中具有同等学历的人员往往有一定差距,造成不少高等教师内心失衡,无心教学与科研而专注于跳槽前往待遇优厚的地区与行业,或者通过社会兼职增加收入,甚至为了评定更高职称学术造假,严重影响高校正常教学科研活动。动态地看,教育本身是一个终身的、连续的过程,今天的高校教师曾经也是大学生,而今天的部分大学生就是未来高等教育的主体,因此,高校师德师风问题归根结底涉及国家教育体系的所有阶段,解决好高等教育的师德师风问题在一定程度上是解决整个教育体系师德师风问题的关键。

新时代,高校应当把师德师风作为评价教师队伍素质第一标准,以中国传统的优良师德师风为基础,增强教师的职业荣誉感和责任感;以社会主义核心价值体系为引领,培养教师良好的学术道德和科研风气;以党的新时代教育方针和政策为引领,遵循立德示范规律、教师成长发展规律和师德师风建设规律,培养学高身正的高校教师队伍,努力塑造既符合我国教育科学规范合理发展趋势,也符合国际教育改革潮流的新时代师德师风体系。

从学校层面看,应坚持党委统一领导,各相关部门合理分工、协同负责,建设完善高校师德师风管理体制。设立教师师德师风管理委员会或专门工作组,下设办公室,由校党委一把手直接牵头负责,纪检监察、组织人事、学生工作和教学科研等各部门协同配合,通过形式多样的师德师风实践活动,形成师德师风建设管理的体制机制和整体氛围。坚持奖惩并重,既通过奖励德高身正教师发挥榜样的示范引领作用,也惩罚师德师风负面行为发挥制度惩戒作用。一方面,注重挖掘教师身边的优秀师德师风模范,通过典型潜移默化地感染和影响高校教师,达到直抵人心的效果;另一方面,根据学校实际和法律法规,制定师德师风监督管理实施细则和评价体系,既把师德师风监督贯穿教师管理全过程,也把师德师风教育培训纳入教师培训全过程。同时,会同教育主管和政法部门共同制定师德师风行为负面清单,严厉惩治败坏教师职业道德的负面行为。另外,应通过尊师重教唤醒教师主体意识,发挥教师主观能动性,重视教师在育人的同时育己,用教师内在自省增强对师德师风的领悟;适应新时代高校教师发展需要,维护高校教师合法权利,切实解决教师实际困难,不断提升教师社会地位尤其是收入水平,以良好的职业环境促进良好师德师风的形成。

除了师德师范,大学生教导环境的另一个重要方面是校园环境,包括校园物质环境、文化环境和校园局域网络虚拟环境三部分。

从校园物质建设方面看,高校是由大学生、教职工与物质环境构成的现实场域,硬件环境是高校物质建设的最基础的内容,是高等教育立德树人的基石,高校要保持持续发展必须具备良好的物质基础,拥有完备和先进的硬件设备,既能满足大学生求知和实践操作需要,也能满足高校教师教学科研需要。在硬件环境建设上,高校必须确保一定的人力、物力和财力投入,构建有利于大学生发展的良好支持性校园环境,尤其是要完善教学场所之外的学习和实践场地,塑造既能展现学校独特历史文化风貌又能体现当代科技进步的自然环境。同时,持续进行现代化管理,加强和引导大学生对校园物质资源的利用,使校园硬件设施的管理渗透到高校发展的全过程,保证所投入物质资源的使用率与实际应用效果。此外,高校必须有效配置教学物质资源,合理调整学科、专业、院系的比例,使校园内部环境的物质资源与招生规模和教育需求动态适应,让大学生在舒适、宁静的校园环境中学习和生活。

从校园文化建设方面看,首先必须坚持社会主义核心价值体系的引领,坚持社会主义高等教育的办学方向,建设具有中国特色的校园文化,把爱国主义、集体主义和担当意识融入校园文化建设的各个方面,引导大学生把个人理想自觉融入国家发展、民族复兴的伟大征程,努力成为中国特色社会主义现代化建设的栋梁。此外,校园文化在重视大学生专业能力发展的同时必须注重大学生实践能力和职业能力的发展,不断加强校园职业环境建设,培养与大学生未来发展密切相关的实用能力。用和谐共生的校园文化培育大学生专业旨趣和文化定力,以优良校园文化潜移默化地影响大学生学习和生活行为,防止网络行为失范的发生。

在校园局域网络虚拟环境方面，首先应加强对校园局域网硬件的更新维护有效提升网速，在及时更新资源数据库的同时增加信息的共享度和检索便利度，有效提高大学生利用校园网的积极性，应遵循大学生学习、生活和交往特点，提升校园网络的活力与创造力，充分利用校园网讲好思想政治理论课，在课程设置、理念、形式、内容、方法、教师配备等方面凸显社会主义核心价值，引导大学生树立互联网遵德守法意识，积极向上地利用好网络，形成良好自律能力。同时，开展丰富多彩的校园网趣味活动，让大学生在生动有趣的活动中自觉践行社会主义核心价值观，形成社会责任意识与网络规范意识。其次，必须严格校园网安全管理制度，完善校园网信息安全防火墙，堵塞网络安全漏洞，严防恶意网络攻击，屏蔽和过滤不法信息进入校园的网络通道，净化校园网环境。同时，适当配备上网行为监督控制系统，联合公安、国安等部门并结合《高等教育法》与校规校纪，有效记录、研判、提醒、警告和惩罚大学生不当上网行为，严控网络行为失范；及时发现、宣传、奖励校园模范标杆，发挥示范引领作用，引导大学生树立看齐意识。

第五节　大学生所处的社会环境

网络社会，大学生所处的场域除了现实环境还有虚拟空间，网络行为失范无论发生的具体场域如何，都是现实加虚拟双重场域相互作用的结果。前文曾述，虚拟场域的失范性不仅对现实社会整体负面作用巨大，而且造成个体的人的多方位异化，身份隐匿、规范缺场与传媒方式的变革是虚拟场域造成人的行为失范最突出的表现。

从身份隐匿角度看，互联网最典型的特点之一是虚拟，但虚拟并不等同于不真实，网络虚拟的只是身份，并不虚拟身份背后的主体，主体在互联网中仅以隐匿身份的形式存在。在网络中，人们以符号身份存在，不用面对现实社会中活生生的人，不必面临对他人诚实、负责和讲信用等社会道德的直接压力，使得道德成本过低。由于网络世界的匿名性和隐蔽性，人就很可能任意行为，不受规范的约束。① 任何人都可以根据自己建构的"理想类型"存在于网络，游刃有余地沉浸于各种虚拟空间中，肆无忌惮地寻找快感、归属感甚至成就感，这一点在网游环境中表现得尤为突出；同时，主体以多种多样的虚拟身份掩盖自己在现实世界中真实的、唯一的身份，把真实化为虚拟、让自己变成符号，以防止真实身份泄

---

① 汤怡：《网络传播视域下的伦理失范与道德规制》，《武汉大学学报（人文科学版）》，2010年第3期，第234页。

露,以此从事各类符合规范或失范的活动。网络社会提供了独特的"虚拟"环境——电子空间,网民以隐形人的身份在网上自由操作,他们摆脱了现实社会诸多人际关系的束缚,极易放纵自己的行为,忘却了社会责任和道德感,出现种种网络道德问题。① 从规范缺场角度看,在各类大学生网络失范行为中,伦理道德、法律法规等规范往往被搁置,呈现"不在场"状态,它们不再是行为主体需要直面的压力,反而变成被选择性执行和遵守的符号,而且网络行为主体也不需要再面对现实意义的"人",只需和同样虚拟化、符号化的"人"进行互动即可,当主体感受到现实世界难以企及的自由与放纵时,现实世界中的各类规范和约束甚至现实本身也就渐渐被消解了。网络本身反映以及创造了不同的文化,网络与其承载之交通相当程度的处在国家管制规定之外。② 同时,互联网使行为主体突破了现实世界的物理阻隔,限制躯体活动范围的时空限制不了意识对时空的探索,不同国度、不同种族、不同文明和不同社会形态的信息交流融合、冲突碰撞,行为主体在单一社会形态下建构起来的意识形态极易随着时空一同消解,社会威权也就丧失了原有的规范作用。

从传媒变革角度看,互联网的发展尤其是自媒体的突飞猛进,给信息传播方式带来了巨大变革,行为主体不再仅是受众,只能被动地接受信息,而是兼具信息的发布者、传播者和信息本身的参与者、互动者等多重身份,信息传播结构开始由传统金字塔式"传播者—媒介—受众"逐步向无限循环式"行为主体—媒介—行为主体"的扁平化、大众化结构转变,传统媒体的受众占有率、影响力和话语权等各方面份额均被新媒体日益分割,最终不得不依靠互联网开拓市场,被迫加入"行为主体"的行列,在充当传播者的同时,接受普通网络受众的"评判"。从个体层面看,普通网络行为主体原来被压缩至无限小的话语权,在网络信息单向传播变多向互动的过程中,任何草根随时随地都可能上头条、一夜爆红,个体开始转变为信息传播主体,并能突然感受到前所未有的话语权自由和快感,这一刻的自我俨然变成自我的威权和中心,这种行为主体话语权的"暴涨"进一步带来社会威权、社会责任和伦理道德在网络场域的淡化,引发失范行为。

但是,现实社会是互联网场域的唯一根源也是最终归宿,现实社会现象与符号无论经过多少次虚拟化与数字化转换,最终的成果与代价都需要由现实社会来承担,虚拟网络虚拟的是主体行为过程,虚拟不了主体行为的目标与结果,网络社会不过是现实社会的欠真实映射,如一面哈哈镜,扭曲了现象却扭曲不了本

---

① 金太军、施从美:《论政府的网上责任》,载《政治学研究》,2001 年第 2 期,第 47 页。
② [美]曼纽尔·卡斯特:《网络社会的崛起》,夏铸九、王志弘等译,社会科学文献出版社 2000 年版,第 57 页。

体,大学生网络行为失范同样有现实社会负能量图景的相对反映。在网络社会这一新的场域之中,虚拟只是一种特殊形态的存在,在本质上讲,网络社会并非虚拟的,而是现实的,网络社会也不过是不同场域的"人的社会",网络社会行为的主体依旧是人,人的网络行为是一种社会行为,人作为唯一主体理应对自己的网络行为负责,为网络行为失范买单。现实社会负能量或者说造成现实社会问题的重要根源是公平正义问题,社会公平正义涉及每个社会成员权利义务的合理分配,是调节社会关系的基本准则,在社会的所有部分,对每个具有相似动机和禀赋的人来说,都应当有大致平等的教育和成就前景。[①] 随着我国经济社会不断发展和网络社会强势崛起,社会公平正义问题凸显,新时代大学生是社会成员中权利义务意识和民主进步意识最强的群体之一,公平正义问题也直接关系大学生的成长发展,因此,大学生群体对社会公正问题的关切也在持续增强,部分社会不公正问题也是引发大学生网络行为失范的原因之一。

由于任何形式的公平正义都不可能是绝对的,当前我国社会的公平正义问题是社会发展中不可避免的问题,是多因素叠加的综合结果。其中,既有经济社会发展的失衡、地域资源分布不均和城乡二元结构对立的因素,也有少数人存在特权思想、诚信缺失和官僚主义的原因。有效解决这些问题,促进社会公平正义,既是解决大学生网络行为失范问题的有效途径,也是我国社会建设发展的需要。

对于大学生自身来说,应当在正确行使个人合法权利的同时自觉履行所应承担的义务,做到在公平正义方面权利与义务的统一,以严谨的态度、理性的思维对待各类社会不公平现象,用马克思主义的科学真理有效分析和把握产生这些现象的根源,也以马克思主义的实践精神寻找解决这些问题的办法。对于社会来说,应努力寻找全面深化改革的最大公约数,凝聚全社会共识形成改革合力,通过社会体制改革促进经济与政治体制改革的深化和完善,为大学生创造良好的社会制度环境和制度条件。同时,合理配置社会资源,不断促进机会公平,在政治参与、社会治理、城乡发展以及教育、就业、医疗和性别等可能影响公平正义的方面打破身份壁垒,拓宽大学生利益诉求表达渠道,用公开透明的方式接受全社会监督。另外,要把加强利益关系调节尤其是收入分配调节作为维护公平正义的关键,继续坚持和强调按劳分配为主体、多种分配方式并存的收入分配格局,健全以税收、社保和转移支付等为主要手段的再分配调节机制,以获得感抵抗被剥削感。最后,必须把公平正义融入制度体系,以制度刚性保障公平正义,真正保证大学生平等参与和平等发展的权利。

此外,网络负能量需要社会正能量来消解,而精神、道德、榜样的力量是无穷

---

① [美]约翰·罗尔斯:《正义论》,何怀宏等译,中国社会科学出版社2009年版,第56页。

的，以榜样正能量占领国人精神高地，能有效抵御负能量的侵蚀。同时，突出中国精神，在全社会大力弘扬以爱国主义为核心的民族精神和以改革创新为核心的时代精神，加强中华优秀传统文化、中共党史和国情教育，把中国精神融入当代每个中国人的骨髓和血液里、夯实到每个平凡人的工作和生活中，让个人自觉把人生价值融入民族复兴的伟大梦想。

第七章
人与文化——大学生网络行为失范的精神因素

文化是一个国家、一个民族的灵魂,文化兴国运兴,文化强民族强,没有高度的文化自信,没有文化的繁荣兴盛,就没有中华民族伟大复兴。实现中华民族伟大复兴,既需要物质文明的发展进步,也需要精神文明的改善和增强。物质文明和精神文明如车之两轮、鸟之双翼,缺一不可,二者均衡发展、相互促进是实现中国梦的必要条件,没有精神力量的支撑,民族难以自立自强,没有文化的支撑,中国特色社会主义难以持续长久。

新时代,大学生网络行为失范在更深层次上往往会反映出文化领域的困境,文化静态的差异和矛盾,动态的碰撞和融合,都会造成主体在认知和行为上的偏差。其中,既有对优秀传统文化的误读,也有对中国特色社会主义先进文化的曲解;既有现实环境文化自身的不足,也有网络场域文化独特的缺点;既存在文明交融互鉴带来的挑战,也存在文化多元与冲突带来的问题;既有来自虚无主义的解构,也有对西方中心论的应声附和。坚定文化自信、增强文化软实力和国际话语权,是在文化层次解决大学生网络行为失范问题的根本途径。

第一节 文化与网络

一、文化概念在语言本源上的分歧

从我国"文——化"的起源看,古人往往把二者分开,数千年来,"文"与"化"在中华语言文字体系中的这种分割更接近国人骨子里对"文化"一词的理解。"文,错画也,象交文。"在中华文字出现之初,文表示相互交错的纹理,"物相杂,故曰文",所以"五色成文而不乱"。后来,引申为包括语言文字、文物典籍和礼乐制度等在内的各种象征性符号与系统,也用来称赞人的美德修养与精神品行。化则指人与物的生成、改变、改造、变异的过程,引申为伦理德行教化与行为变化。文与化搁在一起就有了"以文化人""化成天下"的中国传统文化观。近代,随着西学进入中国,逐渐才有了"文化"的说法。

在西方,泰勒是文化与文明这一主题的著名学者之一,他认为:文化,或文明,就其广泛的民族学意义来说,乃是包括全部的知识、信仰、艺术、道德、法律、风俗以及作为社会成员所掌握和习得的任何其他的才能和习惯的复合体。① 而实际上,在泰勒这里,文化和文明两个概念显得很不确定……事实上,泰勒从开始对原始文明进行研究起,就把文明与文化看作是完全同意的词②。

马凌诺斯基认为:文化包括一套工具及一套风俗——人体的或心灵的习惯,他们都是直接的或间接的满足人类的需要。③ 在马凌诺斯基看来,文化至少应该包含四个组成部分:物资设备——文化中最易明白,最易捉摸的一方面,常得到进化论者的偏爱,以此评判人类前进的步伐。精神方面——最基本的要素是标准化的,身体上的习惯或风俗,亦即机体上较巩固的修正。语言——语言知识的成熟,实际上等于它在社会中及文化中地位的成熟,它不是一个工具的体系,而是一套发音的风俗及精神文化的一部分。社会组织——物资设备及人体习惯的混合复体,是集团行动的标准规矩。④

怀特则认为:文化是以使用符号为基础的现象体系,它包括行动客体观念以及情感等,而语言则是人类符号能力的最重要的形态,文化是一个有其自身生命和自身规律的自成一格的系统,作为一个现象序列,其功能在于使人类适应自然界以保证种的生存和延续。他同时认为:文化不能用心理学、生物学或生理学来解释,而必须由其自身得到解说。所以,从人类学角度看,不是中华文化、文字孕育和产生了中华民族,而是中华民族培育和滋养出了中华文化之树,对于西方而言也不例外。"文""化"与"Culture"的差异既在本源的形式上,也在本源的内涵上,西学东渐的进程让国人学会了生于西方的"Culture",但磨灭不掉深入骨髓的传统"文""化",这是中西方文化在对比过程中不可避免的差异:文字从最初的画图记事的象形文字,逐渐被赋予越来越抽象的约定俗成的含义,并形成两条发展路线:音节文字和会意文字。音节文字的出现,打破了早期文字的书写与使用被垄断的局面,使学问平民化。但是中国文字却继续向会意文字方向发展,一方面表意的方块汉字能够帮助中国很早就出现的统治统一体超越口语交流和方

---

① [英]爱德华·泰勒:《原始文化》,连树声译,上海文艺出版社1992年版,第17~18页。
② [法]让·卡泽纳弗:《社会学十大概念》,杨捷译,上海人民出版社2011年版,第17页。
③ [英]布劳尼斯娄·马凌诺斯基:《文化论》,费孝通译,华夏出版社2001年版,第180页。
④ [英]布劳尼斯娄·马凌诺斯基:《文化论》,费孝通译,华夏出版社2001年版,第181页。

言的局限,也表明中国士这一阶层控制教育和国家行政的利益所在。① 提出文化的差异并非要重走文明冲突论的老路,而是要寻找一条中西文化交融的根本出路,中国人民在同西方文明惨烈的碰撞和之后无畏探索的历史进程中最终选择了马克思主义。

马克思把文化融进了从自然人化到人的发展再到物质生产终至上层建筑的人类历史进程。在马克思看来,文化的核心是自然的人化,是自然向社会的转化,即人借助文化这一载体不断认识和改造自然并发展自身的过程。不仅五官的感觉,而且所谓精神感觉、实践感觉(意志、爱,等等),一句话,人的感觉、感觉的人性都只是由于它的对象的存在,由于人化的自然界,才产生出来的,五官感觉的形成是以往全部世界历史的产物。② 自然的人化"……通过人并且为了人,而对人的本质的真正占有……它是人和自然之间人和人之间的矛盾的真正解决,是存在和本质对象化和自我确证、自由和必然、个体和类之间的斗争的真正解决③。并且以人的物质生产为基础,思想、观念、意识的生产最初是直接与人们的物质活动,与人们的物质交往,与现实生活的语言交织在一起的。人们的想象、思维、精神交往在这里还是人们物质行动的直接产物。表现在某一民族的政治、法律、道德、宗教、形而上学等的语言中的精神生产也是这样。④

文化是一定时期经济政治的反映,是上层建筑的一部分,同时又反作用于经济基础。政治、法、哲学、宗教、文学、艺术等的发展是以经济发展为基础的。但是,它们又都互相作用并对经济基础发生作用。这并不是说,只有经济状况才是原因,才是积极的,其余一切都不过是消极的结果,而是说,这是在归根到底不断为自己开辟道路的经济必然性的基础上的相互作用。⑤ 马克思从历史唯物主义和人类劳动实践角度,用生产力与生产关系、经济基础和上层建筑的辩证关系解释了文化,为充分理解和研究文化现象奠基与定向。因此,仅从文化的定义就能瞥见中国传统文化与西方文化、社会主义先进文化与资本主义文化之间的差异和矛盾,也为文化视角大学生网络行为失范分析埋下了伏笔。

二、网络文化作为新兴文化形态本身会带来冲击

文化在语言概念本源上的分歧只是差异之一,文化作为政治经济的反映,在科技日新月异的现时代自然会体现于生产力发展前沿的互联网,又基于互联网独特的场域特性产生网络文化。网络文化本身作为一种新生产物,在反映现实

---

① [美]拉尔夫·林顿:《文化树:世界文化简史》,何道宽译,重庆出版社1989年版,第329页。
② 《马克思恩格斯全集》第42卷,人民出版社1979年版,第123页。
③ 《马克思恩格斯全集》第42卷,人民出版社1979年版,第123页。
④ 《马克思恩格斯文集》第1卷,人民出版社2009年版,第524页。
⑤ 《马克思恩格斯文集》第10卷,人民出版社2009年版,第668页。

生产力与生产关系性质的同时又有着区别于人类社会所有已知文化形态的独特性,这是网络文化外化形态本身带给现实场域的反馈或者反作用,该种属性并不能简单以二元的好坏善恶去评判,而且网络嵌入沟通领域、改变生活方式的这种渗透性本身就会对人们的行为产生影响,这是网络文化作为新的文化形态对大学生网络行为失范带来的必然冲击。

  有西方学者甚至直接把网络定义为文化:网络空间即是网络文化,网络空间无法脱离其文化环境。也有学者把网络文化看成技术文化的一支:网络文化是因特网文化,是由电子化和数字化的通信和信息流动所构建的生活世界。"不少中国学者从特征和内容视角定义网络文化,认为其是"建立在计算机网络技术基础上的精神创造活动及其各种文化现象的总称,是人类传统文化的延伸和多样化、是人类文化发展的新形态、是文明进步的新趋势。作为一种人文与技术结合的独特文化,具有技术性、虚拟性、互动性、开放性、多元共生性、内容的海量性、传承的后喻性、价值的多向性、管理的可控性和被引导的诉求性[①]。或是网络空间中呈现的文化内容、文化方式和文化形态,包括网络空间中的文化产品、技术样式、组织形式、行为方式、制度规范、意识形态、知识观念,等等。[②] 不同的定义反映出的是不同的生产方式和文化背景下主观地看待问题的角度,网络文化不过是现实社会上层建筑的一部分,反映的也是当下生产力与生产关系的矛盾,其有虚拟场域带来的独特性,同时又难以突破现实世界资本及文化体系的框架。

  生产力的发展不仅让文化和网络结合,催生出网络文化这种新的文化形态,而且网络文化还不断裂变出更多新的网络亚文化形态,也通过渗透式发展改变着文化本身,改变着人类的沟通与行为方式。网络新技术促成了网络文化的勃兴,搅动着既有的文化生态并日益成为塑造社会文化风貌、精神样态及价值格局的决定性力量。它在很大程度上改变了文化的生产方式、存在形态与表现形式,空前的文化生产与传播、文化形态与文化表现形式的变革催生了网络文化的繁荣,大众也得以借助网络新技术参与文化生产与文化传播中,形成了网络文化盛宴,并借助强大的传播手段和方式影响着广大受众。[③] 同时,随着网络快速普及和网民数量激增,公众的参与意识、民主意识、平等意识、自我意识持续增强,网络由最初的普通民众对话与沟通平台逐渐成为民众表达利益诉求的重要渠道,当下主流与非主流价值观开始以文化形式在网络场域

[①] 骆美妮:《社会主义核心价值观引领网络文化发展研究》,《新疆师范大学学报(哲学社会科学版)》,2013年第5期,第40页。

[②] 刘兴华、李冰:《国际安全视域下的网络文化与网络空间软实力》,载《国际安全研究》,2019年第6期,第74页。

[③] 黄一玲、焦连志、程世勇:《网络文化"泛娱乐化"背景下的社会主义核心价值观认同培育》,载《湖北社会科学》,2016年第11期,第175~176页。

持续繁荣出网络主流文化与奉行独特语言使用规范与价值观念的网络亚文化。网络上形成了一种有别于网络主流文化，体现着独特的审美观和价值观的网络流行文化，对公众的思想意识和行为方式具有极强的渗透力和影响力。①

动态地看，与权力相联系的主文化总是把自己看作文化本身，试图使其他所有亚文化都处在自己的掌控之中。它的世界观除非被挑战，否则将作为最自然的、无所不包的、普遍的文化而存在。而其他文化，也就是亚文化，尽管服从这种秩序，但同时也试图对主文化的霸权展开修改、谈判、抵抗、甚至将其推翻。也就是说，主文化与亚文化总是处于相互的关联和斗争中②。尤其值得注意的是，在单纯以网络作为生产工具的视角下，网络文化与网络亚文化只是现实主文化与亚文化简单迁移到网络场域的产物，两者同为互联网诞生之前就已存在之物。而在以网络作为科技、作为新生产力之一的视角下，网络文化和网络亚文化均自带新生文化的属性。所以，网络文化和网络亚文化并非现实文化和亚文化在网络场域的简单一致映射，网络亚文化与作为网络主文化之间也不是简单的疏离与对立关系。网络亚文化虽居于边缘地位，但由于互联网独特的虚拟属性，其有冲击、影响网络主文化甚至转化现实文化的倾向。大部分亚文化与主文化的关系都经历了从反抗、融入、直到最后被主文化所接纳的过程，也就是说，大多数亚文化都经历了从抵抗、式微到被收编的循环周期。在阶级社会的不同社会形态中，如奴隶社会、封建社会、资本主义社会中，通过对立阶级之间的斗争实现制度的更替，从而实现主导文化与从属文化之间的转化。③

应当高度警惕的是，由于亚文化的这种转化倾向在网络主文化习惯空缺或正在形成期的群体尤其是大学生群体中蔓延迅速，在智能手机等终端设备大量普及的当代中国社会，如何防止网络亚文化抢占公众网络意识形态和行为习惯空间、出现网络主流文化被亚文化牵着鼻子走甚至亚文化反向主导主流文化的窘境，是一项重要课题。

三、不良网络亚文化的影响

当把网络文化简单划分成网络主流文化和网络亚文化，那么网络亚文化作为人类认识和实践活动的创造性产物，本身具有巨大的进步性和合理性，因其自

---

① 陈琳：《关于网络亚文化"疏离倾向"的公众调查》，载《人民论坛》，2020年03月中期，第66页。
② ［英］阿雷恩·鲍而德温等：《文化研究导论》，陶东风等译，高等教育出版社2004年版，第338～339页。
③ 黄瑞玲：《亚文化：概念及其变迁》，载《国外理论动态》，2013年第3期，第47页。

带虚拟属性所造就的暗语规则、义法规范甚至小众价值观,既有推动生产力发展的积极面,也有阻碍社会主义核心价值的消极面,还存在无法用现有价值体系评价的中间地带。从影响大学生网络行为的角度看,不良网络亚文化是失范诱因,资本控制的工业与商品仍是土囚。文化工业的产品到处都被使用,甚至在娱乐消遣的状况下,也会被灵活地消费,但是文化工业的每一个产品都是经济上巨大机器的一个标本,所有的人从一开始,只要他还进行呼吸,他就离不开这些产品……社会上所有的人都接受文化工业品的影响。①

当前,我国网络主流文化形态是在党和政府相继出台一系列政策法规,持续强力净化互联网生态的大背景下,才延续了中国特色社会主义文化体系的良好基因,那些带有后现代、娱乐化、商品化倾向的不良网络亚文化,在资本操控与消费带入的合力下也会导致大学生走向颓废与堕落。以最常见的大学生网络失范行为——网络游戏沉迷为例,其"最容易俘虏的受众,正是价值观可塑性极强的青年学生。娱乐游戏,固然是人性的自然要求,但正如调味品不能替代食物,娱乐并不能完全满足人们的精神文化需求,特别是深层次的精神文化需求,长期靠娱乐这种文化快餐或调味品长大的青少年,更不免患上精神贫血症,他们盲目欣赏和崇拜娱乐文化,对于娱乐绯闻津津乐道,判断力和思考力不断弱化,价值观逐步扭曲错位,最终沦为娱乐大潮中一击就倒的靶子"②。娱乐本身是各文化体系的内含属性之一,但娱乐一经同资本结合、被流量经济控制,文化的商品化和消费化倾向会被虚拟场域不断放大,资本无孔不入的特性将进一步助推个体自律性不够强的大学生从娱乐游戏状态迈入网络成瘾状态。

这些不良网络亚文化不仅会在大学生中造成现实生活中存在的"群体极化"的极端现象,也会造成大学生在网络使用过程中被网络亚文化支配,对现实学习、生活产生消极异化与疏远感。因为,在传统社会下,公众获取知识的途径包括书本中的信息、先辈的经验,文化迭代较慢,更趋于保守。在网络时代,文化产品不再由少数人垄断,文化的传播机制也不是传统中由主流文化自上而下统领,而是多元主体共同参与,同时网络中独特的社会化传播又促使在海量信息中筛选出契合用户需求的文化产品,进行热点式引爆,用"现象级"的爆款产品引起网络狂欢。公众从文化的被接受者,到重塑价值观的参与者,从"不听老人言吃亏在眼前"到"反叛式"的万众狂欢,出现了一个网络文化现象:网络文化疏离,公众与主流文化出现背离,同时又表现出对网络另类文化的喜爱与认同。③

同时,不良网络亚文化会造成大学生拒斥理性思维,扭曲其审美意趣、解构

---

① [德]霍克海默,阿多诺:《启蒙辩证法》,洪佩郁、蔺月峰译,重庆出版社1990年版,第118页。
② 刘洪波:《泛娱乐化背景下青年学生价值观引导策略析要》,载《理论导报》,2012年第5期,第53页。
③ 陈琳:《关于网络亚文化"疏离倾向"的公众调查》,载《人民论坛》,2020年3月中期,第67页。

其已形成的普遍价值,严重威胁社会主义核心价值观在大学生群体中的认同培育,如不加以规范,那么隐匿于网络空间中的各种良莠不齐的亚文化思想将会直接侵蚀中国特色社会主义主流价值观。人们过分地追逐物质财富,使得人文精神日渐衰退,文化异化现象越来越严重。在网络社会,这一文化异化的过程充分表现为,一些消极网络文化逐渐消弭了社会公共道德评价标准,使人们更倾向于注重自我的个人主义、自由主义和虚无主义等思想意识和道德观念,忽视社会责任和社会义务以及对崇高精神文化的追求。与此同时,西方的政治制度、生活方式和价值观念也潜移默化地影响着人们,不断削弱和考验着人们对马克思主义意识形态的共识,弱化主流意识形态的凝聚力和主流作用。网络文化的不良发展对先进文化的发展、对意识形态安全乃至国家安全,都会带来严重影响。[1]

第二节 中华文化体系

一、大学生对于中华优秀传统文化传承的模糊

中华民族之所以经历了5000年风风雨雨而没有被历史淘汰,是因为中华优秀的传统文化始终屹立不倒,博大精深的传统文化体系不仅从来没有被外来文化所同化,反而借鉴了历史上所有外来文化所长并完美融入自身,这足以证明其包容性和坚韧性。新时代,大学生网络行为失范问题在一定程度上反映出了对中华优秀文化传承模糊的问题,中国传统知行合一的精神遗留没有有效固结于大学生尤其是失范行为大学生的意识层面,这是现时代的症结,也是历史的部分遗憾。因此,我们不仅应该继承中华优秀传统文化,还要复兴优秀传统文化,这是中华民族伟大复兴的应有之义,也是中国特色社会主义文化体系发展的必由之路,这是手段和目的统一。笔者认为,中华优秀传统文化博大精深,各家均有所长,但以儒法道为代表,站在新时代需求的视角可以简单表述为:儒为表、法为骨、道为核心。以儒家的礼义道德与中庸中和为德治教化,以法家的刑名之学、严刑峻法为治理体系和兜底框架,以道家的辩证思维、收放自如为真正核心,这种简化的、三位一体的体系对于以传统优秀文化占领当代大学生精神高地,助力民族复兴伟业有着重要启示意义。

一是以儒家为引领的中和文化。"和"思想是中国传统文化精神的主导观念,贯穿在中国传统文化的各方面,以儒家为引领,但无论道家、法家、佛家、兵

---

[1] 殷鹤:《我国网络文化安全治理研究——基于马克思主义文化安全思想》,载《理论导刊》,2020年第2期,第57页。

家、儒家还是阴阳等各家,都以"和"为出发点和归宿。古人所理解的"和",既是对宇宙万物存在发展的一种基本认识,是建立在自然界为基础上的人与自然关系的和谐,也是在精神境界发生作用的处理一切事物的根本原则和理想目标,是以伦理为本位建构自己的世界图景的产物,即人的精神道德要与自然规律相一致。

古人所说"致中和"即"贵和持中",因为"中"与"和"是一致的,二者互为补充、对立统一、缺一不可。由于中与和联系在一起,要求整体的"和",就要求各部分能"中",做到了"中",才能达到"和"。因为"中"是为达到"和"而必须具备的条件,也就是说"中"是适度、是基本要求,"和"是我们要追求的目标。"中也者,天下之大本也;和也者,天下之达道也,至中和,天地位焉,万物育焉。"中和是天地万物稳定发展的本因,也是古代中国人追求的为人做事最高境界。"因明致诚,因诚致明,故天人合一,致学而可以成圣,得天而未始遗人。"

中国文化的中和精神体现在对人、自然、社会关系的认识和处理上,从人和自然的关系来看,就是要做到天人和谐、天人协调、天人合一;从人和社会的关系看,就是要做到人际关系融洽、相融相生、和平共处。"礼之用,和为贵,先王之道,斯为美。""天时不如地利,地利不如人和。"这里的人和,包括了君臣、朝野、父子、亲友、邻里等各种人际关系的协调和谐,人际关系和谐了,社会就安定了,就有了凝聚力,同时,人和还包括本民族和外民族、本国和外国的关系协调和谐,民族间、国家间的关系协调和谐了,就可以消弭战事、协和万邦,实现人类的社会的理想——天下太平。

中和文化不是静止的,而是动态的,不是无原则的妥协,而是矛盾斗争的结果,是持续的平衡状态。是要通过不同意见的互相争论、互相补充来达到正确认识,既不是不承认、不允许不同意见的存在,也不是随声附和、只有一种声音。所以"和而不同",不是否认矛盾,而是要正确对待矛盾,既不是取消矛盾、一味调和,也不是一味斗争、不求和谐,而是以和谐为目标,通过斗争去求得和谐。中庸也不是不要斗争,同样是要通过矛盾斗争来达到和谐,和谐和斗争这两方面并不是绝对对立的。新时代,我们持续建设中国特色社会主义文化体系,人们的根本利益是一致的,提倡中和,处理好在前进途中发生的各种矛盾,以求得社会的团结和谐,保证社会稳定持续的发展,这是传统"和"文化给我们的启示。

二是以法家为示范的法治文化。法家执着于法律面前人人平等,无论才智地位高下。在法家看来,君主之间非兄弟之亲,君臣上下应以法为准。所以"法不阿贵,绳不挠曲。法之所加,智者弗能辞,勇者弗敢争,刑过不避大臣,赏善不遗匹夫"。"太子犯法,卫鞅曰:'法之不行,自上犯之。'将法太子,太子,君嗣也,不可施刑,刑其傅公子虔,黥其师公孙贾。"商鞅变法让秦一举取得了国富兵强的先机:"商君治秦,法令至行,公平无私,罚不讳强大,赏不私亲近。法及太子,黥劓其傅。期年之后,道不拾遗,民不妄取,兵革大强,诸侯畏惧。"

对于统治者而言,要赏罚分明:"君人者,舍法而以身治,则诛赏予夺,从君心出矣。然则受赏者虽当,望多无穷;受罚者虽当,望轻无已。君舍法,而以心裁轻重,则同功殊赏,同罪殊罚矣,怨之所由生也。大君任法而弗躬,则事断于法矣。法之所加,各以其分,蒙其赏罚而无望于君也,是以怨不生而上下和矣。"如果统治者舍弃法律而凭个人情感行事,就会出差错,君主应按法律制度办事,不能以私意主观臆断。所以:"为人君者不多听,据法倚数以观得失。无法之言,不听于耳;无法之劳,不图于功;无劳之亲,不任于官。官不私亲,法不遗爱,上下无事,唯法所在。"法家虽主张严刑峻法,但强调必须严格依法施刑,不能凭统治者的好恶任意杀伐决断。"释法制而妄怒,虽杀戮而奸人不恐。罪生甲,祸归乙,伏怨乃结。故至治之国,有赏罚而无喜怒,故圣人极;有刑法而死,无螫毒,故奸人服。"

同时,法家坚决反对儒家的尊尊亲亲血缘宗法制度以及与这种制度相伴而生的人治和荫庇:"故明主之国,无书简之文,以法为教;无先王之语,以吏为师;无私剑之捍,以斩首为勇。"主张公平竞争,自立于世:"有功者显荣,无功者,虽富贵,无所芬华。"新时代,全面依法治国是中国特色社会主义的本质要求和重要保障,是国家治理的一场深刻革命。法家崇尚的法治、法律面前人人平等、对于中国特色社会主义法治体系具有十分重要的借鉴意义,我们应继承法家法治精神,大力加强法治国家建设,使各项工作走上法制化的轨道。

三是以道家为代表的自适文化。道家对人事的基本态度是"德常无为,而无不为"。无为不是不作为,无不为也不是乱作为,而是两者结合在一起、收放自如的自适:"是以圣人居无为之事,行不言之教,万物作而弗始也,为而弗志也,成功而弗居也。夫唯弗居,是以弗去。"同时,人类社会的一切罪恶和不自由都是人们的欲望过多所致:"五色令人目盲,五音令人耳聋,五味令人口爽,驰骋畋猎令人心发狂,难得之货令人行妨。是以圣人为腹不为目,故去彼取此。"消除罪恶的方法恰恰不是根除欲望,而是适合自身地控制欲望,达到满足:"罪莫大于可欲,祸莫大于不知足,咎莫大于欲得。"

所以要"不争":"天之道,不争而善胜,不应而善应,不召而自来,繟然而善谋。天网恢恢,疏而不失。"不争不是妥协躲避,而是为了达于至善:"上善若水。水善利万物而不争,处众人之所恶,故几于道。夫唯不争,故无尤。""夫唯不争,故天下莫能与之争。"在道家不争的主张中表面看的是不与人争,实则包含了韬光养晦、不争之争的智慧。克制欲望、不争眼前不过是处世的方法,而目的则是无为背后的有所作为。以汉初为例,统治者尊崇黄老之学与民生息,不是为了偏居一隅故步自封,而是为了避开边患,修复秦末战争创伤,不断积攒国力、蓄势待发,后来才有武帝时代北却匈奴封狼居胥的根基。

在道家看来："故道大，天大，地大，人亦大。域中有四大，而人居其一焉。人法地，地法天，天法道，道法自然。"道家把人置于四大之一，既表达了人与自然的和谐关系，也暗示了人才是道的另一极。人与自然间："万物负阴而抱阳，冲气以为和。"其间，道家把古代朴素辩证思维几乎发挥到了极致："天下之至柔，驰骋天下之至坚。无有入无间，吾是以知无为之有益。不言之教，无为之益，天下希及之。""大成若缺，其用不弊。大盈若冲，其用不穷。大直若屈，大巧若拙，大辩若讷。静胜躁，寒胜热。清静为天下正。"道家的"清静"不是佛家的"清净"，而是静观其变、伺机而动。

在理解道家相关论断时，如果只看到无为的手段而看不到有为的目的是不合适的，道家理论不是矛与盾的两极，其本身是理解矛与盾的方式："知者不言，言者不知。塞其兑，闭其门；挫其锐，解其纷；和其光，同其尘，是谓玄同。故不可得而亲，不可得而疏；不可得而利，不可得而害；不可得而贵，不可得而贱；故为天下贵。"因为要达到和光同尘的玄同境界，得先有锐气、纠纷、光环、尘垢的过程，否则，如何能实现大同世界。笔者认为，理解道家思想既要关注无为也要关注有为，更要关注何时、何地应该无为、有为，如何把握无为和有为，从而为人所用才是其核心议题。

中华文化本身是中国人民自己发展出的体系，所以，不能用简单地二元对立来评价，更不能用西方视角的二元来极端对待自己的文化。新时代，中国特色社会主义文化体系既包含了中华优秀传统文化，也是中华文化发展至今的必然，我们应高度警惕的不是所谓传统文化中的"糟粕"死灰复燃，而是有人打着传统文化幌子的招摇撞骗和资本披着传统文化的外衣大行其道走流量。否则，就会掉进虚无主义和西方中心主义的圈套。

二、发挥好中国特色社会主义文化对大学生的关键引领作用

中国特色社会主义文化，既源于中华民族5000多年文明历史所孕育的中华优秀传统文化，又熔铸于党领导人民在革命、建设与改革中创造的革命文化和社会主义先进文化，最终扎根于中国特色社会主义伟大实践。发挥好革命文化、社会主义先进文化对新时代大学生的关键引领作用，体现出中国特色社会主义的优越性，是社会主义文化的应有之义，也是社会主义产生和发展的价值基础，从整体层面认识和把握中国特色社会主义文化对于防范大学生网络行为失范有着重要意义。

同时，中国特色社会主义文化的价值向度是以人民为中心，关键在于党的领导，在本质上是我国社会主义经济和政治的反映，核心内容是社会主义核心价值观。"价值"这个普遍的概念是从人们对待满足他们需要的外界物的关系中产

生的。① 价值决定了文化的性质、方向等最深层次要素，社会主义本身就是价值基础上的一种思潮、运动和制度，而文化的核心价值在基本理念层面，则主要是指文化体系最终为了谁和为什么的定位与导向问题。

人民群众是中国特色社会主义文化唯一的价值主体，社会主义、共产主义所追求的最高价值是全人类解放、实现个人的自由全面发展。"代替那存在着阶级和阶级对立的资产阶级旧社会的，将是这样一个联合体，在那里，每个人的自由发展是一切人的自由发展的条件。"②实现途径是进行社会主义的革命和发展建设，以改造现实社会，建设高度的物质与精神文明。

中华优秀传统文化是中国特色社会主义文化的根源，发扬中华优秀传统文化也是中国特色社会主义文化的目的之一。这要求在中国特色社会主义文化的视角看待传统文化时，既不能简单复古，也不能盲目排外。要在重视中华优秀传统文化价值的同时，努力从其丰富的哲学思想、人文精神和治世理念中获得有益启示，用于认识和改造世界、治国理政、法治与道德建设、解决人类社会面临的问题等实践活动，使中华民族伟大复兴的理想和奋斗征程，中国人民的价值观和精神世界，始终深深植根于中华优秀传统文化的沃土之中，并随着历史和时代前进不断与时俱进、日新日高。

同时，必须重视处理好继承和创新发展的关系，不断推动中华优秀传统文化的创造性转化和创新性发展，这是整个中华文明体系发展的必然要求。在加强对中华优秀传统文化的更深层次挖掘的同时，立足新时代视角，根据党的事业和人民群众需要阐释好中华优秀传统文化，努力使中华民族最优秀与最深入国人骨髓的文化基因与新时代文化相适应、与中国特色社会主义道路相协调，把传统文化中最能跨越时空范围和国家民族边界，在新时代最富有吸引力和张力的文化精神弘扬开来，激活并不断赋予其新的生命力与活力，让中华文明同世界各国文明一同为人类命运走向提供正确的精神指引。

革命文化是党领导中国人民在革命实践的伟大斗争中创造的文化，即无产阶级领导的人民大众反帝反封建的文化，是中国革命事业的精神遗产和文化财富。中国共产党人把马克思主义的传播推进到中国革命实践并将其作为行动指南，作为指导中国革命的理论基础，由此开辟了正确的中国革命道路，形成了先进的革命理论，培育了优秀的革命精神，创造了先进的革命文化。革命文化以其强大的精神力量激励着广大中华儿女积极投身革命，是推进中华民族伟大复兴的强大精神动力，是推动社会主义文化繁荣发展的巨大精神宝库，为推进社会主义文化建设奠定了坚实基础。

---

① 《马克思恩格斯全集》第19卷，人民出版社1963年版，第406页。
② 《马克思恩格斯选集》第1卷，人民出版社2012年版，第422页。

社会主义先进文化是以马克思主义为指导,以中国特色社会主义实践为依据,以提高我国的文化软实力和建设社会主义文化强国为目标,包括社会主义核心价值观等内容,面向现代化、面向世界、面向未来,是民族的、科学的和大众的社会主义文化。社会主义先进文化本身是具有以崇高价值追求为核心的自恰系统,社会文化将向何处去,社会文化将成就何种人,这是先进文化所回答的最基本的问题。就社会主义先进文化本身而言,精神与物质价值是既对立又统一的,认识和实践也是既对立又统一的,是社会主义改革和发展的意识形态保证。

坚持以马克思主义为指导,坚守中华文化立场,立足当代中国现实,结合当今时代条件,发展面向现代化、面向世界、面向未来的,民族的、科学的、大众的社会主义文化,推动社会主义精神文明和物质文明协调发展,既是新时代文化发展的必然要求,也是党的事业取得最终胜利的内生动力。因此,发展中国特色社会主义文化,必须坚持为人民服务、为社会主义服务的导向,坚持百花齐放、百家争鸣,坚持创造性转化、创新性发展,不断铸就中华民族文化的新辉煌。

第三节 一体两面:虚无主义与西方中心主义

一、虚无主义解构大学生文化认知

发展中国特色社会主义文化必须坚决抵制虚无主义思潮利用网络空间对我国各领域的渗透和扩散。在我国一些大学生对传统文化了解不够充分、对西方"普世价值"缺乏警惕的情况下,文化虚无主义会导致他们对传统文化和社会主义先进文化产生误读甚至抵触,造成他们不自觉地否定优秀传统文化的当代价值,否定社会主义核心价值,怀疑中国特色社会主义道路的历史选择,盲目崇拜西方历史文化和政治经济现状,甚至为西方敌对势力在华进行"颜色革命"推波助澜。虚无主义作为一种哲学思辨形式本是资本主义时代和理论发展的产物,但长期以来,西方社会不断拓展其在历史、政治、文化、伦理、法律、价值等方面的解构功效,并逐渐成为境内外敌对势力用以消解中华优秀历史文化和马克思主义理论价值的重要工具。

从历史角度看,灭人之国,必先去其史;隳人之枋,败人之纲纪,必先去其史;绝人之材,埋塞人之教,必先去其史;夷人之祖宗,必先去其史[①]。虚无主义此时充当的是解构中国5000年传统文化史和中国革命与改革开放成就史的工具。

---

① 《龚自珍全集》(上),中华书局1959年版,第22页。

其目的,是要消解中国人民对中华民族的认同感,进而逐步消解对党的领导、对社会主义与共产主义事业以及对主流价值的认同。其表现在:一是从整体上解构整个中华民族历史,把中华文明贬抑为走向没落的"黄土文明",同时高度颂扬西方所谓"海洋文明",妄称要想实现现代化没有所谓"中国道路",唯有全面效仿西方;二是虚无中国共产党的革命历史,以戏谑和贬损的态度对中国共产党领导的为人民争取独立和解放而开展的反帝反封建斗争进行无端诋毁和嘲弄,并进一步来否定近代中国一切进步的革命运动;三是歪曲改革开放以来的中国发展史,孤立片面地解读历史,打着"反思改革""重新评价"甚至"重写历史"的幌子,刻意将改革开放前后两个历史时期人为地加以割裂、对立和相互否定,用丑化和妖魔化手段混淆视听,企图达到反对、曲解甚至颠覆中国特色社会主义发展道路的险恶目的。

如果历史角度的虚无主义虚无的是整个社会层面,那么从政治角度看,则是资本主义针对马克思主义、针对治理体系和共产党员,以达到混乱党员思想、涣散党的组织、消极腐化领导干部和使党脱离群众的目的,这种虚无主义隐蔽更深、危害更重。政治虚无主义一旦滋生蔓延、形成气候,就会对党的事业和人民群众的利益造成全局性、致命性危害。因此,作为马克思主义政党必须增强政治意识,坚决纠正政治虚无主义倾向,旗帜鲜明讲政治,绝不允许任何人、在任何时候、以任何形式在党内搞政治虚无主义。①

从文化领域看,虚无主义以唯心主义、主观主义曲解文化本质,消解文化作用,误导文化发展方向,庸俗和娱乐化中华优秀文化,对其进行消费和去价值化,解构中国特色社会主义文化体系和文化自信。虚无主义不仅彻底否定中华民族一切传统文化,解构革命文化和社会主义先进文化,还在努力消解国人的爱国主义文化和民族精神。其表现在:一是丑化中华民族文化脊梁,对支撑我国历史文化的民族人物和历史事件进行歪曲解读,抹黑党的领导人和革命英雄;二是贬低中华文化的影响,抛出世界文化"西方趋向论",妄称世界历史终将终结于西方文化、资本主义文化;三是颠覆中华文化体系的价值秩序,瓦解国人的文化认同根基,让国人丧失本土文化的确定感和归属感,消解国家凝聚力,最终陷入文化失落的陷阱以腾出空间让与西方文化。

二、西方中心主义让大学生盲目迷信西方

西方中心论与历史虚无主义其实是一体两面。西方中心论是西方对待自己的方式,西方发达国家像爱惜羽毛、爱护眼睛一样珍视自己的历史;历史虚无主

---

① 丁俊萍、李磊:《旗帜鲜明地反对政治虚无主义》,载《红旗文稿》,2018年第0期,第16页。

义是西方对待他人的方式,是西方为自己的野蛮行为辩护的战略工具。① 因此,必须坚决反对美化西方文化"西方中心论"和贬低中华文化的"国学无用论"。西方中心论始于西方学界,始于不少被称为大师的西方学者,他们直接代表了西方中心论的深厚学术传统。传统的二元思维让这些西方学者们只看到了矛盾的两个对立面,并选取对立面中的一面予以把握,他们看不到或干脆不愿看到矛盾的此消彼长和中间的第三元地带。

在哲学上,他们看得到古希腊、古罗马,看不到古代中国:真正的哲学是自西方开始……我们在这里(中国)尚找不到哲学知识。② 把道家"道常无为而无不为""以辅万物之自然而不敢为"③的顺应自然规律之观念解读为鄙视辛劳、强调运气的作用④。

在伦理学上,他们看得到礼义说教,看不到道德化育;在史学上,他们看得到东、西方,看不到始、终点;在社会学上,他们夸大新教伦理作用,贬低他源文化价值。

这不是要否认西方学者和西方著作的进步作用,也不是要像西方学者的方法一样专挑其他文化的消极方面施加鄙视,而是在看到其在革命时期进步一面的同时亦看到其在发展时期保守的一面,既看到其随着历史发展从积极退化成消极的进程,又看到其根据阶级矛盾和利益需求有选择地截取先进资本主义国家发展进步与落后发展中国家发展滞后的刻意对比;既看到其对中华文明发展的无解与误读,又看到其对中华民族复兴的敌意和曲解。这是国内学者在对待西方中心论时必须秉持的基本良知与态度。

经过改革开放40多年的充分发展,新时代的中国已不再需要,也绝对不能对西方文化饕餮般吞食了,对于其中带有西方中心主义和虚无主义的形式与内容,需要以"美食家"的态度专业品评,通过细嚼慢咽来防止"鱼刺卡喉"和"恶意投毒"。古人讲:"故君子之治人也,即以其人之道,还治其人之身。"文化二字在中国以文化人的语境下本就自带主观属性,很多时候不可能也不需要所谓的西式客观主义,这不是强调文化间冲突,而是文化体系必要的自卫手段,文化安全本身也是国家安全的底线之一。因此,面对西方中心论,除了要认清中西方文化在起源性、民族性、语言性、宗教性、普适性和阶级性上的本质差异,合理汲取西方文化优秀成分,还要学会西方惯用的对比法,站在复兴伟业、党的事业和人民需求角度,把西方文化的进步性中包含的保守性、所谓普适性中暗含的敌对性、

---

① 刘仰:《西方中心论与历史虚无主义一体两面》,载《求是》,2014年第14期,第63页。
② [德]黑格尔:《哲学史讲演录》第一卷,贺麟、王太庆等译,商务印书馆1959年版,第106页。
③ 《老子》。
④ [美]塞缪尔·亨廷顿,劳伦斯·哈里森:《文化的重要作用:价值观如何影响人类进步》,程克雄译,新华出版社2010年版,第307页。

渗透性等通通对比展现出来给大学生看，集中凸显中华民族优秀传统文化的时代性和马克思主义文化的先进性。

第四节 文化多元与文明互鉴

一、多元视野给大学生带来文化的丰富与混乱

人与自然的存在都是多样化的存在。人类自身的多样性，既有基因、机体差异等决定的生理多样性方面的原因，也有性格、思维方式等决定的心理多样性方面的原因；客观世界的多样性则源于事物的运动变化，而运动本身是一个多元、复杂的变化过程。同时，人在改造自然、发展自身的实践过程中和自然不断紧密互动，又生产出更多以人化自然形式存在的多样事物，因此，人与自然的多样性和多样互动性决定了人类文明的多样性，文化差异必然客观存在于人类社会。新时代，人类实践更趋多样性，也就决定了人类文化更加异彩纷呈，表现出更加多样化和差异化的发展态势。

然而，在全球化语境下，互联网作为文化碰撞与交融的前线，多元文化尤其是中西方文化必然发生在此碰撞与交融。碰撞体现在思维形式、语言形态和文化价值观导向三个层面上，其中价值观导向的差异是最核心的碰撞。而两种文化的交融则表现在我国的民族文化对西方文化带来了一定的启迪，发达国家的文化在我国有着一定的渗透，以及中西文化融合三个方面上。[①] 互联网处在全球化的最前沿，作为开放的、交互式信息平台几乎承托了多元文化交流的未来，多元文化在互联网场域的碰撞与融合势必产生新的表达方式甚至新的文化，相较于国家和制度带来的有意识的侵入和争斗，这种碰撞与融合带来的文化迷茫感更加不可避免，其走向也更不可控。在这种有时会很惨烈的碰撞中，人们一时会模糊或者失去自己原有的文化认同、价值认同和社会认同，产生新的认同危机，但是全球化带来的观念、物质和感官上的冲击，也会扩大人们的视野，从而使人们自觉或不自觉地修正、扬弃自己原有的认同。[②] 大学生的网络行为就可能因此趋向失范。

大学生在思想和文化上可能拒斥敌对势力对我国互联网主权的侵犯和意识形态的渗透，但也可能渐渐认同多元文化带来的不同观点并固化于自身意识，模糊原有文化甚至造成对原有文化的认同危机，因为多元文化的冲击会造成大学

[①] 易敏：《全球化语境下中西方文化的碰撞与交融》，载《湖南社会科学》，2014年第4期，第210页。
[②] 王成兵：《当代认同危机的人学探密》，中国社会科学出版社2001年版，第65页。

牛精神和心理世界前所未有的变化,改变已形成的价值理念、精神信仰与行为方式。如果这种改变造成了主导性精神价值缺失与文化位序认知混乱,还会引起大学生的文化和价值焦虑、缺少自我价值感,找不到存在的意义并出现精神迷茫,幸福感与获得感人人降低。这是一种丧失自我确认的标准与定向、不知所措的分裂与迷茫感正在困扰着包括中国学者在内的世界范围的知识分子。① 同时,在多元文化背景下,大学生的价值观念也更具现实性和经济化,在盲目追求"个人利益最大化"的经济人价值目标中,更容易产生心理失衡,难以同他人达成共识,容易产生失范行为。

二、文化自信是文明互鉴的真正底气

文明均有各自独特的起源、发展方式和繁荣路径,不同文明也各自有值得其他文明借鉴的长处,文明间的交流互鉴会增进自身的丰富多彩,世界各民族文明间的交流互鉴是人类历史的基本特征,也是人类文明共进式发展的重要动力。

马克思主义这一革命无产阶级的思想体系赢得了世界历史性的意义,是因为它并没有抛弃资产阶级时代最宝贵的成就,相反却吸收和改造了两千多年来人类思想和文化发展中一切有价值的东西。只有在这个基础上,按照这个方向……才能认为是发展真正的无产阶级文化。② 对于中华文明体系来说,我们坚持传承和弘扬中华优秀传统文化、坚持革命文化与社会主义先进文化的优良基因,并不是要把中国特色社会主义文化发展成封建社会式自我封闭的体系,更不是要以唯我独尊的心态扩张中华优秀传统文化。

古往今来,中华民族之所以在世界有地位、有影响,不是靠穷兵黩武,不是靠对外扩张,而是靠中华文化的强大感召力和吸引力。我们的先人早就认识到"远人不服,则修文德以来之"的道理。新时代,国家间、民族间、地区间都应该相互虚心学习,积极汲取和借鉴别的不同国家、民族文化的长处和精华,不仅有利于增进了解沟通、消弭争端,也有利于增强自身国家、民族思想文化的发展。

因此,发展中华民族文明体系必须坚决反对文化排外主义,因为中国特色社会主义文化不是简单延续我国历史文化的母版,所以必须尽可能吸收外来文化的进步成分,其中既包括西方优秀的科学理性与现代人文思想等精神文化资源,也包括近代经济理论、民主政治与法制思想等发展工具,为发展中国特色社会主义文化丰富新的理论和方法。同时,中国特色社会主义文化绝不是西方优秀文化资源的翻版。但是,这绝不意味着迷信西方文化,盲目套用西方思想文化资源。这就要求从我们从本国、本民族、本地区实际出发,坚持取西之长补中之短,

---

① 王宁:《全球化与文化:中国与西方》,北京大学出版社 2002 年版,第 262 页。
② 《列宁选集》第 4 卷,人民出版社,1995 年版,第 299 页。

坚持以中为主、以西为用，既兼收并蓄又博采众长，使西方文化资源中真正优秀的、精华的、适合中国发展的那部分，同我们党和人民在长期革命和改革实践中形成的优良传统与革命精神有机结合，并在此基础上不断创新，拓展中国特色社会主义文化道路。

从中国特色社会主义文化发展的视角看，社会主义文化在本质上坚持马克思主义为根本指导，中国特色社会主义文化必须以马克思主义文化基本原理为理论基石，中国特色社会主义文化又不能简单套用马克思主义文化基本原理的模板，马克思主义本身是一个开放、包容、不断发展的体系。40多年来，我们坚持改革开放的基本国策，经济上的对外开放方针使我们取得了举世瞩目的改革成就。新时代，中国特色社会主义文化不仅要适应经济的长足发展，而且要发展自身，这就要求我们在文化上也要坚持对外开放，通过对外文化交流，尽可能汲取和借鉴包括西方优秀文化在内的全世界优秀人类思想文化中有价值的东西，在这种文明间的交流互鉴中，探索出一条既满足与经济发展相适应、又满足人民群众文化需求，还能完善、丰富和发展中国特色社会主义文化自身体系的文化道路。

中国特色社会主义文化的实践，是以马克思主义为根本指导，是坚守优秀传统文化这一根源和汲取西方优秀文化丰富自身的逻辑统一，是传承与发展的逻辑统一，也是本土化、中国化和与时俱进的逻辑统一。中华民族5000年来坚定的民族自信和中华文化强大的延续能力，培育了中华儿女共同的情感价值和理想信念。坚持和发展中国特色社会主义文化，以培育有理想、有道德、有文化、有纪律的公民为目标，发展面向现代化、面向世界、面向未来的，民族的、科学的、大众的社会主义文化。新时代，维护世界文化和文明的多样性，必须坚持每个国家、每个民族不分强弱大小，其思想文化都应该得到承认和尊重。主张不同文化和文明间相互交流、学习与借鉴，反对不同文化和文明的相互隔离、排斥、甚至冲突与取代，这既是我们为维护世界文化文明多样性贡献的中国智慧，是我们为促进世界文化多样化发展提供的强劲正能量，也是5000年中华民族文明体系得以延续的真义，还是马克思主义理论与社会主义实践的内在要求。

三、文化软实力是国际话语权的背书

思想、观念、意识的生产最初是直接与人们的物质活动，与人们的物质交往，与现实生活的语言交织在一起的。[①] 而语言是思想的直接现实。语言和意识具有同样长久的历史；语言是一种实践的、既为别人存在因而也为自身而存在的、

[①] 《马克思恩格斯选集》第1卷，人民出版社，1995年版，第30页。

现实的意识。①是人类表达思想、理论、观点和情感的工具。当前,中国人民在党的领导下摆脱了贫困,跃成为世界第二大经济体,中国的和平崛起必是21世纪最重大的世界历史事件。

同时,中国之所以成为世界关注的焦点,不仅仅因为中国的和平崛起,而且因为中国解决问题的方式和道路直接关系世界未来的走向。20世纪70年代末,中国的改革开放国策让自身从封闭走向开放并迅速融入世界体系,既抓住了摆脱贫困、和平崛起的难得机遇,也成为促进全球化的重要经济引擎;既给了以对抗为主的阵营思维巨大压力,也为世界赢得了和平发展的有利环境。如今,新时代主题的选择,也不仅决定中国自身,还必将直接决定世界未来的格局和走向。因此,新时代,构建具有自身特质的学科、学术和话语体系的中国特色话语体系的需求更加迫切。

但是,与当代中国经济发展水平、国家地位极不相称的是作为国家软实力体现的话语体系。在当前的国际话语体系中,西方话语占主导的态势没有根本改变,中国话语权的国际传播力、影响力和引导力不强仍是困扰中国的艰难事实,中国声音无法充分体现我国的大国地位与中华民族形象,无法有力展现中国特色社会主义事业的宏大叙事和中国成功故事。

长期以来,从"象论思维"到"中国无资格论",从"中国崩溃论"到"中国威胁论",各种以冷战思维对中国的误读、曲解、唱空、唱衰之声充斥西方。

文化软实力集中体现了一个国家基于文化而具有的凝聚力和生命力,以及由此产生的吸引力和影响力。古往今来,任何一个大国的发展进程,既是经济总量、军事力量等硬实力提高的进程,也是价值观念、思想文化等软实力提高的进程。从当前情况看,中国提升国际话语权的主因是经济实力的增长,不利因素则在于我们与西方话语权体系所主导的相异市场经济、政治制度暗含着的不同意识形态和历史文化根源。"中国提升中国话语权的难点在于如何让中国能够被世界尤其是西方所理解,如何让国际社会相信中国的崛起是对这个世界有利的。"因此,向西方介绍中国,既要介绍特色的中国,也要介绍全面的中国;既要介绍古老的中国,也要介绍当代的中国;既要介绍中国的经济社会发展,也要介绍中国的人和文化;既要坚守马克思主义意识形态又要让中国话语体现弥合纷争的通透性。

---

① 《马克思恩格斯选集》第1卷,人民出版社1995年版,第81页。

第八章
人与斗争——大学生网络行为失范的主观因素

互联网是国家间主权战争的必争高地。互联网主权是国家的"第四疆域",此观念已得到众多主权国家的认可。数字化世界是一片崭新的疆土,可以释放出难以形容的生产能量,但它也可能成为恐怖主义者和江湖巨骗的工具,或是弥天大谎和恶意重伤的大本营。那是一个虚弱的宣传工具,但却是施展阴谋的好地方。① 作为世界上网民人数最多的国家,中国目前的网民规模已达9.4亿,居全球第一。互联网日益成为我国网民特别是年青一代获取信息的最重要途径,网络舆论直接影响着大学生的思想观念和价值取向。同时,我国拥有先进的马克思主义理论和社会主义核心价值体系,有着中国共产党领导的中国特色社会主义制度和道路,还拥有改革开放40多年积累的强大经济和国防实力,更具有资本主义发展所不具备的巨大潜力,自然成为资本主义实施战略围堵和遏制的首要对象。为了阻碍中国的发展步伐,部分资本主义国家及各类反华势力正通过互联网,联手对我国进行一场史无前例的互联网战争,企图侵吞蚕食我国互联网主权,乃至瓦解整个民族的力量和文化。

互联网是制度间意识形态斗争的主战场。互联网主权的核心是对意识形态的把控,互联网不仅为资本主义发动网络主权战争提供了战场,也为资产阶级输出意识形态这种武器提供了更为隐蔽和便捷的通道,这既是资本主义制度和社会主义制度的直接对撞,也是资产阶级新自由主义、解构主义、历史虚无主义对共产主义的攻讦。像所有思想观念一样,意识形态是一种武器,它可以提高国民的士气,并随之增加国家的权力,而且正是在这样做的行动中,它会瓦解对手的士气。② 互联网是意识形态工作的主战场、最前沿。意识形态工作是做人的工

---

① [美]埃瑟·戴森:《2.0版:数字化时代的生活设计》,胡泳、范海燕译,海南出版社1998年版,第78页。
② [美]汉斯·摩根索:《国家间政治——权力斗争与和平》,徐昕、郝旺、李保平译,北京大学出版社

第八章 人与斗争——大学生网络行为失范的主观因素

作用,入心哪里,意识形态工作的重点就应放在哪里……过不了互联网这一关,就过不了长期执政这一关,要确保互联网可管可控。"

第一节　网络空间安全保卫

一、互联网安全的严峻形势

安全是发展的前提,发展是安全的保障,安全和发展必须同步推进。古往今来许多发明创造都是"双刃剑",科学技术一方面可以造福人类社会、发展人类文明,另一方面也可以被一些别有用心的人用来威胁人类生存、损害公共利益。从全世界范围看,互联网安全威胁和安全风险日益突出,并逐步向政治、经济、文化、社会和军事等重要敏感领域嵌入和渗透。当前,世界各国都面临一个难题,即国家关键网络基础设施的安全防控能力薄弱、风险隐患突出,难以有效应对有组织的高强度网络攻击,我国当然也不例外。

重视网络安全首先必须清楚其概念,这里需要特别指出的是,当前,国内外诸多标准文献往往把通信安全、信息安全、电信安全、网络空间安全、网络数据安全、网络信息安全等与网络安全交替或并行使用,各个概念在实际使用中区分并不严格。这说明人们在认识网络安全威胁的过程中存在词汇混用的情况,对各个概念的理解、在实践中的应用都存在一定程度的模糊状态,这种不确定性甚至影响了学术规范,因此,有必要在此厘清各个概念之间的联系,从新时代需求和大学生网络行为失范问题的应对视角给出答案。

信息通信通常是把若干具有独立功能的终端设备,通过通信设施和传输媒体互相连通,在计算机软件的支持下,实现终端设备之间的信息传输与交互,通信系统是互联网的重要组成部分,主要作用是通信互联,是网络能实现交流互通的精髓和灵魂。传统意义上的通信方式往往并不形成网络,因此,在当前以互联网为主导的通信环境下,可以认为通信安全是网络安全的一个子集。

实际上,信息往往与网络安全如影随形,哪里有信息哪里就存在网络安全问题。从信息理论的角度看,整个网络系统是载体,信息则是主要内容,广义上的信息安全是网络安全的核心内涵。但是,人类活动产生的很多非数字化信息,如书写、印刷等并不需要直接出现在网络上,信息与网络的交集是网络信息,这部分信息的安全是网络安全的重要组成部分。同时,电波等传统通信方式产生的电子信息其应用范围受到很大限制,电信安全在概念上属于信息安全的组成部分,其中的网络电子信息是网络安全的一部分。

网络空间是所有网络信息系统的合集,是人类生产活动的信息环境总称,人作为主体在其中与信息相互作用和影响。网络空间安全的范围要小于网络安全，更侧重与人这一主体相对的空间环境。网络信息安全则是网络空间中信息的安全，以数据形式存在于网络中，因此和网络数据安全的概念类似。

笔者认为，网络安全在信号传输链上是计算机终端与通信网络的双重安全，在数据处理链上是计算机通信网络系统各组成部分的软件、硬件和数据信息的三重安全，在信息交互链上是不受人为或偶然因素中断、破坏、篡改、泄露、误导等威胁的多重安全状态。网络安全既有广义与狭义之分，也存在不同的应用环境中不同的解释与侧重。广义上看，网络安全是包含所有计算机软硬件终端、通信网络及数据信息的合集，其中不仅包含互联网，还包含各类同互联网并行、基于互联网类似通信协议的互联网络，如各国相继建立的各类政务办公、国防通信、交通监控等专用网络，这些网络与互联网之间通过物理方式隔离或使用镜像方式连接，可以看作内部办公网络。狭义上看，我们所指的网络安全通常是公众使用的互联网终端与通信网络的安全。

从大学生网络行为失范问题研究视角看，此处的网络主要指互联网，尽管专用网络本身也存在安全问题，并且同互联网之间的联系越来越密切。近年来，全国各地党政部门实施的"智慧城市"建设也倾向于打通各专用网络之间的分割状态，有的还设法建立了统一的数据库。但是，实践中，众多数据在入库前的格式清洗以及因为物理隔离带来的壁垒在短期内无法实现实时数据传输，所以，专用网络的封闭性导致了其面对的安全压力小于开放式的互联网，同大学生存在部分联系但不密切。从新时代我国网络发展的角度看，网络安全也主要指互联网网络的安全，专用网络管理更加规范、设备接入更加严格，保密性和可控性都是互联网环境无法比拟的。因此，从范围上看，此处网络安全与互联网安全可以替换使用。

当前，危害我国互联网安全的事件时有发生，境内外敌对势力破坏、黑客蓄意攻击、病毒软件篡改以及利用网络从事侵害个人隐私等犯罪活动都对网络安全构成极大威胁。此外，科技的进步也对网络安全提出新挑战，计算机已开始摆脱公众传统的认知，逐渐向量子和生物形式发展，这会造成现行众多公钥密码在量子和生物计算机环境下不再安全或不能使用，因此，网络安全的形势越来越严峻。

对于大学生来说，黑客与病毒软件的嵌入、个人数据与隐私泄露的网络风险随时存在，不可控的互联网安全形势在客观上成为导致失范行为的诱因。同时，部分大学生主观上利用网络安全漏洞，使用黑客软件非法侵入和破坏网络系统，窃取篡改网络数据，违规翻墙进入境外网络的失范行为同样存在。因此，大学生群体既是网络安全威胁的受害者，也可能是网络不安全因素的制造者或参与者。

网络主权面临威胁

主权是国家利益的一部分,可以称为主权利益。主权利益并不是在任何时候都与所有国家利益保持一致的。① 网络主权是国家主权在互联网空间中的自然延伸和体现,既是主权国家独立自主监管和发展国内互联网事务的主动权利,也是防止本国互联网遭受境外入侵和攻击的被动权利。新时代背景下,互联网空间已成为一国继领土、领海和领空之外的"第四疆域"。

互联网在给人类带来便利、推动人类社会发展进步的同时,也给各国信息网络安全的维护带来极大挑战。在一定程度上,信息网络安全威胁已上升为国家的战略性安全威胁。② 当前,互联网主权作为一个概念存在一定争议。支持的观点认为,信息传播虽然没有国界,但是网络地址有国家和地区的差别,网络运营商及服务器、网络节点设施也均为一国重要财产,而互联网主体——网民不仅拥有国籍,而且语言和用网习惯也不尽相同。因此,互联网应当受到所在国的监管,并且延伸成所在国的一项主权。反对观点则认为,互联网属于全人类,网络空间也是虚拟的,不应存在国界,而应该像南极一样作为全球公域,不受任何国家的管辖和支配,更不能成为一项国家主权。值得特别注意的是,有的国家虽然反对网络主权,但却无一例外地对本地互联网严格管控,防止外部干涉。由此可见,网络空间作为主权的观念已经基本得到各国认可。

空间是一切生产和一切人类活动的要素。③ 因此,网络空间的现实特性决定了互联网空间的现实主权特性,虚拟空间并不能离开带有主权特性的人和物、国家和法律。现实性决定了互联网的主权性,而连通性则决定了其开放性,这也是网络主权相关问题的根源。

近十年来,党和政府通过每年开展的"净网行动"有效净化了网络大环境、有力捍卫了我国主权完整,但互联网中仍裹挟着大量针对青少年的虚假有害信息,攻击党和政府、宣传西方价值观念,不断争夺、占据大学生健康成长空间,屡屡践踏我国网络主权红线,阻碍中华民族伟大复兴进程。得人者兴,失人者崩。因此,网络战争既是一场严重威胁我国政治安全、没有硝烟的主权战争,也是党和人民事业同境内外敌对势力争夺大学生这一人才高地的战争,兼具隐蔽性、持续性和残酷性。

面对境内外敌对势力的蓄意攻击和网络空间的独特性,捍卫网络主权已成为维护我国国家安全的重要方面,站在大学生网络行为失范角度解析,这项工作

---

① 阎学通:《中国国家利益分析》,天津人民出版社1996年版,第217页。
② 申琰:《互联网与国际关系》,人民出版社2012年版,第14页。
③ 马克思:《资本论》第3卷,人民出版社2004年版,第875页。

更是任重而道远。当前,潜伏于互联网的各种信息鱼龙混杂、真假难辨,众多早已被表层网络屏蔽的违法犯罪信息,又开始通过暗网向大学生普及和传播,这些信息以加密传输、多点中继等方式继续充斥于互联网场域,由于大学生在学习能力和知识层次上的先天优势,通过特殊软件访问暗网并不困难。境内外敌对势力使用特殊技术加密并刻意隐匿了主机和用户网址后,国家为维护网络主权所进行的监管和打击变得倍加困难。

三、网络霸权主义当道

世界已经离开了暴力与金钱控制的时代,而未来世界政治的魔方将控制在拥有信息强权的人的手里,他们会使用手中掌握的网络控制权、信息发布权,利用英语这种强大的文化语言优势,达到暴力、金钱无法征服的目的。① 网络霸权是霸权主义在互联网场域的表现,主要针对一国网络主权。从网络主权战争的主观视角看,当前,由于网络空间并无规范的国际公约或行为规则体系,各主权国家对国际互联网的依赖过强,网络资源分配情况也极不均衡,互联网强势国家所制定的网络政策往往会强迫弱势国家接受,为某些国家网络霸权的行使提供了野蛮生长的空间。那些口头上反对网络主权的国家,往往是实践中奉行网络霸权的国家,它们一边反对他国主张网络主权,一边侵犯他国网络主权;一边赤裸裸地妄称网络无国界,一边无拘无束地严控全球网络。

从互联网域名管理的客观情况看,目前,尽管网络设备和终端归各国所有,但各国互联网却无法实现独立存在。这是因为全球互联网共有13台逻辑上的域名根服务器,它们作为互联网最基础的设施,负责管理顶级域的权威域名服务器地址,任何国家域名的解析操作均离不开它们。这些设施中,1台为首的主根服务器位于美国,其余12台辅根服务器中的9台也放置在美国,如果美国在根服务器上屏蔽某个国家域名,就能让这一国家的顶级域名网站瞬间在国际互联网上消失。从此意义上说,美国具有全球独一无二的绝对制网权,完全有能力威慑任何一国的网络主权。

2013年,美国前中情局职员斯诺登曝光了美国政府的"棱镜计划",这一秘密监控项目利用政府和跨国互联网企业的技术优势,对全球所有国家民众甚至领导人实施不间断监视和监听。同时,美国通过互联网蓄意破坏他国政治和社会舆论生态,进而发动网络战争直接威胁相关国家安全,以在国际事件上达到其政治目的、巩固其全球领导力。

从垄断资本和金融寡头角度看,一些美国互联网企业披着经济组织外衣、充当政治霸权先锋,一方面以网络自由为名无视或反对他国的政府监管,另一方面

---

① [美]阿尔温·托夫勒:《权力的转移》,吴迎春等译,中信出版社2006年版,第23页。

与美国政府勾结以监控甚至颠覆他国政府;一方面用雄厚的财团资本在全球迅速扩张以抢占互联网垄断地位,另一方面和政治权力结合以打击他国互联网行业以攫取更多经济利益。

面对互联网风险持续加剧的复杂形势,首先应持续完善互联网的对外防卫权,这是一国网络主权最基本的权利,是主权国家应对外来网络攻击与威胁时进行自我防卫的底线。在当前根名服务器不在自身可控范围的情况下,必须防范针对根域名服务器的攻击和关停等紧急情况;同时,设置国家网络边界,抵抗隔离境外网络进攻和网络舆论攻势。其次,应加强对内监管权,这是一国网络主权的域内体现,通过设置准入许可等方式限制未被授权的网站接入本地网络,及时关停不服从管理的网站、驱逐相应的网络运营商,并随时清理网络生态环境。另外,应主张国家间网络平等权,这是国与国网络主权之间相互尊重、平等联通的权利,既确保国家间对本国网络平等的管理权,也确保一国的网络管理不伤及他国。

目前,一些国家自主研发服务器及国内网络并相继进行了测试,让本国内网可以独立于互联网运行,一旦根服务器被关停,还能实现本国内部网络的联通,无须受制于人。需要注意的是,内网研发与测试只是应对网络战争的重要手段之一,任何国家都不可能通过长期屏蔽国际网络来独善其身,从某种程度上说,封闭本国网络不仅不能获得网络安全,反而会造成本国互联网整体滞后而成为"信息孤岛",更容易遭受外来攻击。因此,我国必须在维护网络主权的同时平衡自身网络的创新发展,寻找安全、稳定和可持续的路径。

第二节 意识形态领域的斗争

党的十八大以来,习近平总书记就加强和改进党的意识形态工作多次发表重要讲话,提出了一系列新的思想、理念和战略,既深刻阐明了新时代党的意识形态工作所面临的根本性、全局性和方向性重大问题,也为全面做好新时代意识形态工作、最终赢得意识形态领域伟大斗争并建设有强大引领力和凝聚力的中国特色社会主义意识形态,提供了基本遵循和重要指引。

一、对大学生意识形态的争夺

新时代,意识形态工作已成为党的一项极端重要、极其紧迫的工作,是我党治国理政的重要焦点。从国家层面看,近年来,西方意识形态,尤其是敌对意识形态,借助经济全球化、网络及终端的普及和网络霸权,不断向我国内互联网渗透,形式越来越隐蔽和多样,我们必须时刻保持警惕,及时有效防范意识形态领域可能出现的新情况、新问题。

当前，我国主流意识形态遭到西方多元思潮持续冲击，新媒体，尤其是自媒体环境下传统意识形态的主导性面临众多挑战，同时，意识形态安全工作的针对性和有效性仍待进一步提高，这种复杂形势既造成了人民群众对中国特色社会主义主流意识形态的认同危机，也凸显出我国非传统安全问题的各类隐患，并进而催生次生的意识形态安全问题。

新时代背景下，各国、各地区在思想文化领域的沟通融会越来越频繁，意识形态斗争的活跃度在全球范围内不断飙升，世界各主要大国也越来越重视意识形态在综合国力中的重要地位，中国特色社会主义意识形态和西方多元思潮，尤其是资本主义社会意识形态的矛盾斗争、并立并存的局面必将长期存在。

近年来，西方的多元社会思潮加速变异，同时，借助金融资本在国际间的快速流动不停对外扩张，这些标榜西式民主和极端个人自由的思想在价值符号方面的迷惑性为其带来了大批拥趸，严重冲击和弱化着其他国家的主流意识形态。这些资本主义意识形态衍生的多元思潮，不仅带有强烈的隐蔽性和渗透性，还在很大程度上不断挑战和危害我国社会主义核心价值体系的凝聚力和引领力。

同时，改革开放40多年来，我国在取得举世瞩目的历史性成就的同时，也存在物质文明与精神文明发展不协调的现实，互联网爆炸式、碎片化的信息裹挟着多元的认知形式与内容在普通民众中极速传播，给中国特色社会主义意识形态安全带来多重隐患。

我国科教、人才和文化的兴国强国战略实施多年来，人民群众的科学文化素质和受教育程度普遍提升，但对包裹着"民粹主义""民族主义""自由主义""虚无主义"等外衣的西方错误思潮仍然认知有限，难以有效辨别和科学分析其危害，甚至被其迷惑、为其站台。

从大学生网络行为失范角度看，面对以上困难，在党和国家针对新时代我国意识形态安全面临的新形势、新变化和新问题提出一系列战略方针的基础上，我们应持续加大高校层面的制度安排和大学生工作层面的机制创新，进一步为中国特色社会主义核心价值体系在大学生思想政治教育工作中全过程传播提供更适应新时代要求的观念和制度导向。

新时代，随着国际国内形势的深刻复杂变化，我国传统意识形态工作很多做法的有效性和针对性大打折扣，亟须在实践中进一步提升和突破。一方面是意识形态工作的基本模式过于传统和单一：以党政部门的宣传为主导，在形式上借助主流媒体进行灌输，在工作方式上自主性较差，缺乏战略高度的整体谋划，官方微博或微信公众平台面对自媒体等新型传媒的灵活度不足，应对和处置意识形态相关突发事件和次生事件时碎片化、重复性现象频发，针对性、敏感性、系统性和时效性不强，难以增加意识形态工作的说服力和把控力。另一方面，党员领导干部，尤其是基层党员领导干部和高校思想政治教育工作中的意识形态工作者,马克思主义理论水平和实践水平均有待进一步提高,用理论语言旗帜鲜明地反击错误思潮的能力不足,用通俗话语回答和解决与人民群众切身利益相关的深层次思想问题的能力欠缺,对意识形态安全问题的发生、演变、转化缺乏敏感度和预警力。

因此,面对国际国内复杂的意识形态形势,面对境内外敌对势力猛烈的攻击渗透,新时期,意识形态工作需要从生产力和生产关系的矛盾运动出发,从经济基础和上层建筑的辩证关系出发,从巩固党的执政基础和满足人民群众获得感、幸福感的需要出发,全方位开展意识形态工作,真正转变意识形态工作理念方法,既重形式又重内容,既重结果又重过程,切实提升新时代意识形态安全工作的层次和水平。

二、高校是意识形态斗争的重要阵地

高校承担着为国家发展科研育人、为文明传承创新服务的重要使命,高校思想政治教育工作更是党的意识形态工作最前沿阵地,高校意识形态安全是国家意识形态安全的重要一环,直接影响我国社会主义办学方针的成效。大学生的意识形态状况不仅事关马克思主义意识形态的传播发展,事关中国特色社会主义道路的未来,也事关国家和民族的前途命运。因此,新时代,做好高校意识形态安全工作是有效抵御大学生网络行为失范的重要途径,是国家和民族同敌对意识形态争夺大学生的第一线,需要从理论、实践、价值等多个渠道,着手构建一套科学有效的意识形态工作体系,牢牢把控住大学生意识形态高地。

随着中国特色社会主义事业步入新时代,目前,我国综合国力各方面均取得了巨大成就,其中,在经济、军事和外交等方面逐渐"强起来"的集中表现,直接刺激着境内外敌对势力不断加剧专门针对我国的意识形态领域渗透,大学生作为中国特色社会主义道路的未来,已成为敌对意识形态优先争夺的对象,高校的意识形态安全工作形势异常严峻。

新时代,高校意识形态安全的需求已不再是一些简单想法或碎片化观念,而是需要形成一整套系统、完备、实用的理论和实践体系。既要从大局上领会和衔接党中央加强意识形态工作的各项核心要求,又要在细节上凸显和体现高校意识形态工作的具体性和独特性;既要在整体性方面考虑大学生意识形态工作面,也要遵循不同层次大学生思维方式和结构独特点,用综合的、辩证的思维方式来做好相关工作。

做好高校意识形态安全工作对于不断巩固我党执政地位、探索和发展中国特色社会主义道路,逐步实现民族复兴伟业都具有重要意义。然而,当前我国大学生在学前和义务教育阶段的意识形态安全教育相对薄弱,家庭生活中意识形态安全教育基本缺失,社会和新媒体环境的意识形态安全管理跟不上时代发展;

同时,我国高校意识形态工作的相关制度和体制尚不完善,思想政治教育的实效性仍然存在众多不足。历史欠账和现实问题导致了大学生意识形态安全领域的问题凸显,部分大学生的信仰缺失和价值观扭曲等问题依然存在,部分大学生对承担中华民族伟大复兴和国家前途命运的历史使命仍感迷茫。因此,加强高校意识形态安全体系建设、培养一支高素质意识形态工作人才队伍,全力做好大学生意识形态安全工作是当前我国高校面临的一项艰巨任务。

高校是传播中国特色社会主义意识形态的主要阵地,承担着立德树人的重要职责。从整体看,建构完备的高校意识形态安全体系,是有效抵御境内外敌对势力"西化"和"分化"、反对和平演变与隐形渗透的战略手段,是确保我国长治久安、人民获得感和幸福感的需要。

当前,我国作为世界第二大经济体,意识形态领域面临的安全压力和挑战前所未有。面对极为严峻的意识形态形势,高校自身必须时刻关注境内外热点事件,对大学生意识形态动向保持高度敏感性、不断提升反应机动性,有效应对国内外复杂形势带来的不确定性影响,第一时间对大学生个体、群体的意识形态新变化、新情况,做出正确合理的价值判断和正面回应,引导大学生思想行为和价值追求符合中国特色社会主义意识形态的要求,积极反馈社会公众期待,实现立德树人效果和政治社会影响力的双统一。

随着中国经济社会的加速发展,"一带一路"倡议不断深入推进,中国道路、中国模式和中华文化开始走向世界。同时,境内外各种社会思潮也纷纷涌入我国,马克思主义与非马克思主义,尤其是资本主义衍生出的各类思潮相互交织与激荡。大学生的认知能力虽然在所有社会成员中居于上游,但缺乏社会实践与社会经验,应对物质、精神诱惑和辨别美丑、善恶的能力明显不足。同时,大学生满怀激情、容易冲动的青年期特征,易受到境内外敌对势力的煽动和利用,有的在怂恿蛊惑之下参与恐怖暴力活动,有的形成极端个人主义思想、凡事都将自我利益放在首位,也有的对学习和生活无所适从、颓废堕落。这些消极有害的思想意识既严重影响大学生身心健康成长,造成大学生失范行为与道德危机,又消解爱国意识和集体主义观念,值得当今高校意识形态安全工作高度警醒。

环境场域的改变必然影响生活于其中的人,技术本身也已经成为一种意识形态。① 信息传播方式的变革也必然改变高等教育的形式。新时代,网络媒体已广泛融入大学生的日常学习和生活,也逐步引发高校意识形态工作的历史性变革。然而,在当前高校意识形态安全工作中,全员、全程、全方位育人理念落实仍不到位,大学生理论教育脱离实践和生活,热点事件的监测和预警机制不健全,诸多问题叠加后严重阻碍了大学生意识形态工作的效果。因此,必须加强高

---

① [美]赫伯特·马尔库塞.《单向度的人》,刘继译,上海译文出版社2016年版,第11页。

校意识形态宣传工作在制度和人才队伍方面的建构,既要研究中国特色社会主义意识形态如何外化入公众日常生活,又要充分考虑高校立德树人的职责定位,确保中国特色社会主义的理想信念内化入大学生思维体系,在增强大学用马克思主义科学地认识和改造世界能力的同时,让马克思主义在新时代大学生中落地生根、传承有序。

三、网络是意识形态斗争的主战场

随着全球化与网络技术的发展,各种意识形态迅速渗透进网络并与大学生的生活、学习紧密融合,互联网不仅是国家主权的"第四疆域",还是制度间意识形态斗争的主战场,同时,还在一定程度上催生了新的网络意识形态样态。网络意识形态作为前沿科技与意识形态逻辑发展的产物,既是现实社会意识形态在虚拟场域的反映,又自带虚拟场域意识形态的衍生特质;既有别于传统社会主流意识形态的技术属性,又兼具网络空间易于容纳不同意识形态的兼容性。能否有效掌握和治理网络意识形态,是新时代党的思想政治教育工作必须面对的重大课题。

互联网环境给我国社会主义意识形态主导性带来的挑战众所周知,在此背景下,中国特色社会主义意识形态为党治国理政、经济社会发展带来了充足的凝聚力,社会主义核心价值观成为培育公民中国特色社会主义认同感、增加人民群众文化获得感和精神幸福感的重要途径。同时,随着自媒体的高度发展与普及,公民通过互联网表达诉求和获取信息的渠道越来越通畅,传统社会沟通不畅和诉求积压的问题开始逐渐消失。但是,开放的、互动的互联网环境加速了信息的形成,不断产生的信息量呈爆炸式、指数级增长,网络信息的互动也导致现实社会意识形态的多元化发展,加剧了马克思主义意识形态和非马克思主义意识形态之间的竞争与冲突。

科学技术是第一生产力,同时,也带有社会的自然属性,作为科技重要前沿体现的网络也不例外。网络意识形态作为反映现实意识形态在互联网的精神活动和互联网场域本身的虚拟特质,也必然具有自然的社会属性和社会的自然属性,既体现科学技术天然的意识形态自然属性,又体现社会意识形态赋予网络场域的价值反映与观念引导特质。在互联网场域虚拟特质的基础上形成的网络意识形态具体表现在两个方面。从科技手段本身的自然属性延伸方面看,虚拟场域本身就自带意识形态属性,网络从嵌入人类生活的意义上看甚至也可成为一种意识形态,虚拟场域中的任何思想观念的流动都必须基于互联网技术规则限度内的信息交互。

网络既是信息交互的渠道,又是受限于编码规则的空间,信息交互必须遵循互联网协议认可的相应数字语言编码规则,同时,学习和使用信息交互规则进行思想意识交流的过程也会造就一定的网络语言和网络精神,即互联网的运行会塑造全新的社会意识与生活形态。在技术逻辑已由数字语言编码规则限定的情况下,任何现有的意识与信息都不能更改技术逻辑的最初设定。技术逻辑的限制性或者说数字语言编码规则既是整个互联网的基本逻辑,也是网络意识形态发展变化的基本逻辑,这是网络意识形态与现实意识形态在自然属性方面的根本区别,是我们把握网络意识形态必须注意的大前提。

也正是由于互联网统一的技术限制逻辑,对意识形态不同的用户来说在技术层面削平了价值层面的倾向性,造成了不同思想观念和意识形态在这一开放平台的平等交互,不断促使那些现实环境中极微弱的思想观念可能转化成新的网络意识形态并形成规模和影响,让互联网逐渐成为社情发源地和舆情发酵池。这不仅造成网络意识形态可能呈现出与现实环境主流意识形态不同的价值取向,而且这种技术限定逻辑既造就了从草根一夜间成网红的现实逻辑,也造就了任何价值取向的意识形态一旦掌握了这一技术逻辑就能主导意识形态走向。一方面,科学技术的自然属性对于不同意识形态具有同等性,网络意识形态必然呈现多元化倾向;另一方面,科学技术的自然属性本身内含了技术理性,网络意识形态必然包含技术与价值双重理性,是技术理性与价值理性互动的结果。

从网络意识形态的社会价值引导和现实社会思想观念反映方面看,网络的产生、应用、发展和再生产、再衍变都要受现实社会历史条件和现实的人的思想认知制约,要以与网络所处的社会历史情境相融合为基本条件。如果说网络意识形态的天然属性自带意识形态特质,那么其社会属性则要充分反映现实社会主流意识形态。

首先,虚拟空间的交互与开放性决定了互联网信息的对等性和共享性,这种开放性和交互性使公众表达观点和偏好的方式得以拓展,主流与非主流、个性与多元,甚至黑白交错的价值取向均会出现在互联网,任何形式的意识形态都有网络发声的可能,不同价值取向的思想观念也有均等的机会参与平等对话。其中,既有党政部门等官方主流意识形态的网络声音,也有少数公众或组织等利益群体非主流意识形态的网络诉求,还有西方多元化思潮甚至敌对意识形态在我国的网络显现。同时,不同人群和使用目的赋予了网络相异的价值负荷,而这些出现在网络上的价值取向不同的思想意识又带有一定兼容倾向,这也是现实意识形态发展逻辑在网络上的表现。网络意识形态与现实社会意识形态相互叠加交错,在虚拟空间和现实环境两个途径向人这一唯一的主体施加影响并协同发展转化。

其次,对现实社会主流价值观而言,其在现实社会的影响力更加倾向于渗透进互联网,其在互联网上的运行本就主观地带有价值引导特性,从现实社会带来物质资本更能支撑昂贵的网络架设和设备投入,从这个意义上说,很多网络一开始就是为实现现实中相应的价值而产生的。这里必须注意的是,由于互联网不位有意识形态传播特性,还可利用意识形态进行资本增值,具备了资本增值而生产新型意识形态的特性,从某种意义上说,互联网作为资本的工具才越来越具有能够与不同意识形态相结合、与人们日常生活相融合的物理特性。例如,很多网络运营商、互联网公司、网络推手利用大数据分析掌握吸引公众注意力的热点事件,甚至为了追求高点击量人为制造热点事件和话题,然后引导舆论和意识形态走向,以增加更多经济利益。这从另外一个维度告诫我们,在资本无孔不入的大环境制约下,网络意识形态的现实价值取向更加难以辨别,网络作为科技发展的重要产物,在很大程度上也是资本主义意识形态开疆拓土的主要工具。

新时代,互联网已成为公众思想意识交流最重要的空间和平台,网络意识形态因此也就成为影响现实社会意识形态的最关键环节,其自然与社会双重性质对现实社会意识形态的影响也必然是双重结果。因此,维护主流意识形态安全必须时刻关注网络意识形态的主要价值取向,看其是否有悖于中国特色社会主义意识形态,是否符合社会主义核心价值体系的建构,是否有利于巩固马克思主义在我国现实社会意识形态领域中的主导地位。现实中,既要防止互联网技术理性标准适用范围在现实中的扩大化,又要防止价值理性多元化带来的现实主流意识形态的弱化冲击。

网络意识形态作为科学技术与意识形态两者逻辑发展与相互作用的产物,必然融通了技术理性,技术理性虽然是资本主义意识形态的衍生物之一,在作为人类沟通工具与呈现手段的互联网发展上发挥作用,但是,一旦技术理性标准发展成价值观念嵌入人们的思想意识并控制人们的生活习惯,成为人们需要遵循的普遍准则时,就超出了正常的适用范围,同样会造成人与自身、人与自然和人与社会的多重异化,互联网作为手段变成了目的。本应存在于虚拟空间并发挥作用的技术理性外溢到现实社会,但技术理性本身解决不了意识形态领域面临的道德、法律等诸多本应由价值层面去解释和规范的问题,同时,意识形态领域原有的意义和价值被技术理性重新定义,这种意义和价值如果不能满足技术理性的需要就会在特定场域环境下被阉割,从而造成意识形态的弱化。当前,由于人们对互联网数据程序编码与运行规则的适应和认同,技术理性标准适用范围在现实意识形态中的扩大化已经发生并且不可避免,这既是人的内在意识对外部环境的合理反应,也是外部环境对人的内在意识的内化过程。所以,互联网场域本身倒置手段和目的、技术操控价值、理性取代意义的特性,会弱化中国特色社会主义意识形态,在一定程度上解构社会主义核心价值体系。技术理性把人精神层面的、抽象意义上的认知对象化为客观的、理性的、可改造的规则,把人类精神世界中的抽象内容及其所承载的文化特征具象化为现实世界中的"物质",致使人与物,目的和手段倒置,不断贬低人的主体性和重要性。然而,技术和手段上的可改造性与可操作性,并不代表价值和目的上的可行性和实践性;技术的合理逻辑合理也不可能等同于人的需求逻辑。因此，必须在网络意识形态发展演变的过程中积极寻找技术与价值的平衡点。

与技术理性的消极影响平行的是网络意识形态所呈现的多元价值取向，多元价值取向在特定历史阶段和一定场域条件下代表着开放与进步的正面意义，是人类社会对抗一元与强权的积极方式。但同时，多元是把双刃剑，多元价值包含的分化与弱化、混合化与灰度化、去中心化与反权威化等消极作用始终与其进步性如影随形。前文已述，由于网络意识形态的自然属性无法辨别意识形态的价值导向，网络意识形态中多元价值取向的消极作用会冲击马克思主义意识形态的主导地位。

同时，应该看到，互联网技术在带来海量信息的同时，也带来了严重的信息不对称。新媒体的发展本来是信息更加完整、清晰传播的方式，但信息在互联网上极速的传播过程中，却呈现出碎片化、模糊化倾向。对于互联网信息来说，与传播速度和数量相比，准确性和质量更重要，信息爆炸带来的信息不对称和失真让网络信息在一定程度上无法满足人们真实的精神文化需求，也无法充分弘扬现实社会正能量、传递主流价值。从媒体角度看，不同利益诉求的媒体在互联网上从不同维度以相互融合，用不同叙事视角把貌似真实、完整，实际却片面化、碎片化的各类信息上传，公众面对这些似是而非的片面信息在难以辨别真伪的情况下，只能先入为主地根据自身经验和价值判断来下结论，自动屏蔽和过滤那些与自己的主观判断不符的，哪怕是主流意识形态的信息，甚至把片面结论当成事实本身，对夹杂在其中的多元意识形态更是难辨真伪，这进一步加深了残缺信息和片面结论附带的意识形态偏见控制公众思想观念的消极作用，加深了公众对社会问题的焦虑情绪，动摇了社会团结共识的基础，混淆了主流与非主流意识形态下对是非的判断，也稀释和弱化了主流意识形态基础上的权威。

对于大学生来说，网络意识形态带来的挑战主要表现在以下三个方面：一是互联网技术在设计和学习环节就已成为各方利益的角力场。由于科技设计本就是由人来设置和选择的，是为满足一定的政治、经济需求，需要服务于一定商业利益或特定价值判断标准，其结果也往往关涉一定群体或阶级的利益，但是技术设计环节并不像互联网终端一样是开放的，其设计通常不会对外公布，只有拥有核心的编码和设计技术的国家与财团才能掌握此环节，要学习这种核心技术也只能遵守这些利益集团早已设定好的游戏规则。二是基于互联网的大数据和人工智能等新技术在价值内核上只是人和社会的延伸，还缺乏价值规范和引导。目前，互联网企业针对网络信息爆炸的情况都设计了一定算法，通过大数据搜集和人工智能的深度学习，可以根据用户的上网习惯和兴趣爱好定向推送个性化信息，从商业角度说，这种推送提供了更加精准的信息或广告服务，但是也同时造成用户信息接收领域的狭窄化，这又造成了与信息芜杂相对立的另一个极端——人只能看到自己想看到的单一世界,并在这个世界中越走越远,以至于无法了解不同的领域、立场和看法。对于大学生来说,多彩的世界和多元的理念是实现自我、完善自我、增进理解、不断成长的重要途径,如果长期仅获取个性化信息,对社会、对他人的认识将越来越偏狭,并可能逐步丧失整体思维甚至走向极端。三是虚拟场域的开放特征使西方各种误导性意识形态思潮有了可乘之机,以各种不同的形式、观点、意见或版本出现在我国网络空间,其中裹挟的消费主义、拜金主义、享乐主义、虚无主义等思想观念趁机大行其道,搅乱和消解大学生正在形成的价值观念。

最需要警惕的是,当资本主义意识形态借助金融资本力量在全球横行时,其渗透进网络意识形态领域是必然的,哪怕是现实社会中最主流的意识形态在互联网场域也面临着和资本对抗的困境,资本以其效益为优势排斥甚至屏蔽其他价值导向。看似免费使用的互联网资源,其背后往往有不同于现实世界的利润创造方式,商业化团队与资本力量的结合在很大程度上操控了互联网意识形态。因此,从这一角度看,马克思主义的最终敌人仍然没有改变。

第三节 构建网络空间命运共同体

网络空间安全已经成为我国面临的最复杂、最现实、最严峻的非传统安全问题之一。互联网的核心技术是国之重器,是我们最大的命门,核心技术受制于人是我们最大的隐患。要下定决心、保持恒心、找准重心,坚持自力更生、自主创新,加速推动信息领域核心技术突破,以技术对技术,以技术管技术,做到魔高一尺、道高一丈。同时,我国网民规模已达9.4亿人,居全球第一。互联网日益成为人们特别是年青一代获取信息的主要途径,网络舆论直接影响着人们的思想观念和价值取向,做好意识形态工作,必须坚持正能量是总要求、管得住是硬道理,加强互联网建设管理运用,打好网络意识形态攻坚战,推动互联网这个"最大变量"释放"最大正能量"。

一、牢牢把握高校意识形态话语权

新时代,做好大学生意识形态工作,必须坚持和加强党对意识形态工作的全面领导,牢牢把握意识形态工作领导权,更好巩固和发展中国特色社会主义意识形态,不断增强马克思主义在意识形态领域的主导权和话语权,不断坚定大学生的道路自信、理论自信、制度自信、文化自信,不断提升党、国家和民族对大学生群体的凝聚力、向心力。同时,必须创新对外话语表达方式,研究国外不同受众的习惯和特点,采用融通中外的概念、范畴、表述,把我们想讲的和国外受众想听的结合起来,把陈情和说理结合起来,把自己讲和别人讲结合起来,为国际社会和海外受众讲述中国故事,也让国际社会和海外受众认同中国故事。

从意识形态工作的方向上,必须始终绷紧政治立场这根弦,牢固树立政治意识、大局意识、核心意识、看齐意识,在高校思想政治教育的政治立场、方向、原则和道路上同以习近平同志为核心的党中央保持高度一致,坚决以实际行动维护习近平总书记核心地位,维护党中央权威和集中统一领导。大学生思想宣教工作必须旗帜鲜明坚持党管宣传、党管意识形态,在政治方向、舆论导向和价值取向上立场坚定,传播好党的声音和主张,决不允许在高校阵地出现特殊成员和理论飞地。必须加强理论武装,坚持用习近平新时代中国特色社会主义思想指导高校思想政治教育工作,推动习近平新时代中国特色社会主义思想在大学生意识中生根发芽。高校思想政治教育工作要在思想政治理论课的基础上,推动大学生读原著、学原文、悟原理,深入系统、及时跟进、学思用贯通、知信行统一。高校思想政治教育工作者必须统筹理论学习、宣传和研究工作,深入研究并积极向大学生宣传阐释习近平新时代中国特色社会主义思想的时代背景、历史地位、科学体系、丰富内涵、精神实质,确保大学生不断深化对这一思想的理论品格、思想脉络、实践价值的认识,坚持不懈用习近平新时代中国特色社会主义思想武装当代大学生头脑。

在意识形态责任的落实上,必须压紧压实做好意识形态工作的政治责任、领导责任,全面落实意识形态工作责任制。加强高校阵地建设和管理,认真贯彻党委主管主办和属地管理原则,切实做到守土有责、守土负责、守土尽责,使高校意识形态阵地始终成为传播先进思想文化的坚强阵地,决不给错误思想观点提供传播渠道。同时,必须发扬斗争精神,高校思想政治教育工作者尤其是高校党委,必须始终站在意识形态斗争第一线,敢抓敢管、敢于亮剑,与存在于高校领域的否定党的领导、否定中国特色社会主义制度等错误言行做不懈斗争。

在意识形态工作人才队伍的建设上,以政治家的标准严格要求、以理论家的标准提升素质、以实干家的标准推进工作,建设一支高素质的意识形态工作人才队伍。高校是当前我国意识形态传播和研究的主要阵地,也是意识形态工作理论人才最重要的培养基地,高校社科工作尤其是马克思主义理论相关专业必须利用自身优势为党的意识形态工作培养宣传人才,确保宣传思想工作领导权牢牢掌握在忠于党和人民的人手里。高校思想政治教育工作者必须加强学习和工作实践,真正成为在理论上、笔头上、口才上或其他专长上让人信服的行家里手。同时,高校重视做好各学科专业知识分子工作,加强团结和引导,加强政治引领和政治吸引,最大限度地把他们凝聚在党的周围。此外,高校意识形态领域敏感度和关注度高,存在一些在学术界和全社会都有一定影响力的意见领袖,在管理和引导上要注意把握好时效度,掌握好时机、节奏、力度和范围,讲究方式方法,正确区分和处理政治原则、思想认识和学术观点问题,以有利于坚持和加强党的领导,有利于凝聚党心民心,有利于促进改革发展稳定为最终目标。

在意识形态工作的宣传手段上,高校应积极推动意识形态传播手段的建设和创新,紧跟国内外形势的深刻变化和现代信息技术的迅猛发展步伐,重点抓好理念手段和方式方法的创新,积极探索有利于破解当前思想政治教育工作难题的新举措和新办法,充分运用互联网新技术尤其是5G等技术手段创新高校媒体的传播方式,不仅占领高校阵地信息传播制高点,而且在坚持正确舆论导向、适应新形势的前提下,推动传播形态、传播格局的深刻变革,推进传统媒体和新兴媒体深度融合,提高党的意识形态在全社会舆论传播力、引导力、影响力、公信力,促进我国整体传播能力更大的提升。

这要求在实际工作中首先要理直气壮唱响网上主旋律,巩固壮大主流思想舆论,深入实施网络内容建设工程,加强网上正面宣传,旗帜鲜明坚持正确政治方向、舆论导向、价值取向,用习近平新时代中国特色社会主义思想团结、凝聚力量,发展积极向上的校园网络文化,创新改进网上宣传,形成网上正面舆论强势。同时,深入开展网上舆论斗争,严密防范和抑制网上攻击渗透行为,分析网上斗争的特点和规律,运用正确战略战术,组织力量对错误思想观点进行批驳。其次,要建立网络综合治理体系,通过整合相关机构职能,健全基础管理、内容管理和专业管理机制,协同政法等部门建立网络违法犯罪防范和打击等工作联动机制,健全大学生网络突发事件处置机制,形成正面引导和依法管理相结合的高校网络治理强大合力,鼓励大学生作为主体参与网络综合治理。

高校应本着对国家、对人民对学生负责的态度,构建良好网络秩序,深入贯彻网络安全法,配合政法、网信等多部门联合开展净网行动,严厉打击互联网违法行为,加重网络失范行为的违规成本,推动打防管控的信息化、合成化、智能化、实战化和法制化,坚决遏制大学生涉网违法犯罪行为的蔓延。

二、坚决维护网络空间安全

当前,以互联网为代表的新兴技术日新月异,对人类社会的发展进程产生深刻影响。同时,网络安全问题也相伴而生,世界范围内侵害个人隐私、侵犯知识产权、网络犯罪等时有发生,网络监听、网络攻击、网络恐怖主义活动等成为全球公害。当前我国国内网核心计算和可信服务等传统网络安全技术能力已基本成型,整体网络安全防护能力不断提升,在人工智能、区块链技术、5G和大数据、生物和量子计算等前沿领域方面已经赶超西方发达国家。但是,网络空间安全的不少关键核心技术仍受制于人、对外过度依赖,网络信息前沿技术仍存在不少短板,甚至关键核心技术的安全仍不完全可控,核心安全部门服务器的信息泄露、病毒传播和恶意攻击等现象依然存在,这给网络安全、国家安全和公民信息安全带来严重威胁和隐患。

从国内规划设计层面看,必须进一步加强党对网络空间安全工作的集中统一领导,进一步实施创新驱动发展战略,科技创新与体制机制创新同步推进,在网络基础设施建设、技术创新突破、产业纵横融合、网络空间安防、核心技术突破等方面有所作为,努力掌握前沿互联网技术的优先权与主动权。基础研究和前沿探索相结合,基础建设和技术攻关相结合,加快构建适应网络时代创新融合发展的体制机制。同时,必须绘制好网络核心技术发展蓝图,细化目标任务并有序推进,以基础研究推动网络核心技术产业化发展,形成互联网产业链和产业集群,以前沿研究推动网络核心技术尖端化发展,形成和扩大互联网核心技术优势,牢牢掌握网络空间国际话语权和规则制定权,有力维护我国网络空间安全。

从我国技术发展层面看,首先,必须依靠我国在网络技术、信息产业、人才队伍和互联网基础设施建设等方面的优势,立足国情提高网络空间安全防护能力,并通过军民融合提高网络信息技术研发能力,实现网络空间的科研、技术、产业和应用全链条、全方位安全。其次,要加强关键信息基础设施网络安全防护,加强网络安全信息统筹机制、手段、平台建设,加强网络安全事件应急指挥能力建设,制定网络安全标准,不断增强网络安全防御能力和威慑能力;加强网络安全预警监测,确保大数据安全,实现全天候全方位感知和有效防护;依法加强网络空间治理,净化网络环境,营造清朗网络空间。

从国际网络形势层面看,安全和发展是一体之两翼、驱动之双轮,安全是发展的保障,发展是安全的目的。安全与秩序也是全球网络空间健康发展的核心诉求和国际社会的共同责任,网络空间安全这一全球性挑战,没有哪个国家能够置身事外、独善其身。搭建全球互联网共享共治的平台,坚持多边参与,完善协商机制,有效管控分歧,携手维护安全,推动制定各方普遍接受的网络空间国际规则。各国应该携手努力,共同遏制信息技术滥用,反对网络监听和网络攻击,反对网络空间军备竞赛,共同加强对话交流,制定网络空间国际反恐公约,健全打击网络犯罪司法协助机制,共同维护网络空间和平安全,使全球互联网治理体系更加公正合理,这也是共同推动互联网健康发展的要义。

从国际法律制定角度看,由于网络安全关系网络空间内所有行为主体的切身利益,网络空间尤其是国际网络空间不应成为法外之地,更需要制定相应的行为准则和治理规则,坚持走法治化发展道路是维护国际网络安全和促进全球公平正义的重要方式,建立适合网络空间生存和发展的国际通行规则势在必行。首先必须通过各国政府、国际组织、跨国企业、网络巨头、民间机构甚至网民个人等利益相关方的多边协商,逐步建立国际网络治理规则协商机制,制定和执行网络空间治理国际规则,在形成共识的基础上制定国际法律文书,进一步规范和约束网民的网络行为,并在联合国主导下打击网络信息通信领域违法犯罪活动,促进国际网络空间公平正义。

二、构建网络空间命运共同体

网络空间命运共同体是解决网络空间威胁和意识形态斗争的必由之路,也是防范大学生网络行为失范的有效途径。

网络的本质在于互联、信息的价值在于互通,只有加大资金投入、加强技术支持,通过加强网络信息基础设施建设铺就信息畅通之路,才能不断缩小不同国家、地区、人群间的信息鸿沟,才能让信息资源充分涌流。同时,文化因交流而多彩、文明因互鉴而丰富,互联网是传播人类优秀文化、弘扬正能量的重要载体。发挥互联网传播平台优势,通过互联网架设国际交流桥梁,推动世界优秀文化交流互鉴,推动各国人民情感交流、心灵沟通,并共同推动网络文化繁荣发展,丰富人们精神世界,促进人类文明进步。互联网蓬勃发展,为各国企业和创业者提供了广阔市场空间,世界各国应加强合作,通过发展跨境电子商务、建设信息经济示范区等,促进世界范围内投资和贸易发展,推动全球数字经济发展。

网络空间作为虚拟世界,把现实中互相隔离的国家和地区连接起来,其发展程度和对现实世界的影响对于不同的国家和地区的人来说并不相同,但网络空间对现实社会构成的潜在威胁却不会因此而不同,因此,任何国家和地区都应增强对网络虚拟空间的认识,尤其是增强网络空间忧患意识和危机意识。对于一个国家和地区来说,开放融合意味着发展进步,闭关锁国只能落后挨打,融入全球网络一体化进程才能被认可和接纳。对于每个个体来说,个人在人类社会发展过程中的作用是十分有限的,但由于在网络空间里每个人直接或间接影响着他人其作用又是无限的。国际网络空间治理,应该坚持多边参与,由大家商量着办,发挥政府、国际组织、互联网企业、技术社群、民间机构、公民个人等各个主体作用,不搞单边主义,不搞一方主导或由几方凑在一起说了算。各国应该加强沟通交流,完善网络空间对话协商机制,研究制定全球互联网治理规则,使全球互联网治理体系更加公正合理,更加平衡地反映大多数国家意愿和利益。因此,网络空间命运共同体的构建关乎世界上每一个国家、地区、组织和个人,全人类都有义务参与打造这一共同体。

从科技发展进步角度看,构建网络空间命运共同体的最基础也是最核心的部分是硬件和技术层面的协作互通,加快全球网络基础设施建设是实现全球连接的基本保障,互联网技术创新扩散也成为国家地区经济结构升级、实现弯道超越新的突破口,对于发展中国家而言尤其重要,只有从基础层面铺就信息畅通之路,才能缩小信息鸿沟,实现跨区域跨圈层的互联互通,在更大范围内实现连接与融合。同时,构建网络空间命运共同体的重要一节是数据和标准层面的开放共享和共治共建。当前,"互联网+"和大数据产业已上升至国家战略层面,打破数据孤岛、实现数据共享的需求也从国内逐渐延伸至全球领域,从全球层面开放数据和行业开放数据成为透明高效管理、泛载式民生服务的基础支撑,也成为加强网络空间命运共同体凝聚力和协同力的必要手段。在保障数据安全的基础上进一步推动开放共享,对于全球网络空间的互通与共治都可提供决策支持。

从文明发展进步角度看,经济和文化层面的互联互通、共享共治是构建网络空间命运共同体的宗旨与方向,互联网已成为全球文化经济交流、融合、碰撞与博弈的重要平台,基于互联网的全球文化交流与数字经济合作日渐成熟。在理念共识、技术硬件和数据标准实现共建的基础上,携手推进"互联网+"的全球化和全行业化,加强跨境与跨界合作,促进全球资源的开放与整合,成为推动全球数字经济发展的重要方向。可以说,网络空间命运共同体的构建创造了更多的文化交融点、利益契合点、合作增长点、共赢新亮点,推动了世界各国的优势互补、合作共赢,让更多国家和人民从中受惠受益。

同时,网络空间命运共同体在广泛连接的同时更需要开放包容,在实现主流文化融合发展的同时也需要容忍亚文化的存在,接受不同地区、文化、人群之间的多样性和差异性,只有秉承开放包容的胸襟和态度,着眼于全球经济文化的发展,积极利用好互联网平台开放、平等、协作、共享的特性,才能共同推动网络文化的繁荣和多态化发展。同时,在网络空间命运共同体的构建中,网络空间文化是其中极为重要的组成部分,网络空间文化一方面作为传统文化在网络上的延伸,另一方面也是虚拟空间文化在现实文化体系的反映,既是网络时代全球文化建设的新增长点,也是推动全球文化交流和融合的新途径。

从全人类发展进步角度看,打造网络空间命运共同体既是防范人类共同面对的风险隐患的中国方案,也是全人类在网络社会背景下谋求生存和发展的未来的中国方案,网络空间命运共同体不限制任何国家、地区、组织和个人,而是关系全人类的发展进步旨向。在这一背景下,中华文明作为世界文明体系的一元,既需要通过网络与世界各国开展交流和对话,汲取先进和有益成分,又需要向世界展示和传播中国策略、中国主张,尤其是有益于全人类发展进步的中国方案,找到中国声音与世界声音的契合点,不断推进全人类的发展与进步。在这一过程中,既不走西方资本主义国家霸权主义、侵略主义、渗透主义和殖民主义的老路,也不走人云亦云、泯灭个性,为接轨国际而断裂传承和消弭自身特色的退路,而是通过网络命运共同体构建与全世界、全人类实现一体化发展,为全人类发展进步树立样板。

第九章
人与未来——总体安全与构建人类命运共同体

大学生网络行为失范问题体现出的不仅是过去和当下的问题,还有未来的问题,是关乎人类未来走向的重大课题。

第一节　总体国家安全与生物安全

传统安全是以维护国家领土完整和主权安全为核心要义,以国与国之间安全问题为主体,重点关注国家间政治、国土与军事安全,主体较为单一,范围也较为狭窄,在当前国际环境下相对稳定;非传统安全与传统安全相对应,在当前全球化交往频繁的背景下,关注国家间经济、文化、社会、科技、网络、生态、资源、粮食、海外、核与外空间等涉及国家安全体系的一切因素。总体国家安全观要求既要关注传统安全更要关注非传统安全。随着世界性安全治理主题的转变,传统安全逐渐向经济安全、文化安全、网络安全、人的安全等非传统领域延伸,传统安全与非传统安全问题相交织,生物安全问题凸显的是我国非传统安全问题,更是总体安全的问题。

"安而不忘危,存而不忘亡,治而不忘乱。"国家安全是人民幸福安康的基本要求,是安邦定国的重要基石,维护国家安全是全国各族人民的根本利益所在。进入新时代,我国面临复杂多变的安全和发展环境,各种可以预见和难以预见的风险因素明显增多,各方面风险可能不断积累甚至集中显露,国家安全内涵和外延比历史上任何时候都要丰富,时空领域比历史上任何时候都要宽广,内外因素比历史上任何时候都要复杂,维护国家安全的任务更加繁重艰巨。因此,必须审时度势、与时俱进,创新国家安全理念,统揽国家安全全局,坚持总体国家安全观,走出一条中国特色国家安全道路。党的十八大以来,习近平总书记创造性提出总体国家安全观的系统思想，成为维护国家安全的行动纲领和科学指南，党的十九大把坚持总体国家安全观纳入新时代坚持和发展中国特色社会主义的基本方略高度写入了党章。总体国家安全观以一系列紧密联系、相互贯通的基本观点，科学回答了中国这样一个发展中的社会主义大国如何维护和塑造国家安全的系列基本问题。

从历史节点上看，坚持总体国家安全观，归根到底是为了更好维护我国发展的历史机遇期，确保中华民族伟大复兴进程不被迟滞或打断。当前，我国比历史上任何时期都更接近实现中华民族伟大复兴的目标，迎来了大有可为的历史机遇期，前景十分光明，但风险挑战也十分严峻。在新的历史起点上，必须时刻准备应对各种风险考验，必须进行伟大斗争、建设伟大工程、推进伟大事业、实现伟大梦想。这既对国家安全工作提出了新挑战，也为做好国家安全工作提供了新机遇。

从以人民为中心的视角看，国家安全工作，归根结底是保障人民利益，为群众安居乐业提供坚强保障。在新时代，人民希望国家更加强大，更有力地维护国家统一和民族团结；希望党和政府更加主动作为，更有效地保护生命财产安全；希望着力解决空气、水、土壤污染以及农产品、食品药品安全等突出问题。党的十九大做出新时代我国社会主要矛盾发生变化的新论断，明确将安全作为人民美好生活需要的重要内容。这是对历史、现实、未来的深刻洞察。有了安全感，获得感才有保障，幸福感才会持久。

从世界发展变化格局看，世界多极化、经济全球化、社会信息化、文化多样化深入发展，全球治理体系和国际秩序变革加速推进，各国相互联系和依存日益加深，国际力量对比更趋平衡，和平发展大势不可逆转。同时，世界面临的不稳定性不确定性突出，世界经济增长动能不足，贫富分化日益严重，地区热点问题此起彼伏，恐怖主义、网络安全、重大传染性疾病、气候变化等非传统安全威胁持续蔓延，人类面临许多共同挑战，没有哪个国家能够置身事外、独善其身，妄自尊大只能四处碰壁。

值得注意的是，近年来，生物领域安全事项的重要性逐渐凸显，特别是对于国家安全甚至人类安全方面的影响也开始显现，基因编辑婴儿事件，以及此次新冠肺炎疫情，就直接凸显了生物安全的重要性。这就要求我们不断探索生物安全工作的制度路径，在实践中尽快健全生物安全工作体系，从而保障国家生物安全工作体系的治理能力，实现国家生物安全工作体系的现代化和高效化。

从理念层面看，必须强调以人为本的生物安全理念，以人为本是马克思主义基本立场，是总体国家安全观的根本要求，也是以人民为中心的发展理念的应有之义。生物安全归根结底是保护人的安全，生物安全工作必须围绕人开展，保障人民群众生命健康安全是根本目的。同时，人作为自然界的一部分，必须敬畏自然环境和自然规律,保护生物多样性,合理把握人类医疗卫生和健康水平的提高与生物安全威胁的辩证关系,不能以征服自然和自然规律的工具理性来制造自我毁灭的隐患。

从技术层面看,增强生物安全工作的科技力量,是我国乃至全人类应对重大突发生物安全问题的有效工具,人类发展的每一步都离不开生物学和医学的进步。面对近年来全球性突发公共卫生事件频发的现实,我们必须抢抓机遇,争取在生物技术和医学领域实现更大突破,在国家层面构建生物安全协同工作体系,加强生物安全领域基础性研究,特别是高致病性传染病病毒研究,坚持病理、疫苗和药物的长期性、战略性和预防性科研攻关。同时,加强中医药的创新研发和推广应用,推动传统医药发展。更为重要的是,必须严格保护我国人类遗传信息资源和一系列相关基因序列信息资源,防止人类基因池被商业化和敌对性修改造成的污染,不断提高生物安全风险的科学防控水平。

从治理体系看,必须推进生物安全治理体系和能力的现代化,从中央到地方各级各部门实现工作协调联动,确保传染病与突发公共卫生事件监测信息、预警、响应和联控机制的科学有效运行,高度重视流行病学数据的信息采集、汇总入库和资源共享,提高公共卫生资源的配置和运行效率,并通过重要医疗资源的战略储备与应急供应,不断提高应对重大公共卫生事件的水平。同时,必须加强公共卫生舆情宣传和舆论引导,强化国民卫生素养,提高全民卫生意识。

从国际层面看,生物安全问题是全人类必须共同面对的新挑战,团结协作是唯一的办法和途径。面对全球性生物安全事件,人类比以往任何时候都需要一个更健康、更安全、更公平的世界,因此比以往任何时候都更需要团结协作,共同维护全球公共卫生安全。在此次新冠病毒面前,全人类是一个命运共同体,必须休戚与共,守望相助,社会制度、意识形态、种族肤色、文化差异,都不应当妨碍国际抗疫合作。国际社会应进一步增进共识,携手共商人类生物安全的共同愿望。

第二节 人类命运共同体

无论是大学生网络行为失范还是人类面临的生物安全威胁,无论是非传统威胁还是总体国家安全问题,最终都需要通过构建人类命运共同体来解决,当前的新冠肺炎疫情更是从另一个侧面向我们证明,只有合作才能共赢,战争和对抗没有赢家。

从中国梦的角度看,人类命运共同体是中国梦的应有之义。中国梦的提出,不仅在国内引发强烈共鸣,而且在国际社会产生强烈反响。中国日益走近世界舞台中央的国际地位和影响力,决定了中国的梦想,不仅关乎中国的命运,也关系世界的命运。同时,面对中国的快速发展和国际地位的不断提高,国际社会也出现一些曲解和误读、疑虑和猜忌。有些人担心中国的发展是一种威胁,有的人将中国梦歪曲为"扩张梦""霸权梦",还有人认为中国会跌入所谓大国冲突对抗的修昔底德陷阱。中国梦不仅造福中国人民,而且造福世界各国人民,是中国人民和世界各国人民共同的福祉。"穷则独善其身,达则兼济天下。"这是中华民族内在的品德和胸怀。作为一个拥有近14亿人口的发展中大国,中国一心一意办好自己的事情,实现国家发展和稳定,本身就是对世界的巨大贡献。同时,中国的发展对世界各国也是重要机遇。近年来,中国对世界经济增长贡献率超过30%,成为世界经济增长的主要动力源和稳定器。随着国力的不断增强,中国将在力所能及的范围内承担更多国际责任和义务,致力于构建人类命运共同体,为人类和平与发展的崇高事业做出更大贡献。

中华民族历来就是爱好和平的民族,天下太平、共享大同是中华民族绵延数千年的理想。中国历史上曾经长期是世界上最强大的国家之一,但"协和万邦"始终是中国的核心理念。近代以来100多年间,中国内部战乱和外敌入侵频频发生,中国人民对战争带来的苦难有着刻骨铭心的记忆,对和平有着孜孜不倦地追求,十分珍惜和平安定的生活。中国人民怕的就是动荡,求的就是稳定,盼的就是天下太平。我们将坚定不移走和平发展道路,既努力争取和平的国际环境发展自己,又以自身的发展促进世界和平。中国决不会称霸,决不搞扩张,中国的发展是世界和平力量的壮大,是传递友谊的正能量。历史将证明,实现中国梦给世界带来的是机遇不是威胁,是进步不是倒退,是合作共赢不是零和博弈。

从马克思主义的理论品质看,构建人类命运共同体思想与马克思主义理论是一脉相承的,是马克思主义关于人的全面发展理论的逻辑延伸,具有鲜明的时代特色,人类命运共同体以人的自由而全面的发展为特征。新时代,中国共产党人立足人类生存境遇和发展趋势,不断探索科学合理的发展秩序和模式,高度肯定了马克思主义对于阶级利益的扬弃和对于人类自由联合体的实践。随着全球化的深入发展,人类联系在不断加深的同时,矛盾斗争和鸿沟也在日益加深,人类生存和发展面临严峻挑战,以全人类发展的整体性、连续性、根本性和一致性为基础的命运共同体成为时代必然。既强调本民族国家利益也重视人类总体发展,突破了西方传统的集体主义和个人主义的对立原则,尊重文明的多样性、利益的统一性和发展的连续性。同时,构建人类命运共同体思想的提出,不仅继承了马克思主义的批判精神,而且科学把握住新时代发展的特征和规律,合理判断当今世界发展尤其是资本主义全球化的趋势,突出了作为社会历史主体的人参与全球化进程的能动性。

科学性和实践性的辩证统一是马克思主义的理论特质,构建人类命运共同体思想是马克思主义实践品质的现实传承。马克思主义的实践品质不仅体现在对存在论和历史观的改革上,更体现在人对现实世界的批判和改造上,是创造历史的社会责任感和历史担当。构建人类命运共同体首先要实践解决世界发展不平衡问题,要解决全球化带来的矛盾冲突和负面影响,通过一带一路建设,以实践构建人类命运共同体,把世界各国人民对美好生活的向往用行动变成现实。面对当今世界前所未有之大变局,国家和地区间冲突不断,发达国家用霸权逻辑和文化殖民强行扩张的同时,发展中国家还在为发展道路的选择而迷茫,总的来看,一个国家的发展归根到底要立足于本民族国家自身,寻找适合本国国情的发展道路。中国特色社会主义道路的成功,不仅给众多发展中国家提供了全新参照,构建人类命运共同体的思想也为这些国家和民族提供了安全的发展机遇,是为人类发展问题提出的中国方案。构建人类命运共同体让世界上越来越多的国家认同合作共赢的发展道路,希望建立互利互惠的新型国际关系,正不断突破以资本逻辑为主导的全球化秩序,构建以人类共同发展为中心的新型世界秩序。

构建人类命运共同体是以马克思主义的世界观和方法论为指导,是对马克思主义辩证法的实际运用,既没有从单个国家和民族出发来看待全球化,也没有脱离国家民族的现实交往去寻求全球化,而是把现实的国家和民族作为世界历史发展的共同体。同时,构建人类命运共同体严格恪守马克思主义理论的总体性原则,坚持历史发展的全球性视野,把对国家和民族现实的发展和交往置于人类命运共同体之中,积极探索民族国家自身发展与人类共同发展的现实路径,坚持用新发展理念把握新时代精神,发挥理论对现实尤其是全球化引领作用,在兼顾本国与别国利益的基础上共同发展,自觉践行理论与实践在逻辑上的辩证统一。

从中国传统文化角度看,人类命运共同体理念包含着对中国传统的和合文化的理解。中国传统文化强调整体性和统一性,同时,中国传统文化所强调的和合思想也是一种天人合一的整体主义,其中既包含人与人的和谐,也包含对不同文化和民族的包容,通过和合思维与自然、与社会和谐相处,以解决人类面对的各种危机。人类命运共同体思想是关于世界整体性的描述,既遵循世界整体性哲学观,也主张世界文化的一体性,真正体现了人类世界因整体统一和和谐共生而存在和发展的实际。

人类命运共同体理念追求的也是人与自然和谐共生、天人合一的发展理路,充分表明人类的存在和发展方式不是征服自然,而是认识、适应和发展自然,正确处理人与自然的关系。自然为人类提供生存发展的空间和资源,人通过自然价值的创造为自然发展提供保障,割裂与对立人与自然的关系,甚至试图改变自然的限制都会造成自然和自然规律的反作用,消解人类文明存在的基础。同时,人类命运共同体是对天人合一的和谐共生自然观的时代性转化,人类只有一个自然界，人类也是自然界的一个部分，而不是自然界的主人，中国传统文化中遵循天人和谐的意识真正融入了人类命运共同体理念。

人类命运共同体不仅包含人与自然关系的价值呈现，而且包含天下为公的政治理想的思想原则。"大道之行也，天下为公。选贤任能，讲信修睦。故人不独亲其亲，不独子其子，使老有所终，壮有所用，幼有所长，矜寡孤独废疾者皆有所养，男有分，女有归。货恶其弃于地也，不必藏于己；力恶其不出于身也，不必为己。是故谋闭而不兴，盗窃乱贼而不作，故外户而不闭，是谓大同。"[1]构建人类命运共同体是中国古人大同社会政治抱负的当代实践，是天下共有和天下共治的治理观、重义轻利的义利观和先公后私的公私观的集中表达。以胸怀世界责任观和超越国家利益的格局对全人类承担责任义务，把全人类作为一个整体，以天下为公的精神从全人类利益角度思考和解决问题，这是人类命运共同体理念的政治主张。

人类命运共同体还充分体现了中国传统文化中和而不同个体化需求，是对冲突和差异合理性的认同。这是和合文化的基础性前提，但并不是单纯认可事物的差异，而是强调人的个体性、独立性在和文化方面的融合性和均衡性，强调矛盾冲突的转化和对多样主张的尊重，是中国传统文化在新时代国际关系上的发展和升华。不同的国家和民族之间尤其是不同的文化体系之间并不追求单一文明的支配，而是应在不同文明中寻求平等的对话和互动，形成基于共同价值的发展理念。人类命运共同体理念充分诠释了中国传统文化中和而不同的思想溯源，体现了中华民族对不同文化的包容和尊重，主张不同价值观和利益诉求的文明与文化和谐共处，是决定人类文明走向的最终道路。

---

[1] 《礼记·礼运》。

参考文献

[1] 马克思恩格斯文集(第1卷)[M]. 北京:人民出版社,2009.
[2] 马克思恩格斯选集(第1卷)[M]. 北京:人民出版社,1995.
[3] 马克思恩格斯选集(第3卷)[M]. 北京:人民出版社,1995.
[4] 列宁选集(第47卷)[M]. 北京:人民出版社,1995.
[5] 列宁选集(第3卷)[M]. 北京:人民出版社,1995.
[6] [德]黑格尔. 精神现象学(上卷)[M]. 贺麟,王玖兴,译. 北京:商务印书馆,1979.
[7] 马克思恩格斯全集(第40卷)[M]. 北京:人民出版社,1982.
[8] 马克思恩格斯选集(第4卷)[M]. 北京:人民出版社,1995.
[9] 毛泽东选集(第1卷)[M]. 北京:人民出版社,1991.
[10] 列宁全集(第28卷)[M]. 北京:人民出版社,1990.
[11] 顾海良,梅荣政. 马克思主义与现时代[M]. 武汉:武汉大学出版社,2006.
[12] 列宁选集(第2卷)[M]. 北京:人民出版社,1995.
[13] 列宁全集(第55卷)[M]. 北京:人民出版社,1990.
[14] [英]乔治·瑞泽尔. 古典社会学理论[M]. 王建民,译. 6版. 北京:世界图书出版公司,2014.
[15] [法]埃米尔·涂尔干. 社会分工论[M]. 渠敬东,译. 2版. 上海:三联书店,2017.
[16] [英]安东尼·吉登斯. 资本主义与现代社会——对马克思、涂尔干和韦伯著作的分析[M]. 郭忠华,潘华凌,译. 上海:上海译文出版社,2013.
[17] [英]安东尼·吉登斯,菲利普·萨顿. 社会学[M]. 赵旭东,等,译. 7版. 北京:北京大学出版社,2015.
[18] [德]拉尔夫·达伦多夫. 现代社会冲突论[M]. 林荣远,译. 北京:中国社会科学出版社,2000.
[19] [美]杰克·D. 道格拉斯,弗兰西斯·C. 瓦克斯勒. 越轨社会学概论[M]. 张宁,朱欣民,译. 石家庄:河北人民出版社,1987.
[20] [德]马塔·格哈特. 帕森斯学术思想评传[M]. 李康,译. 北京:北京大学出版社,2009.

[21] [美]罗伯特·K.默顿.社会理论和社会结构[M].唐少杰,齐心,译.南京:译林出版社,2008.
[22] 中共中央宣传部理论局.新中国发展面对面[M].北京:学习出版社,人民出版社,2019.
[23] [美]兰德尔·柯林斯,迈克尔·马科夫斯基.发现社会——西方社会学思想述评[M].李霞,译.北京:商务印书馆,2014.
[24] 王学俭.现代思想政治教育研究的问题意识[M].北京:人民出版社,2008.
[25] 马克思恩格斯文集(第2卷)[M].北京:人民出版社,2009.
[26] [英]安东尼·吉登斯.政治学、社会学与社会理论——经典理论与当代思潮的碰撞[M].何雪松,赵方杜,译.上海:格致出版社,2015.
[27] 李一.网络行为失范[M].北京:社会科学文献出版社,2007.
[28] [美]曼纽尔·卡斯特.网络社会的崛起[M].夏铸九,王志弘,等,译.北京:社会科学文献出版社,2000.
[29] 中共中央宣传部.习近平新时代中国特色社会主义思想三十讲[M].北京:学习出版社,2018.
[30] [英]爱德华·泰勒.原始文化[M].连树声,译.上海:上海文艺出版社,1992.
[31] [法]让·卡泽纳弗.社会学十大概念[M].杨捷,译.上海:上海人民出版社,2011.
[32] [英]阿雷恩·鲍尔德温,等.文化研究导论[M].陶东风,等,译.北京:高等教育出版社,2004.
[33] [德]霍克海默,阿多诺.启蒙辩证法[M].洪佩郁,蔺月峰,译.重庆:重庆出版社,1990.
[34] [美]莱斯利·阿尔文·怀特.文化的科学——人类与文明研究[M].沈原,等译.济南:山东人民出版社,1988.
[35] [英]布劳尼斯娄·马凌诺斯基.文化论[M].费孝通,译.北京:华夏出版社,2001.
[36] 马克思恩格斯选集(第2卷)[M].北京:人民出版社,1995.
[37] [美]拉尔夫·林顿.文化树:世界文化简史[M].何道宽,译.重庆:重庆出版社,1989.
[38] 马克思恩格斯文集(第10卷)[M].北京:人民出版社,2009.
[39] 马克思恩格斯文集(第2卷)[M].北京:人民出版社,2009.
[40] 社会主义文化强国建设[M].北京:人民出版社,2015.
[41] 毛泽东选集(第4卷)[M].北京:人民出版社,1991.
[42] 毛泽东选集(第2卷)[M].北京:人民出版社,1991.

[43] 邓小平文选(第3卷)[M]．北京:人民出版社,1994.
[44] 龚自珍全集(上)[M]．北京:中华书局,1959.
[45] [德]黑格尔．哲学史讲演录(第一卷)[M]．贺麟,工太庆,等译．北京:商务印书馆,1959.
[46] [美]塞缪尔·亨廷顿,劳伦斯·哈里森．文化的重要作用——价值观如何影响人类进步[M]．程克雄,译．北京:新华出版社,2010.
[47] [德]尼采．论道德的谱系[M]．谢地坤,宋祖良,程志民,译．桂林:漓江出版社,2000.
[48] [德]黑格尔．历史哲学[M]．王造时,译．上海:上海书店出版社,2001.
[49] [美]弗朗西斯·福山．历史的终结及最后之人[M]．黄胜强,等译．北京:中国社会科学出版社,2003.
[50] [德]马克斯·韦伯．新教伦理与资本主义精神[M]．马奇炎,陈婧,译．北京:北京大学出版社,2012.
[51] [美]劳伦斯·E. 哈里森．自由主义的核心真理——政治如何能改变文化并使之获得拯救[M]．严春松,译．吉林:吉林出版集团有限责任公司,2010.
[52] 殷海光．中国文化的展望[M]．北京:中华书局,2016.
[53] 马克思恩格斯全集(第1卷)[M]．北京:人民出版社,1995.
[54] 王成兵．当代认同危机的人学探索[M]．北京:中国社会科学出版社,2004.
[55] 王宁．全球化与文化——中国与西方[M]．北京:北京大学出版社,2002.
[56] 习近平．在庆祝中国共产党成立九十五周年大会上的讲话(单行本)[M]．北京:人民出版社,2016.
[57] 列宁选集(第4卷)[M]．北京:人民出版社,1995.
[58] 郑永年．中国的文明复兴[M]．北京:东方出版社,2018.
[59] 巴忠倓．中国国家安全战略问题研究[M]．北京:军事科学出版社,2003.
[60] [美]埃瑟·戴森．2.0版:数字化时代的生活设计[M]．胡泳,范海燕,译．海口:海南出版社,1998.
[61] [美]汉斯·摩根索．国家间政治——权力斗争与和平[M]．徐昕,郝旺,李保平,译．北京:北京大学出版社,2006.
[62] [德]赫尔巴特．普通教育学——教育学讲授纲要[M]．李其龙,译．北京:人民教育出版社,1989.
[63] 陶行知．行知书信集[M]．合肥:安徽人民出版社,1981.
[64] [法]爱弥尔·涂尔干．教育思想的演进[M]．李康,译．上海:上海人民出版社,2003.
[65] 马克思恩格斯全集(第42卷)[M]．北京:人民出版社,1979.

[66] 马克思恩格斯全集(第39卷)[M].北京:人民出版社,1974.

[67] 马克思恩格斯全集(第3卷)[M].北京:人民出版社,1960.

[68] 马克思恩格斯全集(第19卷)[M].北京:人民出版社,1963.

[69] 谢玉进.网络人机互动——网络实践的技术视野[M].北京:人民出版社,2013.

[70] 谢玉进,胡树祥.网络自我互动——网络实践的主体内省[M].北京:人民出版社,2017.

[71] 吴满意.网络人际互动——网络实践的社会视野[M].北京:人民出版社,2015.

[72] [美]尼尔·波兹曼.娱乐至死[M].章艳,译.桂林:广西师范大学出版社,2001.

[73] [美]约翰·奈斯比特.大趋势——改变我们生活的十个新方向[M].梅艳,译.北京:中国社会科学出版社,1982.

[74] [日]依田新.青年心理学[M].杨宗义,张春,译.北京:知识出版社,1981.

[75] 郭明飞.网络发展与我国意识形态安全[M].北京:中国社会科学出版社,2009.

[76] 杨艳杰.危机事件心理干预策略[M].北京:人民卫生出版社,2012.

[77] [英]H.L.A.哈特.法律的概念[M].许家馨,等,译.北京:法律出版社,2006.

[78] 陶行知.陶行知全集(第2卷)[M].成都:四川人民出版社,1991.

[79] [英]路德维希·维特根斯坦.哲学研究[M].韩林合,译.北京:商务印书馆,2013.

[80] [美]约翰·塞尔.人类文明的结构:社会世界的构造[M].文学平,盈俐,译.北京:中国人民大学出版社,2015.

[81] [美]汤姆·R.泰勒.人们为什么遵守法律[M].黄永,译.北京:中国法制出版社,2015.

[82] [法]让·雅克·卢梭.社会契约论[M].李平沤,译.北京:商务印书馆,2011.

[83] [德]哈贝马斯.公共领域的结构转型[M].曹卫东,等,译.上海:学林出版社,1999.

[84] 马克思恩格斯选集(第1卷)[M].北京:人民出版社,2012.

[85] 马克思恩格斯选集(第2卷)[M].北京:人民出版社,2012.

[86] [美]埃里希·弗罗姆.人的呼唤——费洛姆人道主义文集[M].王泽应,译.上海:三联书店,1991.

[87] [美]乔治·瑞泽尔. 后现代社会理论[M]. 谢立中,译. 北京:华夏出版社,2004.

[88] [法]让·鲍德里亚. 消费社会[M]. 刘成富,全志刚,译. 南京:南京大学出版社,2014.

[89] [美]埃里希·弗罗姆. 逃避自由[M]. 陈学明,译. 北京:工人出版社,1987.

[90] 黄平. 救赎与消费——当代中国日常生活中的消费主义[M]. 南京:江苏人民出版社,2003.

[91] [法]古斯塔夫·勒庞. 乌合之众:大众心理研究[M]. 冯克利,译. 北京:中央编译出版社,1998.

[92] [英]哈夫洛克·霭理士. 性心理学[M]. 潘光旦,译. 北京:商务印书馆,1997.

[93] [美]格雷·F. 凯利. 性心理学[M]. 耿文秀,译. 8版. 上海:上海人民出版社,2011.

[94] 潘绥铭,黄盈盈. 性之变——21世纪中国人的性生活[M]. 北京:中国人民大学出版社,2013.

[95] 梁漱溟. 中国文化要义[M]. 上海:上海人民出版社,2011.

[96] 檀传宝. 走向新师德——师德现状与教师专业道德建设研究[M]. 北京:北京师范大学出版社,2009.

[97] 贡森,葛延风,斯汀·库勒. 中国人类发展报告2016——通过社会创新促进包容性的人类发展[M]. 北京:中译出版社,2016.

[98] [英]戴维·米勒. 社会正义原则[M]. 应奇,译. 南京:江苏人民出版社,2001.

[99] [美]约翰·罗尔斯. 正义论[M]. 何怀宏,等,译. 北京:中国社会科学出版社,2009.

[100] 阎学通. 中国国家利益分析[M]. 天津:天津人民出版社,1996.

[101] 申琰. 互联网与国际关系[M]. 北京:人民出版社,2012.

[102] 资本论(第3卷)[M]. 北京:人民出版社,2004.

[103] [美]阿尔温·托夫勒. 权力的转移[M]. 吴迎春,等,译. 北京:中信出版社,2006.

[104] [美]赫伯特·马尔库塞. 单向度的人——发达工业社会意识形态研究[M]. 刘继,译. 上海:上海译文出版社,2016.

[105] 金伟,陶砥. 警惕和防止"两面人"现象[J]. 红旗文稿,2017(17):36.

[106] 刘同舫. 新时代社会主要矛盾背后的必然逻辑[J]. 华南师范大学学报(社会科学版),2017(6):47.

[107] 李一．主体性的缺位与建构:解析和应对青少年网络行为失范的关键[J]．兰州大学学报(社会科学版),2010(1):38.

[108] 叶娟丽,范晨岩．论中国共产党的政党调试性——以各时期党的根本任务变迁为视角[J]．四川大学学报(哲学社会科学版),2020(2):5.

[109] 张大维．浅析道德沦丧和规则冷漠[J]．福建论坛(人文社会科学版),2012:106.

[110] 朱力．失范的三维分析模型[J]．江苏社会科学,2006(4):120.

[111] 李一．网络失范行为的形态表现、社会危害与治理措施[J]．内蒙古社会科学(汉文版),2007(6):121.

[112] 郗杰英,郭开元．论我国青少年网络成瘾及其矫治[J]．中国青年研究,2009(12):22.

[113] 汤怡．网络传播视域下的伦理失范与道德规制[J]．武汉大学学报(人文科学版),2010(3):234.

[114] 金太军,施从美．论政府的网上责任[J]．政治学研究,2001(2):47.

[115] 虢美妮．社会主义核心价值观引领网络文化发展研究[J]．新疆师范大学学报(哲学社会科学版),2013(5):40.

[116] 刘兴华,李冰．国际安全视域下的网络文化与网络空间软实力[J]．国际安全研究,2019(6):74.

[117] 黄一玲,焦连志,程世勇．网络文化"泛娱乐化"背景下的社会主义核心价值观认同培育[J]．湖北社会科学,2016(11):175-176.

[118] 陈琳．关于网络亚文化"疏离倾向"的公众调查[J]．人民论坛,2020(3):67.

[119] 黄瑞玲．亚文化·概念及其变迁[J]．国外理论动态,2013(3):47.

[120] 刘洪波．泛娱乐化背景下青年学生价值观引导策略析要[J]．理论导报,2012(5):53.

[121] 殷鹤．我国网络文化安全治理研究——基于马克思主义文化安全思想[J]．理论导刊,2020(2):57.

[122] 王勇,许静波．新时代反对文化虚无主义的"理"和"路"[J]．思想教育研究,2019(12):66.

[123] 丁俊萍,李磊．旗帜鲜明地反对政治虚无主义[J]．红旗文稿,2018(8):16.

[124] 刘仰．西方中心论与历史虚无主义一体两面[J]．求是,2014(14):63.

[125] 易敏．全球化语境下中西方文化的碰撞与交融[J]．湖南社会科学,2014(4):210.

[126] 严书翰．打造中国特色、中国风格、中国气派的话语体系[J]．红旗文稿,

2012(15):12.

[127] 闫安. 摒弃"那些带着有色眼镜的人的主观臆断"——习近平总书记构建具有自身特质话语体系思想研究[J]. 理论研究,2016(6):25.

[128] 杨晓慧. 高等教育"三全育人":理论意蕴、现实难题与实践路径[J]. 中国高等教育,2018(18):5.

[129] 孟小军,严艳萍. 新时代青年美好生活观的内涵、特点及影响因素[J]. 重庆大学学报(社会科学版),2019(12):10.

[130] 王春霞,王晓霞,张蓉. 对某高校大学生恋爱心理的调查研究[J]. 社会心理科学,2012(1):136.